文武萧惟昌

欧锷 ◎ 著

中国文史出版社

图书在版编目（CIP）数据

文武萧惟昌／欧锷著．――北京：中国文史出版社，
2024.4

ISBN 978 - 7 - 5205 - 4538 - 9

Ⅰ.①文… Ⅱ.①欧… Ⅲ.①萧惟昌（1407 - 1481）

- 传记 Ⅳ.①K827 = 48

中国国家版本馆 CIP 数据核字（2023）第 244736 号

责任编辑：程　凤

出版发行：**中国文史出版社**

社　　址：北京市海淀区西八里庄路 69 号院　　邮编：100142

电　　话：010 - 81136606　81136602　81136603　81136605（发行部）

传　　真：010 - 81136655

印　　装：廊坊市海涛印刷有限公司

经　　销：全国新华书店

开　　本：787 × 1092　1/16

印　　张：19.75

字　　数：260 千字

版　　次：2024 年 4 月北京第 1 版

印　　次：2024 年 4 月第 1 次印刷

定　　价：60.00 元

吴川市民间雕塑园中的萧惟昌塑像

萧恂昌蛸玄著著功
恂昌明儒辅策家文武
兼资懦代雄作是清风
劲节士写能户邹推山东
辛卯岁晓八十七叟欧豪年

欧豪年诗并书

前　言

　　土木堡，属河北省怀来县，是万里长城塞外横山卧岭的村庄。提起它，人们就会忆起"土木堡之变"——英宗蒙难处。黄土高岗、驿路车辙：见证一场以少胜多的大血战，大明王朝精锐之师惨败于蒙古瓦剌，震惊全国。

　　远离粤西3000公里的土木堡（今称土木村），在我的脑海中时隐时现，长达半个多世纪，我留意它，是乡中先贤萧惟昌投身这场战争。我小时曾生活在振文外婆家，耳濡目染乡人对萧大人的深厚感情，他的故事在当地广为流传。尤其九死一生，护卫大明皇帝，传唱数百年。

　　萧惟昌，广东吴川大寨村（含今振文墟周边多条村庄）人，明正统三年（1438）入朝任职锦衣卫，成为英宗皇帝御营侍卫校尉。后习文参加科举考试，代宗景泰元年（1450）、二年（1451）联捷举人、进士，任户部顺天府清吏司主事。

　　正统十四年（1449），大明第六代皇帝英宗朱祁镇御驾亲征，抗击南侵京城屏障——山西大同镇的瓦剌骑兵。回师时被5万敌人包围于土木堡，50万大军灰飞烟灭，英宗被掳。成为继北宋皇帝被女真族金国掳走后，又一位被胡族俘获的皇帝。

　　萧惟昌在土木堡战斗中，浴血奋战，后奉英宗圣谕，策马南奔突围回京，报告土木堡惨败的亲历见闻，朝野失色，京城恐慌。

　　此役，历史学家称为"土木堡之变"。这年，岁次己巳，又名"己巳之变"，记在史籍。今人同样铭记。2000年千禧年，北京中华世纪坛青铜甬道的铭文作了纪实。

　　此后，萧惟昌在十月的北京保卫战、来年的晋北大同反击战中，英风豪气，血战凶狠的瓦剌骑兵，力克强敌，战功赫赫。影响吴川一代代的民众，练武健身，保国卫乡，将佐辈出。

　　文武兼资的萧惟昌，运用手中的狼毫，如挥动银枪，言志写心，朴实自然，情操高尚，横扫邪恶。所写《随征见闻》《于是冤》《旌忠祠》《吉祥》《石公鉴》《灾祸》等诗，字字如山重，声声似炸雷，唤醒君王，震动臣民。

　　土木堡大战的硝烟还未散去，萧惟昌怀着悲愤激昂的心情，作《随征见闻》七律一首，诗云：

> 六军兴动抗南侵，阉宦孤高霸绝伦。
>
> 惨罚忠臣憎脑胀，战亡勇士恨神昏。
>
> 乘舆北迫乾坤恸，策马南遁日月沉。
>
> 国脉趋衰寻法治，专心奋笔练精文。

　　这场大战，明军占着绝对的优势，兵力十倍于敌军的骑兵，又在自己熟悉的国土上作战，何以兵败如山倒？萧惟昌道出原因，"阉宦孤高霸绝伦"。虽说皇帝亲率六军出征，实由司礼太监王振发号施令，调兵遣将。不听大臣元戎平虏良策，布阵御敌计谋，最终被敌断了水源。又中敌酋提出退兵谈判的奸计，王振命令大军撤出阵地，结队回京，遭到敌骑伏兵的突然袭击，全军溃散覆没。"战亡勇士恨神昏"，"神昏"，是帝王昏庸无能。

萧惟昌的诗，冀望皇帝重塑至尊威严。希望自己登上两榜进士，辅助朝廷理政，效力百姓。

代宗景泰元年（1450）仲秋八月，英宗从大漠回到大明王朝，被幽禁南宫。景泰八年（1457），代宗病重临危之际，太监曹吉祥、大将军石亨、左副都御史徐有贞，拥兵砸破南宫围墙，骗开皇宫大门，拥立英宗重新登基，年号天顺，史称"夺门之变"。5 天后，英宗经不住夺门之变有功者上表催促，以"欲立外藩为储君的谋反罪"，杀害兵部尚书于谦。于谦在北京保卫战中力排迁都南京的逃跑言论，调兵储粮，打败入侵的 5 万瓦剌骑兵，保住大明江山。

中流砥柱倒下，萧惟昌作七律《于是冤》，为于谦鼓与呼，诗中有句说："冤魂霭霭谁呼散，众口声声有日申。"

天顺元年三月，蒙古鞑靼首领保喇率兵入侵晋北重镇大同。名将忠国公石亨率重兵出击，战败而回。英宗命萧惟昌回到御营效力，与御营校尉袁彬一起，率军到大同，打得保喇丢盔弃甲，伤亡惨重，落荒而逃。

英宗高兴之余，忘却"北狩"大漠，从天上跌到地狱的人生，宣旨在京城为王振立"旌忠祠"，以香木刻成这位太监的形状，立在祠内，享受春秋二祭。萧惟昌作《旌忠祠》，诗云：

> 非忠阉宦倒旌忠，异口同声斥腐庸。
> 滥费民财成铁证，祠中寂寞冷香供。

诗句直向皇帝颜面扫来。同袍诗友为萧惟昌斥奸除恶的正气胆量呼好，也为他敢摸龙鳞而担心。

天顺八年（1464）二月，英宗谕旨萧惟昌出任户部山东清吏司主事。八月，英宗敕封萧惟昌晋四品衔承德郎，赞赏萧惟昌抗敌立下赫赫战功，在顺天府任职业绩突出。萧惟昌不辱皇命，关心百姓，平息诉讼，智破大案，誉满山东。

570 年后的 2019 年初夏，我来到土木堡，追寻正统王朝那场大战惨败的往事。

燕山南麓的土木堡，倚着著名的官厅水库，天气不冷不热，垂柳丝丝，温馨舒适。高大的白杨树立在村旁，拥抱一片片百亩千亩的葡萄园，一根根木桩或石柱上，盘绕着青龙似的枝蔓。这种紫色赤霞珠葡萄，引自法国的名种，是酿制葡萄酒的上乘原料。怀来县葡萄酒厂众多，清新的空气中，飘着美酒的醇香。

眼前亮丽的美景，掩盖了昔日血流漂杵的杀戮，土木堡的古战场遗址，仅见一座座的黄土堆，和别处的土堆一样，如果不作说明，很难想到这里是震惊世界的古战场。几百年的狂风浊流、暴雪凝冰，古堡坍塌、驿道无存，荒冢难觅，战壕填平。只见不远处的高速铁路伸向前方，列车飞驰而过，轻声细鸣，唤醒历史的思念。

我是乘坐火车，从广州至内蒙古包头市，这是一座新兴的钢铁工业城。热闹的大街广道、高楼大厦间，保留着广阔的绿草地——赛汗塔拉草原城。

入口不远的大广场，庄严的蒙古包牙帐前，立着一代天骄成吉思汗的巨像。朝道两旁，塑着跨骏马持刀挥剑、张弓搭箭的威武蒙古族将军。马背上的民族，生活在草原、飞驰在朔风大漠。

出包头转山西大同，经河北宣府，抵达土木堡。我之所以选择这条线路，因为当年的瓦剌骑兵，沿此线路挥兵入侵，狼烟冲霄，生灵涂炭，神州泣血，苍天垂泪。

往事如烟，也如歌。内蒙古早已回归祖国母亲的怀抱，中国现在56个民族一家亲。我多次到内蒙古旅游，徘徊在大兴安岭苍苍的松树林间，致敬满洲里第五代国门。观赏呼和浩特青冢，读民族友好女神王昭君故事。呼伦贝尔湖，嵌在大草原的明珠。陈巴尔虎旗呼伦诺尔天然牧场，令我流连。

早在1992年6月，我曾带领吴川文化摄影团队到内蒙古赤峰市图片社，参加草原风情——南海风光摄影展。再到250公里外的克什克腾旗，进行为期7天的采风，深入贡格尔草原白彦查干苏木（苏木，蒙古语，意为乡），其面积达2200多平方公里。我住过的乌兰呼布日独贵龙（独贵龙，蒙古语，意为村民小组），仅有14户人家。茫茫草原，云淡风轻。我写了散文《草原风情录》，诗歌《草原情韵》，拍摄了众多照片，留住草原对我的深厚感情。

想不到20多年后，我写作《文武萧惟昌》一书时，留宿蒙古包，喝奶茶，品奶酪，骑马信步，听马头琴伴唱草原之歌；临别仪式，壮行三杯酒，又涌上心头。

土木堡之变，是瓦剌贵族、残元势力发动的对大明王朝的战争。他们中也有善良的官兵。大明官军英勇卫国，善待放下刀枪的瓦剌敌军。广大瓦剌民众与汉族边民友好相处，坝上坝下，边境互市，蒙古族民众带着多彩的风俗及特产而来，汉民百姓回馈华夏厚重的文化和物品。

《文武萧惟昌》一书，是我在出版《陈兰彬》《状元——林召棠》《晚清外交大臣——陈兰彬》3部长篇纪实文学作品后，写成的吴川市明代初期乡贤的长篇传奇文学，以励梓里。在历史的框架内，合理推想，使情节多彩，人物形象丰满。书中主要人物、重大事件，在《明史》《明鉴》《史记》《高州府志》《吴川县志》《萧惟昌诗》有载。该书获 2021 年度广东省湛江市文艺精品创作扶持资金。岭南画派大师、台湾文化大学美术学系主任欧豪年教授，题写《文武萧惟昌》书名及作诗一首。本书不足之处，敬请读者、专家诸君指教，一并谨表谢忱。

欧　锷

2023 年 5 月

目 录

1

萧惟昌少年立志　释安同大寨传功

萧惟昌辅主著功

惟昌明儒辅英宗，
文武兼资旷代雄。
非是清风劲节士，
焉能户部振山东。

这是邑人欧豪年先生吟唱萧惟昌的诗。先生是岭南画派大师，诗书画俱佳，台湾文化大学美术学系主任、教授。对明代初期乡贤萧惟昌极为崇敬。

诗中赞扬萧惟昌，在明初的三帝四朝——英宗正统王朝、代宗景泰王朝、英宗天顺王朝和宪宗成化王朝，40多年的军旅文官生涯，持枪张弓能杀敌，挥笔作诗斥奸邪。

豪年先生此诗的历史依据，是清代康熙版《吴川县志》的记载，明朝天顺八年（1464）七月十二日，英宗朱祁镇对萧惟昌的敕封。

广东粤西吴川大寨村，是南粤西部鉴南冲积平原下游的一条大村，土地肥美，依偎着流贯高州府众多县乡的鉴江。形成众多的蜿蜒江汉，深水野塘，大沟小渎。纵横交错的流水，是田野流动的血脉，滋润大片大片的早稻晚禾，四季常青的瓜果蔬菜。

稻麻喜好湿，站立在清波或肥水中，扭动腰肢欢唱。若是稻花开时，微风过处，摇落星星点点散入水中，一片清香，是潜鳞介壳的佳肴。夏日深秋稻禾长出肥硕的谷粒，也蔓生茜草野菜，引来鱼虾争食，吃饱了，回到水渠的洞穴快乐生息。

难怪周边村庄的农友说，大寨村是"鱼米之乡"。

据《清朝道光二十七年大寨村族谱》载，大寨村始祖萧大鹏，福建莆田县珠玑巷大井村人，高中南宋宝祐四年（1256）丙辰科文天祥状元榜二甲进士，朝廷委任巡抚广东高凉府，秩官四品。南宋朝廷坍塌后，他隐居吴川县南三岛避难。后启航北行，因风雨阻隔，遂定居于鉴江西侧，县城10多里外的一片沃土上。随他而来有众多的部属及家人，为了生计，乃以营地为中心，向四周扩展，垦荒种植，勤劳耕耘，换来粮食满仓。吸引周边的农友，一起开发这片水丰土厚的冲积平原。

见此情景，萧大鹏安心在吴川生根发芽，开枝散叶，把驻扎的中心村庄称为大寨村，含义地广人多，生活富足。200年后，大寨村得江海之利，商铺成行，买卖兴旺，成为墟集，称作新墟。到了清代后期，改称振文墟，现名振文镇。周边的萧姓及别姓的十多条村庄仍保留大寨称谓，纪念自己的祖宗和开发大寨有功的先人。

大寨萧族代代相传。四世祖萧敬甫，元末参加安徽凤阳人朱元璋的农民起义军。朱家王朝在南京建政，他进入洪武朝御营任锦衣卫校尉。五世祖萧弘道与弟萧从道，耕作之余，皆喜习武防身。六世祖萧希圣、萧邦正，萧邦正跟随父亲、叔叔习武习文，听从村中族老的劝告，设馆授徒，考取武秀才。

七世祖萧惟昌，生于明朝永乐五年（1407）六月初九，从小随祖父和父亲练武壮体，且遵祖先遗训，读书科考，出仕为民。

春播夏熟，秋收冬藏。到了永乐十七年（1419），萧惟昌已是12岁少年。读书习武之余，也爱劳作。随父亲挖秋番薯，随母亲割十月禾。

晚禾收获后，农友就会放少田水，犁田晒白。俗话说，犁田晒冬，来年稻谷丰。一道道的犁浪，翻起的土块，如波涛涌动似的。乡人就会把灰鸭、白鹅放进田里，觅食收割时遗留的谷粒禾穗，使得鱼虾惊恐地躲入水渠的深洞，或逃往河沟中。

初冬水浅，是村中孩子摸鳝戽鱼的最佳季节，使家里的铁镬散出鱼香，又能游泳玩水。兴到浓时，互相戽水扔泥涩，弄得一身泥油，一个个像在灰炉中钻出似的，好不爽快。

萧惟昌耐不住小友的相邀，肩荷戽斗、锄头，来到大寨垌，选了一段水深及腰的水渠，在上游挖土筑坝，堵住来水。又在三四丈外的水渠下游，同样筑起坝闸。

水深难以摸捉鱼虾。于是，跳入水中，用长柄竹编的水戽，一戽一戽，向下游戽水。水渐渐少了，已听到鱼儿游动的水响。别处的水沟，有的已戽干了，捉到鱼虾的小友，发出嘻嘻哈哈的得意大笑，举起手中的大鱼，摆款作怪。

萧惟昌用力加大戽水的速度，水浅见鱼虾。大鱼拼命躲在泥洞中，藏得了头，露出了尾；藏得了尾，见到了头。他放下戽斗，俯身捉起一条几斤重的鲤鱼，大鱼挣扎，溅了他一脸泥水，也顾不得擦拭，拿来鱼篓，正欲装下猎物时，蹿来一条大白狗，如猛虎下山，叼走他的大鲤鱼。

萧惟昌急了，赶上前去抢鱼，一不小心，把上游的泥坝踩破，流水哗哗灌进来，将下闸口也冲垮了，到手的鱼虾全部走光。气得他哇哇大叫，抓起几把黑泥，掷向大白狗，沾着泥团的大白狗，跑到山坡上，丢下大鱼，对着追上来的他摇头晃脑，憨态可笑，像是逗他玩似的。

在杂树丛生的山坡上，忽然传出哈哈的大笑。笑声发自一位白衣白裤的中年人，他身材高大，脸露善意，手中抓着一把熟透变红的榕籽，道："萧惟昌，别以为你的散手飞花功夫了得，不读书，不习武，偷偷来此摸鱼。白狗身上一片黑梅花，不成行，不成矩，乱布局，我给它加点色彩如何？"

白衣人一声吆喝，白狗领会主人之意，向山坡上奔去。他顺手把榕籽掷向奔跑中的白狗，一颗颗沾在狗身上，裂开的榕果渗出红液，把"黑梅"点缀成"红梅"。

萧惟昌知道自己错了，道："师父，我再不贪玩了，苦练散手飞花的本领。"白衣人道："这就好，吃得苦中苦，方为人上人。"

"好功夫！"十丈外的榕荫中，传出浑厚的赞美声。师徒两人在山坡边说了几盏茶的话，也不知背后有人。回过头来，见到榕树下坐着一位上了年纪的僧人，头戴船形僧帽，身披宽大的僧衣，一脸慈祥，眉目低垂，看着脚下的落叶。

此时天气入秋，劲风刮来，坡上的落叶纷飞，绚丽鲜亮。大和尚的法衣，沾着不少落叶，缀上明亮的色彩。

白衣人和萧惟昌走近他身边，见大和尚似是坐在落叶上，可知他在此打坐应有一二个时辰，没被他人发现，其定力惊人。见到两人走近，大和尚口中喃喃道："无边落叶萧萧下，不尽长江滚滚来。"

大和尚吟唱诗句，嘴巴没动，是用中气发出，传入两人耳鼓，震得嗡嗡响，透出高深的内力。

那条大白狗，应是花狗了，身上沾着泥浆花纹，挤到两人身旁，好奇地打量着树下静坐的陌生人。

白衣人怕其身上的泥弄污大和尚的法衣，喝道："还不快去洗净身上的点点斑花。"

山坡下有一池清水，那狗似听懂主人的命令，快步跑向水塘。

大和尚此时张开双目，露出睿智的眼神，道："何必多此一举，不用水洗去污。"

说罢，从僧衣上抓起一把落叶，向着狗身上掷去，那狗惊恐地望着飞来的树叶，抖动身上的皮毛，待到树叶落地时，花狗变为白狗——身上的泥斑全被飞来的树叶削擦干净。

这手准而稳的上乘功夫，让萧惟昌与师父大为惊讶和赞赏。出手重了，会要那白狗的命；出手轻了，刮不掉泥迹。师徒二人同步上前，躬身对大和尚行礼，那和尚也立起身来回礼。

白衣人自报家门，姓沈名皓今，山东济南府历城县人，武举人出身，也读了不少经书典籍，现见四海升平，乃弃武练文，在吴川县衙充当礼房主事，管理教育科考，为国选才。少年姓萧名惟昌，本县鉴水西岸大寨村人，其父萧邦正，是位武秀才出身的武师。萧惟昌在县学读书，也随父练功。认识我后，随我练刀弄枪，习诗作文。我仅懂些花拳绣腿，怕他难以成器。今日遇见大师，敬请指点萧惟昌及我辈迷津。

大和尚没有回答，只是盯着眼前的少年。

萧惟昌虽然年纪不大，但胆量过人，又熟读诗书，能说会道。于是跪在大和尚的膝前回禀："大师定会问我，何以习文又练武。我叔公萧从道公，已在永乐帝侍卫营服役20年，现年近五旬，迟早会退役。按大明军籍律例，叔公退役之日，是我从军之时。"

听到此，大和尚躬身扶起萧惟昌，听他继续说："去年秋日，我叔公从北京回家探亲，对我们说起，京师北面的瓦剌骑兵，在我大明边境的大同、紫荆关，西北的宁夏、甘州一带，杀人抢掠。告诫我们小辈，拿笔杆打不倒敌人，必须手持刀枪，才能卫国保民。

"叔公还警示我辈,绝不能小看瓦剌人。说到永乐七年(1409),瓦剌敌骑犯我边境,攻城占地,成祖永乐皇帝派征虏大将军邱福,挥师十万讨伐瓦剌。初战获胜,掳获他们的大官尚书(也称知院),听其诡言,说他的大汗本雅失里闻大军至,惊慌失措,逃至边境外30里,躲避大明军威。邱福大喜,不听众将劝告,穷追瓦剌人,结果中了诱兵伏击之计。邱福战死,全军覆没。

"成祖皇帝闻此凶讯大怒,亲率大军远征,才打垮本雅失里,保住边境的安全。听得我又悲又喜,喜的是振兴大明军威,悲的是十万条生命消失了。"说到此,萧惟昌声音嘶哑,眼含泪水,说不下去了。

沈皓今见状,接过话题道:"我当时在场,萧惟昌听到十万大军战死,放声大哭,边哭边喊,'十万条人命,丧生在大漠沙海,十万父母痛断肝肠'。第二天,他一反常态,带领村中三四十个小兄弟,挑着竹箕,到十里外的山冈,捡回朱砂石,一连七八天,石子堆在村边,然后与小伙伴在旁边的空地垒叠成'精忠报国'四字,每字丈多长,五尺多宽,红得耀眼,震动人心。这是萧惟昌效法南宋爱国英雄岳飞,心怀大明王朝。随后,把山坡作战场,以竹枝当枪,以木片为刀,分成敌我两队对打,你攻我守,我守你攻。年纪不大的萧惟昌被选为统领,布阵守边境,破关擒敌人。虽是儿童玩游戏,也有模有样,有板有眼。玩到高兴时,齐声高唱岳飞元帅的《满江红》:'莫等闲,白了少年头,空悲切……'引得不少村人围观,赞他们小小年纪,立下卫国大志。

"几天后,我怕他们荒废学习,对'统领'萧惟昌说,立德立志,需读《孔子》;卫国护乡,得读《孙子》,才能文场上、武场上有所作为。萧惟昌和他的小伙伴才'收兵回营'。"

释安同大师听后,道:"孩子们玩石子,玩出爱国情怀,可喜可嘉。孺子可教也!"

萧惟昌提到的叔公萧从道，从小经受家中长辈的严格训练，练武功，也习文。武功上乘，文笔秀气。

洪武二十七年（1394），萧从道22岁，入京代父服军役，编入燕王朱棣的军营效力。对这位亲王渐渐有所了解。

朱棣是明朝开国皇帝朱元璋第四子，洪武四年（1371）皇帝分封21个皇儿为藩王，年方11岁的朱棣封为燕王。封土在前朝首都大都，即北京。疆土与残元势力边境接壤，位置极为重要，人口众多，社会繁荣。10年后，朱棣21岁时，奉皇命出任燕王，拥有万亩以上的土地、万人以上的军旅，是一位权势显赫的王爷。

明朝建政，残元势力退回蒙古东北部，俗称鞑靼、瓦剌，高层的贵族，常记大都往日的奢华、作威作福的日子，不时挑衅大明边境。

燕王年轻，敢于担当，守住大明地域，为父皇争光，为燕赵添彩。他重武治，打仗是绝对优秀的将领，更喜冲杀在前。

洪武二十三年（1390），皇帝朱元璋命年刚而立的朱棣率军北征大漠，扫荡元朝的残余势力。进入大漠时，遇上飞雪漫天，泼水成冰。燕王没有丝毫犹豫，督师疾进，深入大漠几百里，包围毫无作战准备的残元太尉乃儿不花，迫使对方俯首投降。

胜利回京交旨，受到父皇洪武帝的嘉奖，说不战而屈敌，是最高明的战争智慧。

首次出师，获得全胜，燕王朱棣更是艰苦练兵，以备再战。

萧从道进入燕王军旅的第二年，即洪武二十八年（1395），全军展开射箭穿杨、马上格杀、托举石礅三项比赛，层层筛选，选出30名优秀军佐进行决赛，萧从道获得第一名。随后，又举行文科对策比赛，再登榜首，被选入燕王卫队任百夫长。

获得第二名的是游云方，山西大同人。第三名是周君海，河北沧州人。皆入燕王卫队效力。

洪武三十一年（1398），皇帝朱元璋驾崩，立了20多年的太子朱标已于6年前病故，由皇太孙、朱标儿子朱允炆继位。

燕王朱棣不满皇侄为帝，以"清君侧"为名，在北京兴"靖难"之师，问罪在南京登上皇位的建文帝朱允炆。萧从道随燕王南征，身前身后，出策谋，挡羽箭，不惜肝脑涂地，立下军功，甚得燕王信任。

当"靖难"军攻下江北重镇扬州后，萧从道向燕王建议，组建一支水师，以利在江流众多的江南作战。

建立水师的计策，正中燕王朱棣心意。生长在长城内外的燕王军旅，多是北方人，一年之内多见寒凉的天气，尤其秋冬，霜雪常见。士卒不会游水，不知风帆飞舟乐趣，被南方人戏称为"旱鸭子"。生长在粤西鉴江水滨的萧从道，出门见大江，耕作蹚小河，从小练就一身好水性。一个泅游，可潜三五丈远，空手在水中能捞到鱼虾。

燕王命萧从道为水师统领，在全军中挑选优秀的官兵，组成一支5000人的队伍，在扬子江、邗江练兵。日练长泳，夜游短泳，浪中格斗，水中摸营。经过两个多月的苦练，个个练得一身好水性。准备攻打依傍在长江边的南京，好钢用在刀刃上。

南京四周有围城，是开国皇帝太祖朱元璋所建，城墙高大开阔，厚重坚固，城上可以驰车跑马，一队队官军守在城上，刀戟林立；一排排的垛口，伏着弩弓羽箭，可以万箭劲射，千矢齐发，让进攻者有来无回。

朱棣督军攻打城门，一连三天，死伤无数，却无法破门入城。

萧从道建言，择十门佯攻，选难攻的金川门突破。燕王点头欢喜说，"兵书有言，易攻者难下，难攻者易得"。

萧从道到南京金川门一带侦察，金川门因长江支流金川江经过而得名。水面开阔，两山夹峙，石壁峭立，奇石重叠，是天生地设的险隘，一夫把守，万人难进。此时，水上没有船只，只听到浪拍山石发出惊心动魄的巨响。

萧从道在金川门北岸，徘徊大半天，也找不到登陆南岸的突破点。再向上游移步，数里外，见到对岸有座依山傍水的古寺，这令他心中大喜，有寺必有僧人，会到江边的埠头取水。就从这个埠头进入城内，来个内外开花，定会取胜。

萧从道找来两位精于游泳的军官，三人穿上紧身扎脚的水靠，腰插两柄锋利的短剑，每人带上一个油布密封的包袱，无声无息潜到南岸的汲水埠头附近。上岸后，脱下水靠藏在岩石下，打开包袱，拿出僧衣穿上，取来僧钵，汲水捧在手中，向汲水埠头走来。

埠头站着 10 名南京金川门的校尉、士兵。对在晨光中来此汲水的僧人，并不多问细查。萧从道三人，随着众多僧人，来到金川寺。

寺外的空地可热闹了，摆着很多方桌，放着一盘盘的素饼素糕、苹果红枣，香烟缭绕，明烛对天烧，台边地上滴着斑斑的红烛油块。四旁的树干，牵着的红布条幅，写着金黄色的大字——"祈福南京""消弭战祸"。

一队队的僧人，晃动着鲜艳的袈裟，从寺中迈步出来，伴随着钹磬、钟鼓的节拍，绕着供桌诵经，阿弥陀佛之声，丝丝缕缕，随风轻飘，如细雨，滋润万物生长；如晨曦，轻抚脸颊，令人舒坦，忘却眼前的战争，期望明天的平安。一个时辰过去，诵经的僧尼散开，在树林中漫步，或是从茶缸内舀水解渴。

萧从道三人，也挤入树林中，听到一位年轻的沙弥悄悄问道："师父，祈福朝佛，真能消弭南京的战争？"

那师父道："妙风贤徒，你不是随住持大师念《华严经》'音乐和悦，香云照耀'吗？又念《楞严经》'即时天雨百宝莲花，青黄赤白，间错粉糅'吗？我佛慈悲，佛法博大，心诚则灵。口说不得，只用心传。"

那小沙弥又道："这平安醮，念了两天两夜的经，没睡觉，真疲乏啊。"

师父道："别怕辛苦，刻苦修身，才能求得真经。今天再念一天经，午夜后我们一起送醮，佛祖回位，你小孩家就可回禅房安安稳稳睡大觉了。"

萧从道听了师徒两人的对话，一条夺门破关的妙计涌上心头。

趁着一群僧人下河汲水之机，萧从道几人混出埠头，换下僧衣，穿上水靠，头顶包袱，悄无声息潜水回到北岸。

身后一众和尚又开始念经了，念得如痴如醉，心中朝佛，万事皆空。

燕王朱棣听取萧从道内外夹击、破门取关的计谋，大为赞赏，命这位亲军将军、水军统领立即实施。

当天晚上，月亮隐去，只有数点星光挂在天边。萧从道率领 3000 名水军，穿着水靠，避开敌兵，从上游下水。他率领 10 人，先潜到金川江南岸，上到汲水埠头，杀死多名守在汲水路口的南京官兵。跟进的大队人马到达后，命 500 名水军穿上备好的僧衣，他身着鲜艳的袈裟领队前行，点着松明火把，敲响金钹铜锣，念着佛语，向金川门关浩浩荡荡而来。身后的暗处，跟着一支 2000 多人杀气腾腾的军旅。

此刻金川江的北岸，由千夫长、水军副统领袁忠、游云方率领的船队，载着 2000 名水军，已箭在弦上。

金川门的守将，见几百名和尚向着关门拥来，守门的官军毫不在意，以为是金川寺的僧人打醮取水。僧队走近了，扔下火把，亮出刀枪，守门官兵慌了，急忙阻挡，已来不及。萧从道带头冲开关门，后发的和尚跟着杀入关内，登上城楼。北岸的船队，同时快速放舟，两支军队前后合击，亮甲怒刀，势如雷霆。谷王朱橞、守军将领李景隆，命令打开城门，引燕王水军入城。

首都南京已破，在位四年的建文帝朱允炆不知所踪，燕王朱棣登基建政，年号永乐。

萧从道大破金川门，立下大功，被永乐皇帝封为御营亲军统领。

高瞻远瞩的明成祖永乐大帝，重视北京防务，扩军增兵，修固城池，防敌入侵；派遣细作，潜入敌境，刺探敌情。登基19年后，把首都从南京迁到北京。对蒙古贵族恩威并施，边境仍是遭到不断的侵扰。尤其是与蒙古边界接壤较多的山西大同，受害最惨。黎民被杀被掳，财产被烧被抢，民众叫苦连天。

引发成祖朱棣于永乐七年首次亲征大漠。萧从道、游云方随军征战，沉重打击残元贵族的凶焰，明军也付出不轻的代价。

永乐十二年（1414）二月，蒙古南部的瓦剌首领马哈木及其子脱欢，举重兵挑衅大明，永乐帝朱棣第二次亲征，六月初七抵达忽兰忽失温，重挫敌人骑兵三万，马哈木父子领残兵败走。

朱棣班师回朝，夜宿大同白登山下。午夜时分，御帐突遭瓦剌骑兵袭击。月黑风高，周边树林被焚，马嘶人喊，也不知来了多少敌人。

萧从道、游云方率众在御营外抗敌，敌骑马快箭疾，时有侍卫中箭身亡。萧从道和校尉像一堵铁墙，挡在御帐外，前面的敌骑被杀死，后面的如飞蛾扑来。

坐在御帐内的永乐皇帝，沉稳安定，笑对胡虏。

战局一时胶着，萧从道命游云方、周君海率百名校尉，绕到敌人身后攻其不备。这一招厉害，敌人不知背后有多少明军，分兵抵抗，攻势变弱。得知御营被袭，众多明军赶来歼敌，压得敌人喘不过气来。领队的瓦剌军官见奇袭失败，率领三四十名骑兵杀出重围，向北逃去。

在火光中，步出御帐的皇帝朱棣看清，带队北逃的是脱欢，高声道："我灭了马哈木三万骑兵，他的儿子脱欢敢率几百骑兵劫我御营，胆量过人，不可小觑。"

游云方杀退敌人后，右臂中箭负伤，利矢取出，流血不多，以为包扎后便会无事。竟想不到的是五指僵硬，整条胳膊动弹不得，而左臂有力，走路正常，吃睡和普通人无异。

随征的太医院院使（院长）陈大人，察看伤臂后，沉吟良久，才道出原因。

这是瓦剌脱欢久练而成的阴毒箭术，专射对方将军的胳膊脉络，七日内不对症治疗，整条臂膀就会失血削肉，成为干柴。两年前他在大同为藩王治病，听过这些说法，以为是瓦剌人狂言唬众。后来，遇上大同镇关的一位千夫长，遭此箭伤，未能对症治疗，右臂萎缩，再也不能上战场，可惜，可惜。

萧从道问他："何不取人性命，却只射伤？"

陈院使答道："中箭即死，埋葬了事。吊着铁杆一样的手臂，在军营行走，恐怖吓人，毁我军心，这就是脱欢狠毒的手段。"

萧从道说道："对啊，壮士宁断头，不愿毁臂膀。院使大人，有没有治疗之法？"

"有呀"。陈院使道，"在大同，曾遇一位像游云方校尉一样中了脱欢毒箭的军官，他是河南登封县人，回家乡找到少林寺的僧医治疗，经吃药、敷药，再施以按摩点穴，打通经络，妙手回春，医好了这位军爷的一条胳膊，也救回了他的军人名誉。"

"按院使大人所言，游云方校尉只能走大人提到的治病之路了？"萧从道问。

"眼下只能如此。"陈院使回答，"需在七日内赶到少林寺，过期手臂变废。"

萧从道当即吩咐周君海，带上两名校尉和医药费用，护送游云方远行治疗。一行人快马加鞭，四天内赶到少林寺，入寺就医。

游云方随即打发周君海三人回京复命。

　　经过寺僧和住持大师空能的精心治疗，七天后，游云方的胳膊恢复了功能，每天在晨光中练功。少林寺精深博大的十八般武艺，令游云方着迷。少林寺的医道救了自己一命，认为与佛有缘，于是拜空能大师为师，削发为僧，法号释安同，加入武僧行列，习武也习文，背诵释经梵典。

　　游云方在少林寺一练就是六七年，练就深厚的内力，尤其撒手飞花，如飞矢，似重锤，百发百中，猛兽难逃。

　　空能大师看重释安同，命他到南北名寺挂锡习艺，取各家之长，补自己之短，功夫更为大进。

　　游云方入寺为僧，即去函告知萧从道将军。萧从道大人大量，回函说，人各有志，应当尊重。

　　光阴荏苒，永乐十七年（1419），瓦剌首领马哈木故伎重演，入侵大同。萧从道率御营50名军官，赶到大同，刺探军情，考察地形，为皇帝率军进入草原攻打瓦剌做周密部署，提供依据。

　　大同城池坚固，重兵防守，瓦剌骑兵无法突破。马哈木兽性大发，任由士兵在城外杀汉人，抢粮食，套牛羊，拉马驴，不死的民众被掳去草原大漠做苦役，当奴隶。

　　恶战后的大同城外，一片惨象，新坟累累，野狗袭人，茅屋草舍一片片被焚，房柱倒在血污的地上；成熟的小麦、玉米、高粱，被抢劫一空；瓦剌军队西撤的路上，时见被杀戮倒毙的汉人尸体，或男或女、或壮或幼，令他义愤填膺。北去的大道，是长长的大车辙迹，一串串排列有序的马蹄印记，可知这是一支训练有素的军队，不可轻敌。

　　从郊外回到大同城南，看到一座大佛寺。是辽金时期建成的大普恩寺，又名南寺（明朝正统年间改为善化寺）。

　　自同袍游云方投身佛门，萧从道对佛寺释子有种特殊的兴趣，何况这是北方规模宏大的禅林。走近高大的山门，是一对气势不凡的石狮，门内就是天王殿，左右各置两尊天王像，高大威猛，横眉怒目，神态张扬，令邪魔恶鬼惊恐遁逃。

沿着中轴线前行，是三圣殿，层层叠高，平坦开阔，松柏掩映中，立着巍巍大雄宝殿，佛坛正中设有五尊塑像，均为泥塑金身，衣纹流畅，姿容凝重，是辽代所建。东西两壁，各置诸天金塑 12 尊，合称 24 诸天，体态丰伟，神情各殊，身高过丈。塑像中的文官温文尔雅，衣冠楚楚；武将甲胄森严，威勇剽悍；更令他想不到的是，神像中有沉静秀丽、盛装艳服的贵妇。

萧从道兴之所感，言之于表，对身边的侍从道："眼前这种富有人间气息的天神塑像，尤其是贵妇塑像，在中原难以看到，这是金代塑像中的佳作。"

"说得对。"旁边一位身着灰色僧衣者道。萧从道转过身来说："听声音，我就知你是我昔日战友游云方、今天的释安同大师了。"

"不错，萧施主，正是贫僧释安同。"

问及大和尚何时回乡探亲？释安同双手合十道："我家在大同城外游家营村，10 年前的永乐七年初秋，荆妻带着女儿游幼历，在地里收摘玉米棒子，被入侵的瓦剌狂兵杀死，女儿不知所踪。今天回到大同大普恩寺点香燃烛，悼妻子，念女儿。"说完，口念阿弥陀佛。

萧从道闻言，掏出小锭银子施入功德箱，在供案上拿来香烛点燃，跪在蒲垫上祈求："嫂子驾鹤，魂归极乐世界。侄女三灾八难过去，早日报平安，归家团聚。"大和尚在旁陪着祷告。

萧从道站起来说："残元恶势力犯我大明边境，大批乡人被杀被掳，我身为军人，愧对苍生。"

释安同是个聪明人，听出弦外之音。说："贫僧死里逃生，生命是少林寺师兄所救，身上的武功是住持大师所授，身在佛门，心存佛祖。我佛有言，多行不义必自毙，不是不报，是时候未到。"仇恨在心中燃烧，又被他慢慢压下，两眼望着西天，祈盼佛祖，解救黎民。

萧从道自知难以说服释安同还俗参战，就对他说："我从军多年，岁数不小，终有一日退役还乡，即让我侄孙萧惟昌继任服役，家人同意，兵部立档。他聪明好学，富有志向，是块好钢。我家数代习武，惟昌自小随其父练武习文。孩子的心愿想走科举之路，从乙榜举人、甲榜进士而出仕。可作为军籍之人，必须精于武术，才能战胜强敌，保卫社稷。"

两人皆知，本朝的官兵入籍，代代相传。大明兵制规定："户有兵籍，必仕至兵部尚书始得辞。军户老弱，由亲人顶替。"

释安同道："持戈者习文，同样利于列兵布阵，巧计胜敌。"秀才出身的他，知道两军相逢，文武双全者胜。

"说得不错，"萧从道接着说，"我们乡村之家，见识浅薄，所习之武，在大师眼中，是三脚猫功夫；所习之文，也见笑大师。故请求大师到我家乡，指点惟昌读书习武，学好本领，歼敌卫国。"

萧从道这番话，释安同听得进，抗击瓦剌，是卫护大明善良的民众生命财产安全，是我佛意愿：救人一命，胜造七级浮屠。友人的重托，时刻记挂心中。

释安同大师是游方僧人，喜山爱水，钟情南北武功。回到少林寺，一年后，游到南粤韶州曲江县南华寺，转到肇州新兴县六祖寺，与寺中武僧切磋武功，待了一段时日，才来到粤西吴川县的大寨村。

得知事情的前来后去，沈皓今道："大师一诺千金，令人钦佩。"萧惟昌极为欢喜，得知从道叔公"靖难"之役立下战功。又随永乐皇帝北征瓦剌，安邦卫国。少林寺高僧到来，教授武功，自是刻苦练习。

沈皓今主事工务之余，也到大寨村跟随释大师练武。

练武之余，或在村旁水边漫步，释安同大师会耐心教徒弟说蒙古语，讲蒙古故事。精明的萧惟昌，理解师父用心良苦，与蒙古军队作战，懂得他们的语言文字，比多掌握一种武器还强，因此专心练习。

问及师父怎会讲蒙古话，释安同大师说，家在山西北部大同镇关城外游家营，数十里外是蒙古人牧场，自小与蒙古民众接触，慢慢懂得他们的语言，略知一点点蒙古文字。

一年之后，释大师见萧惟昌已掌握练功的基础动作，让他继续自练。有不懂的地方，多多请教师父沈皓今。功夫日练日进，铁杵磨成绣花针。说自己离开少林寺久了，记挂师父空能禅师，要回寺向师父请安。听释安同大师这么一说，萧惟昌和父亲萧邦正，自知再难以挽留。送到十多里外的茂名县梅菉墟埠头，坐上快船，先到广州，再回少林寺。

临别，释安同嘱咐爱徒，进京服役前，可提前一年半载到河南登封县嵩山少林寺，继续修炼武功。萧惟昌跪别师父，说："定遵师嘱。"

学武同时，萧惟昌坚持习文，两者齐步并进。何时走上军旅之路，漫漫而遥远。自己不知道，叔公也说不清。先在科场拼搏，再上战场效力。

萧惟昌17岁考中秀才，20岁成为廪生，26岁考取贡生，可走上仕途之路，出任县学的训导或教谕。他没有改变志向，外出为官，坚定卫国当兵的宏愿。

萧惟昌在读书练武中，迎来明朝第六位皇帝——英宗朱祁镇登基。正统二年（1437）贺岁迎新禧，29岁时，接到吴川县驿站送来叔公的信函，说他正统三年（1438）退役回乡，告知侄孙提前到少林寺，拜见释安同大师，再练一年半载功夫，学习蒙古语，更利于对付狠毒残暴成性的瓦剌入侵者。

第二章

结袁彬喜游嵩山　拜高僧续武少林

英宗正统二年（1437）初春，萧惟昌作别父母家人，走向中原的嵩山少林寺。

河南嵩山，与山东东岳泰山、陕西西岳华山、山西北岳恒山、湖南南岳衡山，合称中华五岳。嵩山位于五岳中央，有中岳之称。少林寺，是缀在它胸口的亮丽宝石，使其耀目扬名。

萧惟昌是博古知今者，又是习武之人，年纪轻，体力充沛，心情爽朗，初出远门，一切都觉新鲜，或坐船，或乘车，或远足，游山观景，探古访幽，中华河山如画，百看不厌。山美水美，遇到各地的黎民百姓同样心美。直到仲夏，抖落一身旅途尘埃，进入中州登封县嵩山。

眼前的大山，祥云缭绕青峰，层峦叠嶂；紫气笼盖山崖，碧绿滴翠；溪水清澈，环山奔鸣，游鱼逆水而上；阳光明媚，老林古树中，散出一道道的金影，高山仰止。

山中那壮丽而充满朝气的少林寺，多少居士信徒，冒着三伏酷暑前来朝佛，祈求一生平安；多少豪客英侠，何惧冰天雪地，狂风雷霆，为求成为入门武林弟子；多少诗人墨客，冲着名山圣寺而来，览景放吟。唐朝诗人沈佺期游罢作诗道："长歌游宝地……"

怀着兴奋的心情，萧惟昌迈上丛林茂密的少室山北麓，在五乳山半腰，见到透出一座巍峨的寺宇，倚大山，面长河，寺门的匾额大书"少林寺"三字，端庄伟健，笔力雄浑。

熟习经书佛理的广东贡生，爱弄拳腿操刀射箭的萧惟昌，知道少林寺建于北魏孝文帝太和十九年（495），已有悠久的历史。佛门打开佛祖来。孝昌三年（527），印度高僧菩提达摩大师，入寺传授佛教禅宗旨理，遂成禅宗祖庭。唐朝以后，寺中僧人常习武艺，以少林拳术著称。少林拳是少林僧人博采众家之长，汇集武艺精华发展而成。器械以棍术著名，十三棍僧救唐王李世民的故事，传播千百年不衰。

僧人高深的棍法，在萧惟昌冥想中出现：横扫如秋风卷落叶，捶打似泰山压顶，上挑树木拔根，下插入地破石。有朝一日，效法少林僧人，执枪刺邪恶，救助善良；持棍战瓦剌，救国卫乡。

想着美好心愿，踏进佛寺，向知客僧人报上姓名来意：拜见释安同大师。

知客僧是位中年僧人，热情好客道："释安同师兄已知汝近日到来，他在闭关打坐，三日后，才能见汝，让我告知。可先在山上行走观光。"随即领萧惟昌进入寺内西边客房住宿。只见房中站着一位汉子，约三旬年纪，五官清秀，体形不胖不瘦，待人有礼，似是一位读书之人。

知客僧介绍道："萧施主，这位袁檀越与汝一样，等待我师兄释安同出关习艺。两位施主住在一起，可聊天解闷，结伴游山。贫僧释安无，有事可找我。"

说话间，有位小沙弥端来饭食、茶水。被褥已铺好在木板床蒲席上。

见到眼前和善的知客僧，竟是释字辈高僧，两人恭敬合十作礼："有劳大师。"又对小僧道："小师父，我等有礼。"释安无合十回礼道："不必客气，僧俗是一家。"说罢，领着小沙弥离去。

萧惟昌两人欲送知客僧出门外，已走出二三丈远的释安无，对小和尚道："求真，为施主关门，请勿相送。"只见小和尚就地转身，右掌送出，已觉一股劲风推来，轻轻将木门关上，没有半点响声。小和尚这种内力，让两人惊讶又佩服。

萧惟昌回身，见房中的室友打量自己，即向他作揖自报家门。广东高州府吴川县人萧惟昌，现年 29 岁，获贡生功名，却与乡试无缘，入少林寺拜释安同大师，再续武功，明年进京代叔公萧从道服役。

听得室友哈哈大笑："想不到在此遇见萧兄弟。"报称袁彬，江西省新昌县人，现年三十有一，考取秀才案首，再添贡生，两次举人乡试，只获副榜。同样是应诏赴京，代父亲袁忠服军役。到少林寺拜见释安同大师，亦为再续武功。又道："你的叔公萧从道大人，我听父亲多次提及。燕王朱棣率'靖难'军直扑南京，攻打南京金川门时，萧从道将军是水军统领，我父亲与游云方（现在的释安同大师）是副职，率军 5000 人，同心合力攻破金川门。成祖永乐帝登基后，又一起在御营效忠。萧从道大人是位正直的好汉子。临阵攻击瓦剌骑兵，总是冲在军前，屡建战功。"

听袁彬这么一说，萧惟昌高兴了，正是他乡交新雨，有如在家逢故知。道："若不嫌弃，我就称你为袁兄了。"

"好啊，萧贤弟，来日我们共在御营，像长辈一样，上阵就是亲兄弟，共同抗击瓦剌兵。"说罢，过来与萧惟昌拥抱，哈哈大笑。

吃过斋饭，品了山茶。袁彬和萧惟昌均是第一次上嵩山，趁着有空，到山上及寺中见识见识。

两人先到大雄宝殿，拈香敬佛，俗话说入屋喊人，入庙拜神。随之，两人在寺内走动，见到一株树身苍劲，三人才能合抱的大柏树，枝横干斜，铜皮铁骨，冠顶青绿，新叶繁茂，长势蓬勃，两人凝视良久。袁彬道："这是周朝种植的古树。汉武帝刘彻到东岳泰山封禅，转驾中岳嵩山，见到树立山旁，如持戟守山护岳的大将，封古柏为'将军柏'。幸得创建寺庙之时，保住古柏，留住绿荫，难得！难得！"

萧惟昌道："袁兄多才，小弟见识。古柏常青，寂静的丛林多了一景——月出惊山鸟，时鸣春涧中。"袁彬谦让道："贤弟知之，不比我少，只是让为兄先说，讨教，讨教。"

树下有三位上了年纪的香客，刚刚朝佛出来，在树下休憩，听了两人的对话，一位长者道："那时少林寺未建，汉武帝真会来此？"

袁彬听后道："让我萧贤弟为您作答吧。"

"三位长者，汉皇到嵩山是史籍记载。"萧惟昌道，"《汉书》卷六《武帝纪》有录，元封元年（前110）春正月，行幸缑氏（缑氏，指嵩山口）……第二天，武帝临嵩山，见了周代的古柏，能不给个封号？"听得长者频频点头。萧惟昌继续道："古树得到皇帝封赏。托着古柏生长的大山能不高兴？能不欢呼？武帝听到吗？他的随从听到吗？《汉书·武帝纪》是这样记载的，'御史乘属，在庙旁吏卒，咸闻呼万岁者三'。武帝和随员高官及吏卒，听到了山中连呼三声万岁。东汉的学者荀悦说，万岁是山神的称呼。以后，'三呼万岁'或'山呼万岁'，就成为祝颂皇帝或王朝太平的象征。唐代诗人李咸用，在《煌煌京洛行》诗中有云：'但听嵩山万岁声，将军旗鼓何时偃'。"

三位长者听后道："我们服了。""我也服了。"袁彬跟着说。

从寺后穿出，步上山坡，见有宋代著名书法家米芾书写的大字"第一山"石刻竖碑，字迹刚遒带秀气，汇入高山峻岭，书韵壮大山。

沿着碑铭上行，渐觉山峦多翠色，松柏入清音，使人忘却市井的尘嚣。不到一个时辰，两人上到少室山顶，青山在眼底，竹木向佛朝。

"袁兄，"萧惟昌道，"给我说说少室山的故事，以开视听。"袁彬道："贤弟为难我，我接了。我说少室山故事，你得为兄道大室山。"

少室山，相传为大禹第二位妻子所居之地，故有少室之称。少室山的主峰名御寨峰，它的得名，是金代宣宗完颜珣元光二年（1222），与元太祖成吉思汗交兵恶战时，屯兵于此。当日旌旗临空，剑戟罗列。俱往矣，留下残枪破盾，让人磨洗认前朝。搬不动的是高峰陡崖，如一道屏障为山腰的宝刹少林寺，挡滚石，阻暴雪。

袁彬没再说下去。萧惟昌道："贤兄说古论今，好啊。"风刮得两人的衣裤寨寨作响，俯视山谷，深不见底，神秘莫测。放眼环视，香炉、白鹿……一座座山峰似是在游动，两峰对峙，如一道道山门，险隘之阻，难以飞越。当时，金宣宗屯兵于此，确使成吉思汗一筹莫展。

从西峰转到东峰，是中岳的大室山，高耸的峰峦，为峻极峰。大室山虽为山名，实为人称。大室，是治水禹王的发妻涂山氏生启于此，山下有启母庙。传说涂山氏死后，化为此峰。飘飘的彩云，是涂山氏的霞帔，峰顶的繁花翠枝，是别在涂山氏发髻上的金钗银簪，她的眼神注视西峰的少室山。少室是她的妹妹，亲密无间，山风为她俩交谈传话，小雨如酥是她俩的欢乐喜泪。望着山下东去的黄河，寻找夫君禹王疏河治水的步履足迹，万派归宗，河清海晏，天边的金黄稻谷麦子，农友正在收割。

袁彬道："萧贤弟，为我说大室山，实在是作诗章，文采华美，感情动人，浮想联翩，寄抒情于白云丹鹤。"

"袁兄别夸，"萧惟昌道，"我是受了唐代与韩愈明经同科榜眼及第、痴情才子欧阳詹的影响。"

"你说的是欧阳詹《送闻上人游嵩山》诗？"袁彬问道。"是啊。"萧惟昌回答，等待兄长背诵此诗。两中举人副榜的袁彬会作诗，也熟读唐诗，放声吟道：

二室峰峰昔愿游，从云从鹤思悠悠。

丹梯石路君先去，为上青冥最上头。

"一字不差，袁兄好嘢。"萧惟昌用广东粤语之音赞道。袁彬意犹未尽说："欧阳詹游嵩山诗作写虚，让读者联想。游少林寺诗，写的是实。他的《山中老僧》——'笑向来人话古时，绳床竹杖自扶持。秋深头冷不能剃，白黑苍然发到眉'。"说完自己笑了。引得萧惟昌跟着大笑，说："从欧阳詹的诗风看，对为他殉情的太原伎，是深爱这位痴情诗人，也是诚实诗人。"

师兄师弟两人正在高兴游山作诗，大半天过去，游兴未减，见夕阳西下，才快步回寺。忽听山下传来呼救之声，远远望去，是三头恶狼袭击羊群，牧羊人持棍相搏，以一斗三，有败下之势。萧惟昌、袁彬赶紧纵跳到山坡，各拾一颗小石掷出，不偏不倚击中扑在前面的两头凶狼的鼻尖上，昏死过去，另一头恶狼吓得夹尾逃跑。这手飞花掷石的武功，是释安同大师所传。见牧羊人和羊群无事，兄弟俩悄悄离去，回到少林寺客房内。

三天后，和煦的晨阳中，少林寺的山门祥云朵朵，菩提树青青，释安同大师在草坪上见到萧惟昌、袁彬两位爱徒，互道平安。

萧惟昌这次见到释安同大师，已是15年后，年龄近七旬之人，容颜并不苍老，身板硬朗，精神矍铄，气态安逸。这得益于禅道高睿，武功精深。

大师领着两位爱徒，来到佛寺西北边的初祖庵，瞻仰菩提达摩祖师的法像。庵后有达摩洞，达摩禅师在此面壁九年。向西有塔林，是历代住持高僧塔墓。

释安同与弟子面对洞室壁上的达摩圣像，行跪拜大礼。然后对两人说："既来少林寺，可知初祖庵、一苇渡江的故事？"先望着萧惟昌，让他作答。

萧惟昌道："弟子才疏学浅，也略知一二。初祖庵是纪念禅宗始祖菩提达摩禅师。据《景德传灯录》说，祖师是南天竺（印度）香玉王第三子，本名菩提多罗，因精通大乘佛法，师父给他起名达摩，表示'通天'之意。尊重师父临终的训谕，来到中国弘扬禅宗妙法。

"达摩先师远渡重洋，历经恶风险涛，在海上费时三载，方到南中国的番禺县（今广州），弃舟登陆，受到广州刺史具礼迎接，恭请传布佛义。

"达摩先师首登广州之地，粤人称为'西来初地'，立碑刻石为纪，且创建西来庵（清初顺治皇帝改为华林寺），由禅师坐禅说释氏之理。又到王园寺（南宋改为光孝寺）说法论禅。我在广州参加粤省学政大人的贡生试时，曾到这三个地方拜佛祈福。王园寺内保留有先师洗钵处的洗钵泉。上人后来辗转来到少林寺，讲经论禅，是少林寺禅宗始祖，故设初祖庵以纪。"

释安同大师道："说得对。禅宗教派以木棉袈裟传宗，到了唐代，是华夏佛教影响最大的一派。"

说罢，望着袁彬，等他述说"一苇渡江"的故事。

"一苇渡江"的故事流传广泛，不仅稼老牧童知道，还有不少文人作品、绘画、书法、吟唱等。

袁彬道："达摩先师在广州弘扬佛法，流传至江南。梁武帝请他到金陵（南京），为自己说禅。不知是说得深奥，还是触到他的禁忌，梁武帝不高兴了。见听者不诚心，禅师合十作别。

"梁武帝过后仔细思量，觉得应让先师把章节的佛理说完，不应一时烦躁，失去良机，于是遣侍卫追请先师归来，重说释教。先师到了长江之滨时，浪涛拍岸。先师顺手折下一片苇叶，投入江波，脚踩苇叶，悠悠渡江，上岸向少林寺而来，入寺面壁刻苦修行，传授西竺佛法，是少林寺初祖。"

"说得好。"释安同大师赞扬道，"先师在这个其貌不扬的洞中面壁修行，探索奥妙的佛理。据北魏《洛阳伽蓝记》所述，先师多年面壁，修有所成，赴洛阳拜谒天宁寺塔，赞叹不已。先师其时已150余岁，在中华生活了40多年，圆寂于洛水之滨，葬于熊耳山。北魏宋云出使西域，在葱岭偶遇达摩先师，手携只履。宋云问先师何去，答曰'西天去'。著作有《少室六卷》。先师离去了，开创的禅宗教派仍留在名刹丛林，代代相传。"

释安同大师与弟子离开达摩洞，回到寺后参谒六祖殿，上坐六祖佛像，殿内碑石刻有六祖的偈诗："菩提本无树，明镜亦非台。本来无一物，何处惹尘埃！"

释安同大师随之说起六祖慧能，说偈承衣钵的故事。

萧惟昌在广东新兴县的六祖寺曾参拜过这位释门先师。那是他在高州府学读书时，高州离新兴县城不是很远，就利用假日，与几位同窗徒步朝佛。虽是有所知，仍是专心倾听师父说六祖。

弘忍大师为挑选嗣法弟子，召集神秀等门人，命各作一偈，以见悟性。神秀作《身是菩提树》，偈诗道："身是菩提树，心如明镜台。时时勤拂拭，莫使惹尘埃。"贴于北廊内壁上。

佛门多种菩提树，佛门子弟多歌菩提树。菩提树，为常绿乔木，原产印度，花隐于花托中，树籽可作佛珠。相传佛祖释迦牟尼在毕钵罗树下证得菩提，为觉悟之树。佛语中的菩提，又含智慧、觉醒之意。

此刻慧能30岁，在寺内挑水舂米，地位不高，未被住持弘忍法师排入应召之列。他见神秀的偈诗贴出后，觉得神秀师兄并未参透禅性，于是在此偈诗的南廊贴上自己作的《菩提本无树》偈诗："菩提本无树，明镜亦非台。本来无一物，何处惹尘埃。"招来寺中众僧的观赏，纷纷说好。

好在何处？人有悲欢离合，比丘子弟同样如此。但在佛陀的眼中，苦难与烦恼，是污秽之物，必须借助自身的毅力进行节制，使用禅定的方法洗刷心灵，使之净化，心静气平，就是大觉大悟；心灵纯洁，就能避免外界尘埃沾染，清爽自然，就是心存佛祖。

弘忍大师读了慧能的偈诗，口不说好，内心赞美。《菩提本无树》比《身是菩提树》高出多了，在释子眼中，世间万物皆空，有与无在变化，心存佛理，见性成佛，关键是"悟性"。如果不悟，佛就是众生；如果有悟，众生就是佛。可见"无树"胜"有树"，香积厨僧的智慧，胜于护法的师父。住持弘忍大师，于是秘召慧能，夜授法衣，定为嗣法弟子。是为禅宗六祖。

禅宗南派创始人慧能大师，于唐代仪凤元年（676），来到广州西来庵、光孝寺说禅论佛，剃度弟子，弘扬禅宗大法。

释安同大师说罢，望着萧惟昌。萧惟昌道："我曾在广州的光孝寺拜佛，寺中有一块元代碑石，前后两面雕刻佛像，一面为达摩禅师像，一面为六祖慧能像。"袁彬接过话题道："中国和印度的佛祖，亲密交流禅宗大法，惠及众生。"

听了两位贤徒的对话，释安同大师心中高兴，双手合十朝圣道："善哉！善哉！"

第二天晨光曦微中，释安同大师领着萧惟昌、袁彬两位弟子，来到寺内毗卢殿中宽大的练武厅。显眼的不是两旁的锦标旌旗，而是花岗岩石铺设的地板上纵横有序的 48 个脚印，纵向 8 行，横向 6 行，每个脚印深有 2 寸，而周边的石板，丝毫无损。

不用释安同禅师言明，两人已知晓师父的用意。脚印，是寺中武僧一代代练功踩出来的；脚印，告知来少林习艺的僧侣檀越，少林威震四面的拳术在此练成，横扫八方的棍法在此出新；脚印，是对前辈景仰；脚印，是为佛门增光。

两人正在细细观赏年长月久、练成真功夫的成果，一队 24 位少年，由壮年僧人带领，进入殿内练功。一色灰布僧衣，脚踏芒鞋，气宇轩昂。先是做出鱼跃的翻腾，一连串腾空的筋斗，似是银鲤跃龙门。

热身之后，就在室内的兵器架上，每人拿来双刀，互相对打，似是滚动一圈圈的旋风。几盏茶工夫，又弃刀持棍，你劈我挡，我扫你拦，时不时踏入脚印中，棍风所过，旗帜被卷得啪啪作响。

练了一个时辰，萧惟昌、袁彬看得十分入神。一声佛号唱响，对练或群练或单练的少年，摆刀收棍，纵身一跳，两脚落在石板脚印内，刚好把48个脚印坑站满，整齐排列，分明有序，细看脚印，每个均盛着汗水，把芒鞋浸湿。

萧惟昌赞道："练棍行拳，惊动南山猛虎。"袁彬接着道："操刀演剑，腾飞北海蛟龙。"

释安同大师严肃道："两位贤徒所说的伏虎擒蛟，不是现在，是练成绝顶武功之后，但也不能忘记，明耻教战，有勇知方。"既是对练武少年的叮咛，也是对萧袁两位弟子的期望。萧惟昌、袁彬同声回答道："师父教诲，弟子谨记。正邪自古是冰炭，毁誉人生应分明。"

练功厅旁是兵器房，陈列十八般兵器，每种兵器有文字说明：一弓、二弩、三枪、四刀、五剑、六矛、七盾、八斧、九钺、十戟、十一鞭、十二锏、十三挝（镐）、十四棍、十五叉、十六耙、十七锦绳套索、十八白打（双拳）。

释安同大师道："各种兵器自有特色，因人而异使用。三国时西蜀的关云长用刀，张飞用矛，赵云用枪。唐代的名将秦琼用锏，尉迟恭用鞭。不管是长武器还是短兵刃，使得出神入化，才能所向披靡。锦绳套索软柔柔的，可不能小看它，内力深厚者，运用起来，绳似鞭，索似棍，同样克敌取胜。手上没有兵器，双手白打，跳跃如风，也能手到擒来元凶恶人。十八般武艺，弓弩排在最前，可见历代将军对它看重，练好箭法，自能克制瓦剌敌酋。

"若在战场上千军万马厮杀，譬如以后对蒙古瓦剌骑兵作战，敌人骑在马上，居高临下，马快刀捷，短兵器就不如长兵器。我主张两位贤徒练枪练刀，远者枪挑，近者刀劈，敌人就会居于下风。摘叶飞花的功夫，在大兵团的作战中，效果不佳。瓦剌人善于摔跤，下盘有力，双手灵活。微小的打击，难以致命。战场拼杀，处置不当，就会大祸临头。"

两人听从释大师教诲，手持长枪、腰插短刀，有时随着寺中武僧练刀，有时随释大师练枪，功夫大进，可以同时右手出枪，左手挥刀，刀枪齐下，克敌取胜。

来年的新春刚过，袁彬拜别释安同大师，辞别萧惟昌贤弟，赴京替代老父袁忠服军役。萧惟昌叔公从道公要到年底才退伍，他仍留在少林寺研经习文学武。

习武之余，萧惟昌会到达摩面壁洞沉思人生。石洞不很大，深阔均不到二丈，倚崖而成，有祖师与其弟子石像四尊。洞外绿林摇风，野鸟飞鸣，幽洞神秘，适于打坐，精修释学，石壁上隐隐约约留下达摩禅师的身影，任由沙门释子朝拜。

佛法渊源悠远，高深博大。达摩祖师的禅法，是大乘安心实践之法，称为"壁观"。祖师在少林寺面壁九年，舍生同一，舍伪归真，无己无他，凡圣等一，坚定不移，佛祖在心。

达摩祖师面壁，悟出中直不移的佛理，一代代影响少林弟子。有神光者，亦以"面壁求师"传扬禅林。他立在壁洞前没膝的皑皑白雪中，风卷雪飞，寒冰刺骨，虔诚之心，祖师动容，传其禅宗三昧，神光后来成为禅宗二祖。

从神光面壁求真，萧惟昌想到另类有了成就之人，不再面壁者，脑海中跳出"江郎才尽"的故事。

江郎，是南北朝时期南朝文学家江淹，出身寒微，小时"面壁"，学有所成，才华出众，文章著世。当他荣华富贵、锦衣玉带时，不再"面壁"，才气衰退，晚年作诗，多不成器。"江郎才尽"，就是才思减退之意。

达摩祖师西去，面壁求真求悟，长留在萧惟昌心间。

仲秋之际，萧惟昌禀告恩师释安同，须提前到京城，学礼仪，悉军情，察地理，待来春替代叔公从道公持戈卫国。

释安同道："是应该提早入京，熟识风土人情、周边环境，有利于服役。从少林寺进京，你应经古都洛阳而入山西，历雁门关和平型关，进大同，转河北的紫荆关，这是进京的大道。

"大同是座重镇，是防御西北部蒙古瓦剌入侵的要冲之地。守关的郭登将军能文能武，与你叔公萧从道大人及老衲均是朋友，可请他领你察看大同的形胜，日后开战，心中有底。大同又是为师的家乡，顺便看看，只可惜我的女儿游幼历不知去向，曾托郭登将军打探，仍无踪影。"

萧惟昌道："吉人自有天相，幼历姑姑定会回到我师身边。我遵师嘱，先到大同，拜见郭登将军，再经紫荆关入京。"

第三章

白登山寻根胡虏　中秋夜细听守伐

萧惟昌离开登封县，入古都洛阳，经孟津，渡过滔滔的黄河，就是山西境了。山西，在太行山的西部。经晋中，至并州（今太原），再转向东部的阳泉，为的是考察坐落平定县的娘子关、坐落代县的雁门关、坐落繁峙县的平型关。一座座的重关隘口，发生多少战事？死伤多少兵将？攻者出谋，守者对策，知己知彼，百战不殆。

并州在山西中部，汾水环绕，郊外大路两旁，多是稻禾麦粟，长势喜人。

进入平定县，已是太行山麓。这一带地势高峻，高低错落的山岗是黄色的，排排行行的泥房是黄色的，伸向山上的土路是黄色的，过往的车辆卷起的飞尘是黄色的，赤裸的山石、耸立的峭崖同样是黄色的。萧惟昌行走在这黄色的山陵高岭，自己的衣服也染上黄色。

驾车的是位40来岁的汉子，道："客官，你看到的是黄土高坡了。这黄色世界，还有故事呢！"不待萧惟昌问，他就说开了——

传说女娲是晋南洪洞县人，那里有她的坟茔。当日，她用红、黄、青、蓝、紫五种土壤补天，天补好了，还剩下少许黄土，她顺手撒在晋北的大地，千年万年，就成为黄土高原。那时的山脚和沟底，均长着苍郁的林木，流水绕着山石东去，神农氏曾在林丛中采药，虞唐时

29

舜帝曾在平坡耕耘。

车夫说的是神话，萧惟昌觉得有意思。就回应说："中原的先进农耕技术，确是孕育了中华深厚的文化。唐代的著名诗人王勃、王维、王之涣、温庭筠都是晋籍名人，唱响了黄河、唱响了太行山。杨家将抗敌的英雄故事，几代人的功勋，在黄土高坡上流传。山西诗人辈出，武将称雄。"

听得赶车的汉子叫好，指着远处的窑洞道："别小看黄土高坡，那一排排的窑洞，冬暖夏凉，住得可舒服了。"萧惟昌应声道："今夜我们就借宿窑洞。"

明月挂高空，赶了一天路，住进路边招客的窑洞。窑洞，就是在黄土高坡、向内挖进的山洞，四壁光洁，前壁开着窗户，透过月光，室内明亮。掩上柴扉，山风刮进，丝丝凉意，四周静寂，被褥干净，睡得也算舒服。

吃了刀削面，车驰娘子关，路经市井，多见一间间的酿醋作坊，山西人爱吃醋，醋坊自是应运而生。萧惟昌与车夫在路边的饭店吃午饭，菜是酸的，汤是酸的，那车夫嫌不够酸，加醋再加醋。萧惟昌随便扒拉两碗饭，喝了碗牛肉汤，饱了肚子，继续上路。

马车停在娘子关的草坪，从关口通下一条平坦的大道，登上关城高处，大道通向太行山东侧的河北，沟通三晋与燕赵商旅的来往。自古以来，此地筑关建卡，防御外敌入侵。

关口有兵驻扎，不让闲杂人员上关楼。萧惟昌掏出进京服役的锦衣卫令牌，卫兵验准，放人上关。关楼有三层，他很快上到楼台，楼台上有校尉和几位士兵在瞭望。验过萧惟昌的准军牌，热情相待。告知娘子关的来由：唐高祖李渊在隋大业十三年（617），时任太原留守，起兵反隋，委派女儿平阳公主带领一支女兵驻扎于此，娘子关之名由此而来。

萧惟昌站在关楼瞭望台，望南观北，蜿蜒的山岭，犹如一道屏障，把山西黄土高原分割两半。关楼下有桑干河，流水和缓，为关城增添几分和平、安闲的气氛。

一宿无话。早晨结了店钱，命车夫发车上路，朝雁门关驰去。三日后，到达雁门关。

萧惟昌登关探险，询问战事。

雁门关，也称西陉关，在晋北代县北边，为山西三关之首，又是长城的重要隘口，是晋省南北交通要冲。关城设在雁门山上，东西两侧山岭峻峭，大路盘旋崎岖，军队不易快速通过。它的得名，因雁门山两山对峙，北雁南飞，穿越山峡。

北宋名将并州人杨业将军，任代州刺史兼三军驻泊兵马部署时，曾在雁门关大破犯关的契丹辽国兵马，后人立碑，纪念杨业将军伟绩。

宋初皇帝大举北伐契丹，收复云州、应州、寰州、朔州。这四州是后唐时，镇守并州河东节度使石敬瑭，割燕云（今河北、山西一带）16州，献给辽国，勾结契丹灭了后唐。建立后晋，自称晋高祖，甘做"儿皇帝"，存活仅6年。

杨业将军守关破敌立了大功，却未能完成宋太祖赵匡胤的心愿。收复燕云16州。太祖在《月出》诗中有句说"未离海底千山黑，才到中天万国明"。可惜大宋王朝这颗明月，照不亮后唐割给辽国的广袤大地。

平型关在山西北部繁峙县边境，邻接灵丘县，是长城隘口，山高林密，巨石林立，直指蓝天。关城雄踞山上，左右皆是石峰。两山对峙，夹着一条石磋路，仅可通过马车，利于伏击山下敌人。形势险要，也为晋北交通要道。

萧惟昌想不到，数百年后，中国人民抗击外敌日本强盗，在此设伏，居高临下，两侧夹攻，以弱胜强，消灭2000多名侵入晋北的日本强盗，打出了中华民族的威风。

考察晋省三座关隘，萧惟昌眼界大开，增长了见识。坐车下到半山时，突然看到一群手持锄头铁耙的山民、三位持刀的士兵，正在大路上追打两个裹着头巾的高瘦汉子，大声呼喊："抓住瓦剌贼人！"

作为练武之人，萧惟昌反应极快，轻轻一拽缰绳，马车横在路中，堵住贼人逃跑的去路。瓦剌贼人急了，抽出短刀，扑向萧惟昌，凌空砍下，眼看萧惟昌脑袋就要被劈成两半。只见他左边长袖一挥，隔开利器，跃起向前扑去，右手握拳打倒那两名恶徒，被冲上来的士兵民众擒获。

士兵告诉萧惟昌，两人是瓦剌军队的探子，潜入关前、关后的兵营村甸探水，以便带领瓦剌骑兵入侵抢掠。两贼还摸到村边农家，欲强暴妇女，在厮打时，被害者大呼救命，他俩杀人逃跑，被吾等追捕拿下。士兵搜其身，果藏瓦剌军旅腰牌，身上的衣服、脚上的鞋袜，沾着被害者的鲜血。说幸得壮士出手，擒拿敌寇。英雄留名，随我进关，禀知关守，定会有奖。

萧惟昌道："我是广东吴川县人萧惟昌，有急事赶路，领奖就不必了。三位军爷和捉拿凶贼的乡亲，倒是该领奖。告知你们长官，审讯恶贼，弄清他们的罪恶，严防敌人入侵害民。"然后命车夫调正车头，作别众人，继续北行。萧惟昌此时心中高兴：山河设关，可阻强敌；黎民恨贼，保乡有力；兵勇敢战，取胜自有把握。

萧惟昌抵达大同镇，付了车费，安顿住下，即到镇关，拜见郭登将军。郭登将军读了释安同大师的信函，得知来者是萧从道统领的侄孙，进京代服兵役，自是热情接待。

永乐皇帝朱棣几次北征瓦剌，多驻跸大同镇关。郭登多次奉诏与御营将军、皇上侍卫长萧从道，率小队军旅出城，深入瓦剌边境，探悉敌情，遇上瓦剌游骑追击，一起与敌搏杀，有惊也有险，两人互相掩护，平安回营，而结下友情。

郭登将军见萧惟昌长得英俊，谈吐不凡，既晓《四书》《五经》，也熟《孙子兵法》，道："皇帝的御营，需要的是能文能武的校尉。大同镇关是西线抗击瓦剌入侵的前线；进入大漠杀敌，大同是兵站，也是后营。作为皇上的侍卫，不熟悉大同，难以对付残酷的战争。既来之，则安之，我会助你熟悉大同，有朝一日，会进入大同和我一起战狼斗豹。"

郭登骑上高大的战马，带上五位贴身侍卫，命人牵来一匹蹄眼白栗色的战马，萧惟昌接过缰绳，轻轻一跃，稳坐马上，一行人放开缰绳，出了营门，按辔徐行，观看街市镇甸。

晋北的重镇大同，直街横巷有序，商铺排排成行，鲜艳的酒旗、灰黄的醋帘，高飘在楼台上，甚为醒目。那些蒸馍店、刀削面馆、饺子铺，时不时逸出陈醋的酸香味。农人的红枣、山民的板栗，多摆在地上，购买者较多。街上的行人，也有裹头巾，脸色黝黑的胡人，悠然自得在购物。或与老友熟人，携手上酒楼小酌。看得出大同是一座包容的城市，热情待客，繁荣有序。

一行七人，从东门放骑，坐船渡过御河（也称玉河），河水清冽，由北向南汇入桑干河。离船后，郭登兴致颇高，放缰驰马，半个多时辰就到了白登山，与萧惟昌回望大同及其四周形胜。烟霞中的城郭，历历在目。

大同位于雁门关以北的盆地，界于内外长城之间，三面环山，两面夹水，山水是它的天然屏障。郭登指着四面的山岭说："东北是采凉山，北望是朔孤山，西北是野狐岭、雷公山，与西南的七峰山呼应，西部是武周山，十里长河斜插至城西东南角。故称'山环采凉，水抱桑干，长城界其北，雁岭峙其南，西眺朔漠，东瞻白登。屏全晋而拱神京，巍然重镇'。"

萧惟昌接着道:"不特三晋之屏藩,且为中原之保障,也是蒙古瓦剌南侵必争之地。"

"说得对极了,"郭登道,"大同是抗击瓦剌的前线关镇,是金城汤池,敌人难以通过。我们现在站立的白登山,曾是著名的古战场。"

郭登将军的话,在萧惟昌心中翻开《史记》的载录:汉高祖遭冒顿单于纵精兵四十万骑,围于白登山(汉时也称平城),被困七日,汉兵内外不得救援,却能保持建制阵营,全师而退。是统军的英雄,是神明的皇帝。

郭登与萧惟昌都是熟读《汉书》《史记》的英才,在他俩的眼中,渐渐展开白登山大战的历史场面——

登上皇位一年又八个月的汉高祖刘邦,无法忍受北方匈奴的袭击。率兵三十万,北击匈奴,在晋阳等地连续打了几场胜仗,乘势快速向北追击敌人,只要越过长城,就能挥鞭蒙古大草原。距大同四五十里外,有座白登山,汉高祖刘邦在山上扎营,留宿一夜,以便天亮进军大同。想不到却遭善于纵骑飞奔、合围战术的冒顿单于大军,重重围于白登山。

慑于汉皇刘邦的声威,匈奴大军一时未敢攻山。汉皇的步军未到,也无力杀破重围。掀天揭地的汉高祖刘邦,此时得到天地、人和之助也。

先说地利。白登山不高,水是命脉,山泉沛盈,粮食暂时得不到补给,却不断粮。汉军斗志不减。

再说人和。汉高祖刘邦听从谋臣张良的妙策,派遣使者携带大量金银珠宝,贿赂单于皇后阏氏,教她劝说冒顿单于——"大王围困汉军,即使得了汉地,亦无法居住放牧。汉皇乃神武之人,愿单于明察。"冒顿单于听了皇后的话,犹豫不决,没下令攻山。

三说天时。汉皇在白登山被围第六日,天降大雾,得以掩护汉军将领出入被包围阵地，调兵遣将，布阵解围，调集数百个强弩营，箭上弦上，等待号令，冲杀开路。

当冒顿单于得知汉朝援军渐近大同时，仰天长叹：机再难逢，功亏一篑。恨恨地引兵退去。胡人走了，雾也散了，汉军退兵而归。正如唐代诗人李乔在《雾》中说："曹公迷楚泽，汉帝出平城。"

郭登将军明白，生活在几千里外南方的萧惟昌，对北方的兵衅战祸，在史书上知道一二，现在来到大同前线，更应让他多一份忧患意识，就会多一份报国肝胆。即就现时的瓦剌为患，说到他的老祖宗匈奴。

据《史记·匈奴列传》载，匈奴，其先祖是夏朝夏后氏的后人。夏桀无道，被商汤打败流放于北疆蛮荒之地，三年后死去。其子獯粥避难北野，随畜牧而转移，逐水草而居，没有城郭、文书。儿童能牧羊，张弓射飞鸟地鼠；成年人射狐兔做食物。他们风俗特殊，环境好时随牛羊放牧，衣食困难时以打猎获取食物。心情不佳，民族之间互相打斗，这是匈奴的本性。使用的武器，远距离用弓箭，短兵相接用刀。有得益就会进攻，打不过就后退，逃跑对他们来说并不意味着羞耻。人生把得益放在首位，不知谦让礼仪。自匈奴单于到广大牧民，皆以畜肉为食，穿着畜皮为衣，或以畜毛搓线织成大衣。

单于，是他们的首领，牧民相信，单于天地所生，日月所至，于是虔诚膜拜。单于的帐篷，就是龙廷朝廷，立国封官，世代相传。

自周朝、秦朝以后，北方的边患，是华夏民族最大的边患。周天子被戎狄打得无奈，迁都洛阳。秦始皇修长城以防。随后，赵武灵王筑长城御敌，效仿穿着胡人衣服，习骑射，以敌人的长处为自己所用。燕国也筑长城拒胡人。战国七雄，这三国因边境与匈奴接壤，筑长城对抗。

秦灭六国，始皇派大将军蒙恬统率十万大军，北击匈奴，悉收黄河以南土地，以河为界，建立44个县，徙谪罪犯守城防卫，并开发河谷之地。十多年后，蒙恬被逼自杀，诸侯不服秦皇，战火纷飞。匈奴单于乘机作乱，越过黄河骚扰，侵占中华要塞。楚汉相争时，冒顿杀死父亲头曼单于，灭后母和小弟而立为单于。征服东边的胡虏，北夷尽归，夺得蒙恬攻下的疆土，又回到黄河以南，兴风作浪，是时单于强大，控弦之兵达到三四十万之众，南面与汉朝为敌，敢于围攻汉高祖刘邦于白登山。

到了雄才大略的汉武帝刘彻时，派遣大将军卫青、霍去病统率大军，横越大漠千里，北击匈奴，致使匈奴多年不敢觊觎大汉王朝。时年仅24岁的骠骑将军霍去病，平息了匈奴之患后，留下气壮山河的名言："匈奴未灭，何以为家！"成为中华民族千古名句。

进入唐代，西北边境同样面对突厥为患。千百年来，匈奴也罢，突厥也罢，时大时小，时聚时散，力量壮大，扰乱华夏边境。残兵败将，逃往大漠，或是讨好朝廷，博取封赏。那难以捉摸的行动，边塞守将防不胜防，历代朝廷鞭长莫及。

萧惟昌道："郭将军，突厥是匈奴的后人？"郭登答道："正是。"再引经据典说明。

"唐高宗李治麟德元年（664）春正月，改云中（大同）都护府为单于大都护府，以殷王旭转为单于大都护。

"初唐大将军李靖大破突厥，迁三百帐于云中城，阿史德氏为其长。此后，部落渐众，阿史德氏诣阙求见请如胡法，立亲王为可汗以统之。上召见阿史德氏，谓曰：'今之可汗，古之单于也。'皇帝御准更名。可知匈奴与突厥是一脉相承。此事载于南宋福建建安人、时任工部侍郎兼国子监祭酒袁枢著的《通鉴纪事本末·突厥叛唐》。"

萧惟昌道："将军所教，学生得益。我没读过此书，但听说过此书，史学家评价很高，说与《史记》《资治通鉴》构成鼎立。"郭登道："说得不错。它，文省于纪传，事明于编年。实为十六王朝治乱兴衰之长轴画卷，堪称千三百年利弊得失之镜鉴权衡。"萧惟昌道："到京城后，我定会找来此书细读。"

郭登的一番话，说匈奴、说突厥、说瓦剌，使萧惟昌对北虏知之更多；说守关、说出击、说卫国，让他豪气冲霄汉。

大同，从古到今，多少中国将领在此捍卫华夏疆域，洒热血，抛头颅，建功立业，英名远播。多少朝代的帝王在此立马扬鞭，出击侵略成性的胡人贵族，只为金瓯无缺。本朝的开国皇帝朱元璋、永乐大帝朱棣、宣宗皇帝朱瞻基，兵出大同，北征瓦剌，巩固霸业。

大同，有它的光荣，屹立在北疆大地，是捍卫大明的钢铁门户；是高悬的宝剑，斩杀多少敢于入侵的贼寇；又是箭在弦上的强弓，射穿多少凶恶的豺狼。大同有它的耻辱，认贼作父石敬瑭，一度把它作为燕云十六州的云州，割给异族，受尽磨难，皮裂骨出，才回到中华母亲的怀抱。

站在白登山上，迎风眺望的萧惟昌，心情如远去的山岭，卷起一道道翻滚的绿浪。渐渐红日下山，金光万道，照得大同壮美亮丽，照得遥远的大漠，草青马跑。

见萧惟昌情绪激昂，站在夕阳中，远观山川，近探地形。郭登道："萧贤侄，今夜我们驻扎白登山，任你放飞梦想，或是寻古探秘，或是张弓大漠。"说得自己笑了。

萧惟昌高兴道："郭将军，您想我之所想，夜宿白登山，可让我细细回忆古战场白登，思考未来战争大同的攻与守。"

山下有大同镇所设立的对敌前哨，500名官军驻守。郭登命侍卫向山下兵站要来营帐、饭食，在山上搭帐留宿，观赏美妙山色，倾听大漠风声。

月亮升起，挂在天宇，撒下光辉，照亮白登，照亮大同，照亮九州。

郭登道："今天是中秋节，我们在山上赏月观景，品尝月饼，寄意亲人，遥祝美好。"然后，语气一转，"贤侄知否？军旅驻在高山边城，也能与城镇的民众一样，吃到甜甜的月饼？"

萧惟昌略知一二，见郭将军兴致飞扬，不便回答，道："请将军明示。"

郭登喜悦地说："我是安徽凤阳县人，与太祖洪武帝是同乡。当时太祖中秋月圆竖旗反元朝，如何不被发现而通知参与举事的乡亲？想出一法，把'今夜午时正灭鞑子'的纸条放入月饼内，一一发放给民众。乡人吃月饼时，见到太祖的号令，午夜之际，纷纷拿起锄头、尖担、刀枪，涌向县衙，打杀鞑子，占领凤阳县全城。此后，队伍越来越壮，气势如虹，打垮残元，建我大明王朝。"

"原来这样。"萧惟昌道，"品尝月饼，是怀念太祖洪武帝的立国伟绩，也是卫我社稷江山万年。"

天上银盘高悬，白登山月色醉人。两人品尝月饼香茶，郭将军难得享受这份安逸，道："中秋赏月品饼，令我想起改制月饼之人，南宋光禄寺卿吴颐吴大人，既是进士，也是武臣；既是美食家，也是美食革新者。他是广东吴川县人，是贤侄的老乡先贤。"

听此一说，萧惟昌大为开心。邑中俊彦，被人赞扬，自己添光。即问郭将军何以知道？郭登答道："我曾率军马驻扎江苏淮阴、浙江杭州，所以略知一二。先说淮阴抗敌，南宋后期，元军入侵淮阴时，吴颐大人奉旨率兵抗敌。他身先士卒，指挥有方，围歼敌人300名，缴获敌骑百匹，打得鞑子鼠窜。率军回朝报捷，宋帝赵禥赐其吃'帝赐肉'，这是一种夹肉蒸面包。作为管理皇家宴饮的光禄寺卿，吴颐大人后来把夹肉蒸面包改发酵面皮为碾压面皮，改进馅料，改蒸为烘，就有了新型的月饼。"

萧惟昌道："将军对吴颐大人的推崇，令我敬服。吴颐大人致仕回乡后，向乡亲传授制作月饼工艺，从南宋至现今，吴川月饼代代相传，皮薄型美，馅料众多，五仁月饼、火腿月饼、叉烧月饼、豆沙月饼、莲蓉月饼，还有专门供应佛寺尼庵的素食月饼。我小时吃月饼，和小友一起唱歌：'八月十五月亮圆，手捧月饼香又甜。嫦娥姐姐月中坐，赞我月下念书篇'。"

郭登道："应改成'嫦娥姐姐月中坐，赞我念书考状元'。"萧惟昌谦虚答道："虽有此想法，也不敢吐露在大庭广众前啊。"郭登听了大笑："好个萧惟昌，壮志不露。"

萧惟昌道："将军，我是军人，抗击瓦剌入侵，是天职。如没有战争，国泰民安，我确是想把科场当战场，登上乙榜、甲榜，这是我一生的最大心愿。"

"你常读《四书》《五经》？"郭登问。

"是的。我的行囊有兵书操典，也有子曰诗云。休闲读书是快乐之事啊。"

郭登点头道："人无志不立。上马能征战，下马能治民。好，萧贤侄必成大器。"

吴颐在南宋创新制作月饼，经宋、元、明、清，传至改革开放后的今天，吴川月饼推陈出新，厂家颇众，品种繁多，产量巨大，畅销全国，口碑极好。2011年，吴川市被评为首个"中国月饼之乡"。

山野赏月，一片幽静，没有市井的喧闹，没有干戈的拼杀，郭登此时极为开心。放下戎将身份，现出文人本性，道："我看重贤侄，是读了平型关主将呈来的邸报，知你拦车阻敌，空手擒获杀人的瓦剌恶贼。你的师兄袁彬校尉，上月奉命来到大同，探察边情，闲聊中告诉我，你刻苦习武，功夫了得，摘叶飞花，嵩山救人。又言你勤读兵典，也习《四书》《五经》。是啊，萧从道大人的传承者，能文能武。

年轻人，继续努力吧！"

说罢，郭登诗兴大发，作《云中中秋感怀》诗，曰：

> 南极烽烟又远征，衣冠今夕会边城。
>
> 千家落日伤秋色，万里归心对月明。
>
> 舞镜彩鸾云渺渺，隔帘霜兔杵丁丁。
>
> 九霄风露凉如许，欲挽天河洗甲兵。

听了这气壮山河的诗章，萧惟昌赞道："将军时刻操心边事，固镇守关，严防瓦剌，保国护民，令人感动。'欲挽天河洗甲兵'，吟出大明军旅志气，道出我辈心声，也是国家和黎民的期待。"

郭登谦逊地道："对月抒怀，慷之慨之，感之忆之。瓦剌骑兵作战的习惯是——举事而候星月，月盛则攻战，月亏则退兵，善利骑兵快速，行诱敌合围战术，故作此诗。"停顿片刻，又道："瓦剌作战时间的选择，战术运用的特点，是在古人血流原野、白骨遍地的战场总结出来。我在大同，多次与瓦剌作战，他们确是如此出兵布阵。你知道这位判断胡虏作战规律的人是谁？"

"后辈才疏学浅，"萧惟昌谦恭回答，"我读太史公司马迁的《史记》，内中的《匈奴列传》，是有此说。说的是匈奴，不是瓦剌，请将军指教！""对呵。"郭登道，"瓦剌就是匈奴的后人。太史公还说，对待敌人的骑兵，最好的武器是利箭强弩。"

萧惟昌站起来，向郭登行礼："将军的教导，后学谨记心中。"

东汉太史公司马迁总结出来的战术，历代将军元戎，如郭登他们，不忘此说。可恨到了明朝正统十四年（1449），英宗朱祁镇率领五十万大军北征瓦剌，中了庸将也能识破的合围战术，皇帝被掳，大军覆没，此是后话。

　　郭登既有武功，也有文才。众多诗章写得感情真挚，语言生动形象，好读易懂。与他同朝的英宗天顺七年（1463）进士、后官至吏部尚书的著名诗人李东阳赞美道："国朝武官能诗者，莫过于郭定襄（郭登被封为定襄伯）。"

　　从白登山怀古赏月下来，郭登派出属下斥候（侦察兵）队长，带领萧惟昌微服出行。察看大同周边山川河流、险峰峡谷，通向漠北的大路小径。在边境互市，看汉民与牧民买卖，皮毛换米粮，铁器换马匹。住进瓦剌牧人的蒙古包，风吹草低见牛羊的景色，谁不喜爱？可惜马不放南山，刀枪不归武库。吃牛肉，饮羊奶，观风情，别善恶，大有收益。

　　五天后，回到大同，萧惟昌作别郭登将军，前往京师。郭登道："从大同向北至河北宣府、怀来县的鸡鸣驿、土木堡可进京城。倒不如从大同向东，入河北易州的紫荆关，它为京师的南大门，路程近，可察看知悉这一带的关隘，它又是瓦剌人入侵京城的首选，那里驻兵少，险隘薄弱。"边说边掏出一个铜腰牌，上刻萧惟昌姓名。"持此腰牌，可通行关隘，拜访关上主官。"

　　萧惟昌接过腰牌，拜别将军，骑上郭登安排的蹄眼白栗色骏马，向东入河北易州。

第四章

伐木紫荆伤关隘　悼怀易水读荆轲

　　从大同出城，萧惟昌骑着郭登将军安排的马匹，一路向东驰去紫荆关，这条大路，是北京通向山西的重要通道，可以看到频繁来往的车辆，挑担的商贩。每隔三五十里，在向阳的山坡，绿树遮掩的土坪，设有驿站，方便来往的官员、军差饮食和住宿，或是换马换车，以保证邸报公文的快捷传送。

　　走了三天，骏马奔出黄土高原，转上燕山山脉，一路是高山峻岭，险峪深沟，人困马乏，于是收缰进入山边的驿站，亮出大同镇军官的腰牌，自有驿吏接待住宿、饮食，代喂马匹。如要换马前行，同样方便。

　　萧惟昌所骑的骏马，一身栗色，蹄上点缀着三四寸雪白的毛。竹批双耳，锋棱瘦骨，目光如电，威武雄壮，躯体不高大，腿脚有力，奔跑安稳，放步轻快，青丝络头，软革坐鞍，坐得舒服，看得出是匹来自蒙古大草原的良马。与那些力怯关山，横卧路旁的马匹不同，况且这是郭登将军的马，喂养好，保护好，不负将军的关爱。骑到北京后，等待将军的命令，送回大同。所以萧惟昌没有换马，让马吃好喝足就行。

　　马跑两天，渐渐走近河北易州（今易县）境内，发现一个怪现象，山西这边的黄土高坡，还长着老林，虽然稀疏，仍能防风固沙，护田蓄水，而易州这边的山岭，横卧着一棵棵倒在地上的大树，有的树径大到两三个人才能合抱。树身压在山坡上，倒在耕地上，庞大的树干，众多杂乱的树杈，把那高株的、低矮的，或成熟的、刚长起来的农作物，砸成了浆。那被挖起的树头，躺在山坡上，一个个树坑，张开大嘴，欲吞噬过往的行人、上山耕作的农友。不少山民和田妇，在挖捡不易看到的农作物苞谷、高粱、土豆、红苕。他们无语，也不哭泣。身旁还有兵丁在驱赶，要他们尽快离开，不许捡地上的农作物。

萧惟昌怀着好奇的心情赶路，想到附近的驿站弄个明白。晌午之时，来到一所驿站，更令他糊涂，驿站周边的树木都被砍光了。锯断搬走的有之，拦在路旁的有之。附近有户农家，被倒下的大树砸中，桁木断截，泥墙倒地。他放马过去，见屋旁躺着一位白须老爹、一位白发老妇的尸体，一位不到30岁的青年在抚尸痛哭。

走来三位军爷，命民夫把锯断的大树搬走，抬走两具尸体。那哭泣的青年拼命阻拦，双方在抢拼中，那青年被打倒在地，头破血流。兵士不管青年死活，把尸体强行扔进不远处低洼的土坑中，那里已有六七具尸体，投入干枝枯杈，放火焚化，黑烟中发出噼噼啪啪的响声，令人心碎掉泪。

兵勇离开，站在一旁的乡人七嘴八舌地在议论村中死者，说林老台夫妇惨啊，被倒塌的泥墙埋没，林老三被落下的树干砸死，林小五被迫上树，斩树枝跌下摔亡……萧惟昌听得出，那几具尸体都与斩树伐木有关。

在乡亲们悲愤的声讨中，那负伤的青年已爬到焚尸的土坑前，放声大哭，筋疲力尽，难以站起来。

萧惟昌赶紧下马，把青年扶起，见他流血过多，伤心过度，脸色苍白，浑身无力，就从行囊中取出跌打药粉，帮他止血包伤。并掏出几吊铜钱，放在青年手上，说："房子没了，粮食没了，拿去买药治伤，购粮糊口。"

那青年道："我是猎户，可上山打猎，换钱治伤买粮。"围在身旁的乡亲道："林木木，山野的树木砍光了，哪还有野兽，柴火也拾不到了。"劝他收下好汉的诚意。

林木木接过几吊钱，跪下多谢。萧惟昌忙把他扶起，说受伤之人，慎勿激动。林木木道："那就大恩不言谢了。看得出恩人是位侠义之人，听口音是来自南方，何以经过我们老柿树村？"

萧惟昌答道："我确是南方广东人，奉令赴京服兵役。经过贵地，看到山上山下、屋前屋后的树木被砍倒地，不知何因，请教各位父老乡亲。"

人群中有位穿长袍、戴瓦楞帽的长者，众人说他是里长林大斤老爷。当时十户为一甲，五十户为一保，十保为一里，里长多与官家往来，知之必多。

未等萧惟昌道出请教，里长林大斤就开腔了："开门七件事，柴米油盐酱醋茶，柴在首位，知其重要。壮士，你是南方人，不知北方天气，现时中秋已过，天气寒凉。立冬之后，雪花飞飘，积水成冰，大车可在大河湖泊上行走，家家户户急需薪炭取暖。城里人没有秋秆草柴，只能靠墟市集镇供应。皇庭宫室需要多少？城里民众需要多少？京郊的山林伐光了，就向山多林密靠近京师的易州采伐。

"十年树木，百年育林。山上老林被斩，农家果树被砍，我同样心痛。若没柴炭取暖，京城会冻伤、冻死人啊。

"树木我所欲，薪炭我所欲，一如鱼我所欲，熊掌我所欲，但两者不可兼而得也。"里长叹了口气，继续道："斩树伐木，民夫有被砸死，监伐士卒也有被砸中。砍伐争执中，差人逼死人命，也出于无奈，上司给出每天完成柴炭数量，若不完成就罚禄、革职、坐监，罪重者被杀头啊。"

萧惟昌道:"我听明白了,原来是这样,谢谢里长大人教诲。"里长林大斤见眼前这位青年人谦恭好学,心中高兴,就又多说了句:"欲知更多采薪之事,到了紫荆关会有下文。"

一路上,萧惟昌收缰徐行,远远望到紫荆关城,沿途伐木的景象,令他惊心动魄:大树倒地横路,七歪八斜,创口渗出白色的汁液,是哭泣的泪水;炭窑冒烟,黑了半边天,呛入肺腑,咳嗽气喘。原来装扮大山翠绿的躯体,衣服破碎,露出光秃的黄腚,何堪观赏?原来点缀草坡滋润油滑的肌肤,伤筋露骨,渗血损皮,不忍再看。

山顶上留着无法砍伐的大树、灌木、绿草,难以覆盖那光秃秃、赤裸裸的土石。时在清秋,显示满眼的干涸、焦躁,令人难以忍受风沙。坡上山腰的耕地,大爷和妇人在给星星点点的玉米、高粱施肥、耘草,身上染上一层黄土,山风过处,黄土飞扬,骄阳映出一团惊人的黄晕。

到了巍巍的紫荆关,萧惟昌感到亲切而又激动,自己的叔公从道公曾在关上驻守,与同袍一起打败犯关的瓦剌骑兵,立下战功。萧惟昌下马上山眺望,雄关建在山上,山下是纵横交错的沟壑,头上是高耸的峭峰绝崖,山路崎岖,易于控扼,一夫当关,万夫莫开。

紫荆关在易州西部,素有畿南第一雄关之称。与居庸关、倒马关合称为"内三关"。它的位置险峻,被誉为南阻盘道之峻,北负波涌之渊,屹然为畿辅保障。

明太祖朱元璋立国后,为防御北方胡虏的入侵,把紫荆关原有的泥墙改为石墙。至永乐年间,成祖朱棣对紫荆关又进行加固,增设城楼垛口,里城与外城相连,城门环环相套。护城,如张列铁盾;出击,如握拳有力。

下得山来,转至关城西侧临沟的开阔地,令萧惟昌瞠目,那一排疏密有致、双手合围不了的白杨树已被伐倒一大片。还未挖起的树头，似是裂目张嘴在抗争。

一位骑马的将军，身后随着几位军官，飞骑而出，怒斥和阻止继续砍伐杨树的兵勇及民夫。慑于将军的威严、手中挥动的利剑，伐树者停下手中雪亮的斧头，犹豫张望，等待他们的首领和守关将军交涉，是放弃伐树，还是继续挥斧。

萧惟昌把自己的马拴在倒地大树的枝杈上，等待看好戏的热闹开场。

不久，从关前来了一拨文官，骑马的将军拍马迎上。双方刚好来到萧惟昌拴马的树旁空地。

将军跳下马，向为首的文官作揖道："黄尘扬侍郎黄大人辛苦，奉诏伐树烧炭，为京送暖，欣敬！欣敬！不知何故，斩我关前大杨树，失我防敌屏障？"

那被称为侍郎的黄大人道："韩青将军，宫中每年要两千万斤薪炭，民众所需更多，不伐树木，本官担当不起。"

韩青道："京城要薪炭，山上多啊，何必在乎关前的二三千棵大树，不知何时已砍去数百棵了，这是为敌人攻关打开缺口，本将同样担当不起。"武将说话风风火火，把压来的帽子抛回对方头上。对方不服，又把大帽掷回："伐树是皇上的圣谕，我只能遵王命。""守关保国，是万岁爷的圣旨，我忠心报国。"一方要伐树，一方不让伐，你不让，我不退。已没有大官战将身份，道长理短，热闹非凡。双方跟随的官员，不敢开腔。

站在一旁观看的萧惟昌，见两人下不了台，就道："侍郎大人、将军大人，能不能听小人说几句？"

望着这位气度不凡、身傍骏马的英俊年轻人，侍郎以为是韩将军微服侍卫，韩将军则以为是侍郎私查暗访的属官。双方争辩多时，口干舌燥，不管是说三或道四，都可解闷。

"两位大人，"萧惟昌语出不凡，"我听说本朝开国元勋——诚意伯刘伯温刘大人，曾到关上察看地形胜景，有两句诗吟紫荆关——'山峦转转寻无路，大树层层尽作兵'。"萧惟昌停顿下来，看侍郎和将军反应。

刘伯温，即刘基，浙江青田县人，前朝至元四年（1338）进士，任江浙儒学副提督，不久弃官隐居，著有寓言集《郁离子》，讽刺元朝暴政虐民。元至正十一年（1351），成为朱元璋的得力谋臣，献奇计、出巧策，助朱元璋推翻元朝，官至御史中丞兼太史令。洪武三年（1370），被太祖晋官"诚意伯"。为明初诗文大家，诗与高启齐名，文与宋濂并驾，有《诚意伯文集》存世。

对这两句诗，侍郎黄大人一时难以回答，既不好说无，也不好说有，说错了，落得才疏学浅的笑话。武将韩青知书吟诗，也不熟悉这两句诗，但听出诗句有利保护林木屏障，点头说是。

此时，站在黄尘扬大人身旁的一位官员道："'山峦转转寻无路，大树层层尽作兵'，前句不错，后句'尽作兵'，应是'惊藏兵'。"

萧惟昌打量此人，30多岁年纪，个子不高，两腮瘦削，双目露出凶光，正在得意地望着自己。于是道："这位大人，低估诚意伯了，作为洪武帝的谋臣，不会用'藏兵'，对敌我双方来说，'藏兵'是僵死躲伏，'作兵'是江河流畅。如北宋参知政事范仲淹大人一样，胸中具数万甲士，兵机莫测。"萧惟昌这么一说，令他无言以对。

黄尘扬怕他再说，自己的面子难搁："黄谋臣，退下去罢。"那官员深深一鞠躬，不言不语，恶狠狠地盯着萧惟昌，退了下去。在他弯腰低头鞠躬时，萧惟昌看到此人的后颈露出一小块朱红的胎斑，站正时，高高的衣领把胎斑遮盖。

萧惟昌继续道："我爱读诚意伯刘基大人的诗，多是吟唱随太祖征战见闻，以诗言志，朴实深厚，语出自然，明丽清新。诗可记史，这两句诗，是对紫荆关御敌的记事。紫荆关，九曲十拐的山路，会把敌人引入盘陀谷，左转无路，右转撞壁，后退遭追兵，前行遇伏击，怎会不败？关前的大树重重，是滞敌的利器。魏蜀吴，争汉鼎，赤壁大战，孔明能用稻草人借箭，大明的将军会用大树作兵，阻拦瓦剌铁骑横冲直撞，恣肆暴戾，而取胜于对方。诚意伯以诗描述太祖利用天时、地利、人和的用兵策略，打垮残元。现在韩将军利用太祖的战术，定能打败强敌瓦剌。"

听了这番高屋建瓴的话，黄侍郎无言以对。觉得如若过早鸣金收兵，会为部下取笑。好歹自己是位六部中的三品大员，不能在属下及对方面前示弱。见萧惟昌一身微服，料他不是韩青的部属。见其大度潇洒，韩青对他饱含敬意，应不是一般人物。又听朝中好友传来讯息，皇上派员调查山厂、部堂，让他小心在意。于是信口道："壮士，在锦衣卫还是御营效力？"

萧惟昌不卑不亢回答："黄侍郎大人说得不错，今天不是，明天就是了。"不是欺诈，到了京城服役，不就是了。这句回答，震慑了黄尘扬大人，判断此人是锦衣卫校尉。不知圣上封他何种官职？查办山厂、部堂，还是自己？

锦衣卫的人，谁敢不给面子？"韩将军，关门前的树木不砍了，留作屏障，阻击敌人。"

韩青将军快人快语："林木作兵，战胜敌人，定会报上黄侍郎大人首功。"

黄侍郎离开后，韩青没有转身入关，紧盯着萧惟昌身旁的蹄眼白栗色骏马，笑说："我原以为你是黄侍郎属下，为何帮我解围，想不到是郭登将军派来的说客。《诚意伯文集》，我年轻时读过，好像没有这两句诗，又好像似曾相识。武夫读书有限，想不起了，也许是漏编。

壮士对诚意伯的诗文知之极多，借用他的诗句，巧妙保住关门前杨树林，年纪轻轻，胆量过人。"

萧惟昌答道："韩将军，我在引诗之前已说清楚，是听说的，是诚意伯刘基大人的，或是别人的，是否载入他的诗集、文集，或是暂未编入集中，都得仔细查对。"韩青听后，笑了笑说："慢慢查对？何须查对，'大树层层尽作兵'，有唐人名家的诗风骨气。"

说得萧惟昌不好意思笑道："将军，焉知我从大同来？"

韩青将军指着蹄眼白栗色马道："四足蹄眼白的坐骑，这是郭登将军的爱驹，在大同镇关、紫荆关一带，军旅之人谁不知道。他把爱驹让你驰来，是对你看重。今日你智挫黄侍郎，证明郭登将军慧眼识人。"

"韩将军，不会想到良驹落在宵小之手？"萧惟昌问道。"不会的，郭将军办事缜密，定会有文书证明你身份的。"韩青道。

萧惟昌答道："说得不错，郭将军办事思维缜密，韩将军也一样。"掏出大同镇关发的腰牌，呈给韩将军，道出来紫荆关察看形胜，再赴京代叔公萧从道服役之事来。

"你叔公萧从道，我熟悉，永乐十二年，在紫荆关打败入侵的瓦剌骑兵，立下战功。年轻人，郭登将军看重你，我同样欣赏你。进关喝上两杯，为你洗尘。"韩青热情邀请。

一边吃饭，一边喝酒。韩青对萧惟昌说起砍木伐伤紫荆关的大事。

"入冬之后，京城确实需要大量柴炭烧饭取暖，多在京城附近的军都山、燕山、太行山采集，年长日久，柴薪渐少。这三年来，改在易州设厂，在林木较多的太行山北段开采。山厂隶属工部，设部堂，有督理侍郎一名，总揽其事。劈柴的劳力，由易州及保定府派出，称为劈柴夫，运送柴炭到京城的称为抬柴夫，在易州干此活的有万人之众。工地上有众多木把头，互相争夺树多、好砍、易运的山头而打斗，死伤者常见。讨好贿赂部堂官员，求得占山发财。紫荆关周围的林地，全部划入砍伐范围。我急急赴京向兵部侍郎邝埜邝大人报告：关隘失去树木，就失去屏障，怎能保国护民。在我回来前，黄侍郎已批准木把头，在紫荆关西北角砍下500多棵大树，连树头也翻起。今天又故技重演，幸好你上阵解围。我将你的做法汇报兵部，阻止这种自破藩篱，引贼入室的愚蠢行为。"

就在两人说话间，猛然听到风声如炸雷，夹着沙石卷来，打得窗扇木门当当作响，明亮的太阳失去光辉，一时间天昏地暗。半个时辰，风暴才停止。两人漫步街上，见到临街的屋舍房顶大多被刮翻，泥屋倒塌也多，街上一片狼藉，妇人在呼儿喊女，惊恐凄惶。不用多说，是恣意过度的采伐，把大山剃光、将草坡翻转，绿野成为沙碛之地，怎能阻挡漠北风沙。风暴袭来，毁坏民舍、吞没耕地、扫荡麦黍。有属官向韩青将军报告，有三位过往行人被大风刮下木桥，扫入河中，生还无望。

韩青叹息，萧惟昌无语。

风沙过后，韩青忙忙碌碌，带领士兵清理街上沙碛、碎砖断瓦；帮助农家疏通飞沙淹没的水沟，抢救倒在地里的大豆、稻谷。

萧惟昌随意在关外的乡村游走，到处都是风沙过后留下的惨状，塌屋被砸死的妇人正在出殡，子女悲哭震天；落水淹死捞起的长者，遗体仍卧在桥头……然而，毁林仍在继续，山上叮叮的伐木声，传入耳膜，使人无法忍受；木把头在酒肆醉饮得意狂笑，令人发怵惊心。他对天发问：谁救民于水火？皇上啊，保护林木，才有绿色家园。

直至第四天，韩青与萧惟昌才策马到易水河畔，探古揭秘，以史鉴今。

集山川的精华，聚燕赵的侠气，滚滚的易水南流，挡不住风沙的侵袭，江流已没有往日的清澈轻盈，南行的货船，载着山区沉甸甸的土产；北上的快舟，多为士子上京求学。历史悠久的易州，就是因易水而得名。它北倚燕山长城，东抱太行山、紫荆关，巨马河（也称白沟、界河）在它的南面，是京城的门户，自古是兵家必争之地。易水茫茫，唱响多个朝代壮阔的高歌，留传下来战国时燕国的都城遗址，壮丽的景观，随着岁月逝去，眼前却是一部血染的史籍。

韩青、萧惟昌在水边的黄金台徘徊，"金台夕照"是燕京八景之一。眼前是风吹雨刮幸存下的一墩大土堆。萧惟昌道："韩将军，黄金台已失去高贵的黄金色彩，却留下篇篇佳章。""说得不错，"韩青道，"燕昭王千金购得千里马，挽着燕国这辆战争大车，为燕山添彩，为易水欢歌。从此，黄金台大门打开，招纳贤士，高人自来。"

萧惟昌接过话题道："千金购马，万金聘得中山国灵寿人良将乐毅，他是名将乐羊的后人。奉燕王之命，率兵攻破强大的齐国边防，连下70座城池。"韩青不无幽默道："一座城池，价值几何？无价之宝。70座城池，金山银山换不来。燕昭王熟读货殖经典，赚了大钱。越国的财神爷范蠡和他相比，还输一筹。"

黄金台边，立着两座石碑，均高一丈，宽四尺。右边的字，刻着"风萧萧兮易水寒，壮士一去兮不复还"。是《战国策·燕策》讲述荆轲刺秦王的故事。是荆轲临行辞别太子丹和友人入秦，信口吟出的悲壮诗句。左边石碑的字较小，是晋代田园诗人陶渊明作的《咏荆轲》，诗云：

燕丹善养士，志在报强嬴。

招集百夫良，岁暮得荆卿。

君子死知己，提剑出燕京。

素骥鸣广陌，慷慨送我行。

雄发指危冠，猛气冲长缨。

饮饯易水上，四座列群英。

渐离击悲筑，宋意唱高声。

萧萧哀风逝，淡淡寒波生。

商音更流涕，羽奏壮士惊。

心知去不归，且有后世名。

登车何时顾，飞盖入秦庭。

凌厉越万里，逶迤过千城。

图穷事自至，豪主正怔营。

惜哉剑术疏，奇功遂不成。

其人虽已没，千载有余情。

读完诗章，韩青道："世道多变，谋事在人，成事在天。"

此话不假，燕国太子丹作为人质，在秦国受尽秦王的虐待。回国后欲雪恨，更为保住弱小的燕国，觅聘卫国勇士荆轲刺杀秦王。

秦始皇贪图燕国献上名为督亢陂的大片肥沃土地，这是燕国灌溉方便的富饶地带。又见太子丹为他除去心头大患叛将樊於期，在秦都咸阳宫宣见割地献图、呈验樊於期首级的荆轲。

荆轲在向秦王展开督亢陂地图时，抽出暗藏的雪亮匕首，左手执着秦王的衣袖，右手执匕首刺向秦王。"惜哉剑术疏，奇功遂不成"，反而被秦王所杀。

萧惟昌道："陶渊明的诗章，描写荆轲对秦王的刺杀，可谓惜墨如金，对易水饯别，却是浓情大写，荆轲、太子丹、高渐离、宋意、燕国众多送别勇士，鲜明的个性，呈现在读者眼前。以寒气凛冽的易水作背景，以白冠白衣白马渲染气氛，以音乐和歌声拨动众人的心弦，引出荆轲的'风萧萧兮易水寒，壮士一去兮不复还'，慷慨激昂，悲壮泣涕。热血沸腾，头发直竖，雄猛之气，冲动系帽的丝绳，衬托出荆轲无畏强暴、敢于赴死的侠义形象。"

"确是如此。"韩青道，"萧贤侄，陶渊明是位田园诗人，突然唱响荆轲悲壮之歌，出于何因？"

萧惟昌答道："韩将军，是弱者对暴秦的反抗。其实这是陶渊明的一贯追求。相马怜瘦，鉴人惜贫。在《桃花源记》《桃花源诗》都有陈述。那逃乱世者，率妻子邑人隐入桃花源，为过上鸡犬相闻，怡然自得的生活庆幸。'童孺纵行歌，斑白欢游诣'，再没有'嬴氏乱天纪，贤者避其世'，烽火熄灭，国泰民安。"

韩青道："避得暴秦之乱，避不了北方胡虏之扰，紫荆关的战祸仍在燃烧。不说汉唐，先说宋朝宋太祖、宋太宗，多次在此与辽国开战，没能彻底打垮辽军，留下致命的隐患。"

萧惟昌道："将军说得不错，边患之祸，北宋尤甚，易州的界河就是见证。它原名巨马河、白沟，因北宋与辽国以此河为界而得名。元朝诗人、河北容城人刘因作的《白沟》七言律诗，开头四句是：'宝符藏山自可攻，儿孙谁是出群雄？幽燕不照中天月，丰沛空歌海内风。'就是吟宋太祖虽有雄图大略，可惜边防空虚，没有猛士守边土。后辈中缺乏'出群雄'的儿孙，最终'白沟移向江淮去'，北宋陷没。"两人唏嘘无语。

片刻，韩青道："边患清除不易。我大明洪武帝、永乐帝两朝，击败北虏瓦剌部落的入侵，乘胜追击，深入大漠大有斩获，同样未能彻底摧毁敌军铁蹄，留下难疗重伤。"

十多年后的英宗正统十四年（1449），瓦剌大举入侵，攻击紫荆关，时为都指挥使的韩青将军出战，杀死敌虏多人后，寡不敌众，被乱箭射中殉国。易水流血，黎民遭殃。韩青生前在易水河边立下荆轲所吟的诗句、陶渊明诗章的石碑，警示后人，反暴治乱。他保国战死，也是一块立在易水河边的丰碑，硬汉韩青，猛将韩青，后人铭记。

　　两人回到紫荆关，韩青把一封信函交给萧惟昌，是叔公萧从道公发来的，说在居庸关等他到来，萧惟昌自是高兴。这是韩青在萧惟昌到关城后，查知萧从道将军在居庸关一带刺探敌情，训练军队，两关相距不是很远，于是发函告知，由驿站快马来回传送，给萧惟昌一个惊喜。

第五章

居庸关上览长城　土木堡中隐儒医

　　远山传来声声狼嚎，凄厉而恐怖，传到居庸关上，皇帝御营将军萧从道听惯了，当是山犬对天吠，鸡鸣晚霭时。近坡的柿子林，传来一阵阵百鸟和唱，悦耳动听，令萧从道神往，只在此山中，云深不知处。

　　萧从道大人自进入太祖朱元璋军旅，在燕王朱棣帐下充当侍卫长，经历了建文皇帝、成祖永乐皇帝、仁宗洪熙皇帝、宣宗宣德皇帝，传到英宗正统皇帝。现在的皇上年少，多居深宫，自有身边的太监王振侍奉教育。虽说是在成祖、仁宗、宣宗三朝任御营侍卫，但很多时日，是在边关防卫、战场拼杀、大漠探敌，或是训练御营兵员。皇上让身边侍卫外放，是为探知前线将领心态动向、明察外敌实情，培养绝对忠于皇帝的卫队。

　　现在自己年过甲子，身上战伤时时发作，是多次与瓦剌骑兵作战时留下的新伤旧创，是难忍的苦痛，也是耀目的荣誉。幸好传承自己军职有人。想到就能见上侄孙萧惟昌，心中自然高兴，这位浓眉慈目的汉子，盼望中透出温和，威严中藏着关爱。

　　朝阳升起，关隘放明，萧从道将军带着一支新组建的骑兵出关，到十里外的一座山上练兵。这是一支皇家卫队，远赴居庸关外拉练，熟悉长城、熟悉山岭。官兵挥刀、舞枪、弯弓放矢射的，骑马放缰追杀，练出一身汗水，练出卫国忠诚。

红日西斜，队伍结集，准备回关时，瞭望斥堠报告：遥见山下拦路抢劫的瓦剌散兵。

萧从道登高眺望，山脚下有五名瓦剌散兵，抢劫五驮拉货的骆驼，打马向北而去。恶贼没有追赶运货的商人，怕骆驼走得不快，误了逃入前边的树林，更怕大明关上派出飞骑追杀。

高山望谷底，说话能听声，跑路半天程。萧从道没有犹豫，点了五名士兵，跳上快马飞奔下山。见到五名拉货的汉子，躲在灌木丛中颤抖。他们看见官军，齐齐跑出跪地求救。萧从道命军士扶起五人，让他们在此等候，定能夺回抢劫的货物。

眼看瓦剌贼人就要进入密林，眼看太阳就快落山，萧从道鞭马飞跑，身后五骑，紧紧相随，他们明白，若贼人进入林间，那就难以追击，到时候难夺回货物。

萧从道几人想不到的事发生了：贼人紧紧拉住的双峰驼的缰绳，一条条断开了，惊恐的骆驼掉转头朝南向熟悉的居庸关口奔来，是寻找自己的主人，告知货物失而复得？是回到关内常住的骆驼店，嚼草饮水图个饱肚？

那五名贼人也大吃一惊，不知骆驼如何弄断缰绳，正欲回头追赶，见后面出现大明的骑军，吓得躲进密林，不知所踪。

萧从道也不追赶瓦剌游骑，生怕骆驼在黑夜中走失，回不到货主身边，便掉转马头向关城方向走。更令他感到疑惑的是，那五匹驮货的骆驼，被一位骑马的青衣人牵着，朝居庸关方向缓缓而来。萧从道几人快马赶到青衣人身前，跳下马来，欲弄清事情的原委。

那青衣人见到萧从道，即翻身下马，大声呼道："叔公，我是萧惟昌。"说罢，跪在地上叩头请安。萧从道大喜之余，扶起萧惟昌，说："想不到是你小子，身手不凡，老夫高兴哪！你怎会来到这片密林前边？"

萧惟昌回答说："我今晨到了居庸关，向守关的军官打听，说叔公到关外的山上练兵，我在关前关后游转，来到这片林地，见瓦剌游骑抢了五驮货物逃走，天快黑了，不知林中有没有他们的同党，于是先夺回货物，残兵由后面追来的官军收拾，想不到他们逃得比野狼还快，不知去向。"

萧从道说："这是瓦剌人的习惯，天黑不交兵接仗。逃得了初一，逃不过十五。惟昌，你是用释安同大师传授的摘叶飞花手法，削断骆驼缰绳的？""我哪有这种本事，是用刀片削断的。"萧惟昌回答。

"一样，一样。"萧从道说罢，率众人牵着驮货的骆驼回到山坡，把骆驼及物品交回还在惊恐的商人手中。派楚莽原带上一名士兵，护送商人入关城。自己带领队伍上马回营。

爷孙对话，不嫌琐碎。叔公一一问及家人安好，侄孙一一细答："在家乡随释安同大师习武，考取贡生功名，叔公早就知道。叔公详情不知的，是我上少林寺学艺面壁。登娘子关、雁门关、平型关。入大同镇，蒙郭登将军厚爱，上白登山，寻汉高祖刘邦被围故址，听讲匈奴故事。到紫荆关，韩青将军携带，易水河边，读诗碑，悼念一去兮不复还的壮士荆轲。"

听得萧从道叔公满脸喜色，哈哈大笑："此行是阅读中华山河，细察关镇险隘，对于持枪执弓者，在两军对抗时，熟知地利者必胜。"又接着道，"郭登将军给老夫来函，赞你大胆谨慎，谦虚好学，勤于思考，把蹄眼白良马送你作坐骑。韩青将军也告知老夫，说你精于诗文，思维灵活，运用妙策，保住紫荆关前的大树，他已向兵部上报，为你申功。"

萧惟昌道："两位将军的爱护教导，侄孙深深记在心中。郭登将军的良马，待我征战瓦剌军，夺得心仪的马匹，再奉还将军。"

"小子，听到这句话，你日后在沙场驰骋，叔公放心了。"萧从道拍着侄孙的膊头说，"现在到了居庸关，就应该读懂它和巍巍穿行于燕山的长城。"

萧惟昌道："我初来乍到，请叔公教导。"

萧从道说："小子今天赶路已累，先歇息吧。"

一宿无语，天亮早起，萧从道与侄孙登上城楼高处，远眺连绵蜿蜒的长城，近说眼前的关隘。

居庸关，旧称军都关、蓟门关，立在燕山长城，头顶蓝天，守卫大明京城，是一座铜关铁锁，是一座屹立的山峰。它的得名，始自秦朝。秦始皇统一六国，筑建长城时，把一批庸徒工匠迁居于此，故名。经过千年的风雨、历代的战乱，居庸关败毁，辽金之时，也做修修补补。灌木杂树茂郁，山花野草遍野，坡散牛羊，牧者放歌。山峰对峙，一水傍流。在金代已有"居庸叠翠"之称，是燕京八景之一。元朝诗人陈孚有《居庸叠翠》诗赞美道：

> 断崖万仞如削铁，鸟飞不度苔石裂。
>
> 嵯岈枯木无碧柯，六月太阴飘急雪。
>
> 寒沙茫茫出关道，骆驼夜吼黄云老。
>
> 征鸿一声起长空，风吹草低山月小。

这花花绿绿、月白风清的关城，作游览之景尚可，卫边自不成。现在的居庸关，是防御北方胡族入侵的天险，为兵家必争之地，是京城西北的门户。太祖洪武帝在此设卫，常驻重兵，且统辖附近长城沿线的守军。

随着叔公萧从道的解说，萧惟昌看到，居庸关建在一道四五十里长的深谷之上，谷边是崇山峻岭，层峦叠嶂，清溪环绕，树绿鸟鸣。此时自己站在关楼，上有瞭望台，下有射洞，守军在巡逻、瞭望。远处的山野，黄云滚动，胡笳哀怨，使志士心壮，弱者悲秋。

从居庸关伸延的明长城，像飞起的苍龙。八达岭高高跃起，酷似龙首，拍击长空，腾云驾雾，金风甘霖，洒绿大地。它穿越峭崖，俯身急流，隐身山腹中，昂头直上雄关古道，啸吟原野。所到之处，虎狼惊走，魑魅遁匿；佛寺敲钟，尼庵击磬；卫我家园，保我国土；村舍安宁，农稼丰收，牧笛响村头，晚鸡栖于埘……

待萧惟昌看个够，萧从道对首次登长城的侄孙详细介绍——眼前这道明长城，是太祖皇帝建国礼炮响起之际，在秦时汉时关上重建而成。自平谷县将作里入境，经密云县、怀柔县、昌平县的居庸关横岭出境，长达千余里，有关口百余座、空心敌台 400 余座、护墙台 30 余座。

居庸关段长城，地处京城重地，选址选料严格，工程施工质量高。凭险筑城，层层设防。

高大厚实的敌台，张大眼睛，窥察敌情，不放过城外的蛛丝马迹；

大块石砖砌成的墙体，穿上重甲，勇于面对敌人潮水般涌来的突袭炮火；

条石作框，内填灰浆的坚固垛口、射孔，立着一位位士兵官佐，皮鼓敲响，万箭齐发，致敌丧命；

城上石砖铺成的跑道，一队队的骑兵集结，等待冲杀的命令；

环环相扣的关城，御守如泰山，出击如电疾。

萧从道经历多次在长城内外征战，谙熟战事的突变，告诫侄孙，战争的取胜，在人的勇敢灵活，而败于死守刻板成规。说得萧惟昌点头称是。

从筑长城防范瓦剌入侵中国，萧从道向萧惟昌讲述大明对胡虏的大策，让这位初出茅庐的侄孙，知道一手拿剑，一手捧花的平衡术，不至于只懂打打杀杀。远的不说了，就说刚刚过去不久的宣德王朝。

宣宗朱瞻基是当今皇上英宗的父皇，大明王朝第五代帝君。执行的是太祖、成祖施行的国策："内安国民，外抚四夷。"故有"太平天子"之称。

四夷情况如何？当时的蒙古，分裂为漠南蒙古、漠北蒙古、漠西蒙古。漠南蒙古紧靠大明边境，漠西蒙古势力较弱，漠北蒙古以西为阿尔泰山，他们中的准噶尔部落也是蒙古族的一支，在今新疆北部边境伊犁一带，过着游牧生活。地域接壤沙俄，沙俄帝国对其挑拨笼络，分裂他们对抗明廷。

宣宗皇帝施行柔政，对蒙古贵族封官赏赐。同时陈兵边境，也亲自征战来犯的瓦剌贵族。刚柔兼顾，以求战火不燃，各族民众生活安定。

萧从道继续说，要了解蒙古民族，先从一生以武力征战的元太祖成吉思汗说起，蒙古的游牧风俗是"不侍蚕而衣，不侍耕而食"。

生长在马背上的蒙古贵族，穿戴自产的毛皮服饰，吃牛羊奶肉饱腹。丝绸布帛衣料，稻黍稷麦菽五谷，自己不能生产，全靠周边勤劳的汉族民众养蚕缫丝、种稻植麦供应，在边境互市交换而获得。如若贸易不通，得不到急需的物品，就在大明边境强抢硬夺，甚至发动侵略战争，杀人掳民抢物。

成吉思汗在南宋孝宗淳熙十六年（1189），在蒙古各族酋长会议上被选为"合罕"，"罕"与"汗"通，蒙古语是帝王之意。作为大罕，他战胜周边多个部落，统一了大漠南北，开始摆脱金廷女真族的羁绊。

南宋宁宗开禧二年（1206），成吉思汗召集蒙古各地酋长、贵族，在斡难河畔举行"里尔答"（意为贵族）会议，建九旒大白旗，登大汗位。他统率的部族，凭借蒙古民众强健的体质，拼搏的精神，战斗力渐次强大，一生以武力征战，掠夺周边国家和部落的人口、物资，壮大自己。击破南宋的军事力量，甚至远征欧洲，震动欧亚。死后被追授为元太祖。

到了南宋理宗端平三年（1236），他的后人窝阔台，在蒙古和林建都，号称太宗。接受汉人及东西洋各国的进步文化，掠夺和吸纳各地的技术工人，学会制火药，建造一支坚强和便于远征的战斗队伍。利用草原骏马众多、骑手骁勇、骑兵快捷的优势，不打硬仗，突然袭击，占城掠地，扩大势力。

再经过四代蒙古大汗的传承，忽必烈接位，号为世祖，定国号为元，时为南宋度宗咸淳七年（1271）。八年后，南宋政权陷没于蒙古人的铁蹄。生活在忽必烈王朝的汉族民众，从此过着上刀山、下火海的日子。

从蒙古贵族开始南下之日起，他们对汉民族的屠杀抢掠残酷至极。《元史·诸将列传》有"杀戮殆尽""尸骨遍野"的记录。近侍别迭与众多的蒙古贵族主张，"汉人无补于国，可悉空其人，以为牧地"。汉人对蒙古大业，没有作用，杀绝他们，把土地改作牧场。幸好元世祖忽必烈没有全盘接受这种倒退的"大策"。

在日常生活中，蒙古贵族将全国民众分为蒙古人、色目人、汉人、南人（指南方的汉人）。汉人、南人地位低下，受蒙古人、色目人重压强欺，难以找到人生的出路。

科举考试，是读书人出仕之路。对蒙古人、色目人是阳关大道，对汉人、南人是独木桥。试题深奥，中式额少。陈高在《不系舟渔集·感兴诗》中，有句说："年年去射策，临老犹儒冠。"一次次的科举应试，从年少青春至白发苍苍，仍是一介儒生，能不发出长长的叹息？

汉民地位低，儒生地位更低。元制规定，民分十等。一官二吏，三僧四道，五医六工，七猎八民，九儒十丐。后来把读书人、有知识的人称为"老九"，源于"九儒十丐"。

火山终会爆发。元朝至正十二年（1352），安徽凤阳人、明代的开国始祖、洪武皇帝朱元璋，率领反元义军，把元朝皇廷搞得天翻地覆。他广纳建议，扩军选将，接受元朝举人朱升提出的"高筑墙，广积粮，缓称王"谋略，兵势壮大，令元军丧胆，终于推翻暴元，建立大明王朝。

逃回蒙古的元顺帝，仍做垂死挣扎，而内部争夺不断。分裂的蒙古，经过多年的战争，从东南推向西北。准噶尔部落，虽有沙俄的支撑，也经不起暴风般的打击。漠南、漠西、漠北几个蒙古部落，时合时分。后经脱欢、也先父子多年征战，渐渐统一了全蒙古。

大汗和贵族多年的内部火拼，对外征战，兵员大量伤亡，兵器奇缺，食品匮乏，难以支撑。故而愿与大明皇帝修好，获封官，赐财物。每年向明廷进贡几千上万的马匹、皮毛，换回自己急需的金银、白绢、棉布、金属工具。又在边境互市上得到渴望的粮食。

"外夷入侵的战火熄灭了？"萧从道自问自答，"非也。亡元的残余势力，蠢蠢欲动；元帝的后人，做着复国的黄粱梦。国家只有建立训练有素的强大军旅，才能使四裔宾服。"

萧惟昌在居庸关住下，萧从道向上报告侄孙已到居庸关，准备接替自己军职，让他加入新兵训练队，一起接受军训。上峰批准，萧惟昌留在关上，学军纪军规，习列队布阵的简单战术。两个月后，队伍训练结束了。萧从道将军命副职带队回京城。自己到相邻百多里的怀来县土木堡，检查校尉袁彬训练的军队，也让萧惟昌能见到师兄袁彬。

抵达土木堡，袁彬见到萧从道、萧惟昌，十分高兴。向萧从道将军报告练兵情况后，与萧惟昌互道在少林寺别后的经历，说说笑笑，皆大欢喜。

来到土木堡的第七天，萧从道旧伤发作，痛苦难受。袁彬建议就地找楚敬先郎中治疗，自己所率的集训部队有头破血流、腰损骨折，都请这位郎中救治。他医术高，人缘好，四村八乡的村民有病找他，半夜三更，有请准到。

三人走到堡东的街口，在林木掩映中有一幢砖墙瓦面四房两厅的屋宇，门前挂着楚氏医馆的招牌，推门进去，室中光洁明亮，墙上挂着几首唐诗镜框作装点，字迹端正，很有功底，署名楚敬先书。

楚郎中出诊未回，他的女儿楚莽佳，正为腿痛的病人艾灸推拿。见到熟悉的袁彬招呼道："袁军爷大人，请坐。"又指着萧从道说："定是找我父亲为这位长者军爷治病。"袁彬说："你怎知道？""看他的腰弯得像张弓，还不知道？"随之发出善意的笑声。"被你说对了。"萧从道点头说。

忽然门外传来说话声："莽佳，不能如此无礼对待患者。"随着进来一位50岁左右的高个汉子，穿着灰色的长衫，戴着灰帽，肩挎着柳条编的药箱，黑色的厚底布鞋，溅着斑斑泥浆，与一般的走乡悬壶郎中没有两样，只是那带着浅棕色的双目，有点异相，柔和中透出智者的光泽。他就是楚敬先郎中。

楚郎中给三位军爷端上清茶。请他们稍等，先给卧在病床上那位年老患者做仔细检查，一番推拿后，说："大叔，可以回家了。过几天再来理疗一次，就可痊愈了。"那患者站起来，不好意思道："郎中先生，我没钱付药费，待卖出红杏后，再来付钱。""大叔，先回去，钱以后再说。"楚郎中安慰他。患者谢过，利索地走出大门。

楚敬先让萧从道卧在病床上，检查病况，进行望闻问切后，说："军爷大人是劳累和旧患导致的腰伤，天气寒凉，不小心保暖，就会引发旧伤，又骑马颠簸，伤痛突发。病人腰痛，郎中头痛，这是我们医者的行话。只要军爷不怕痛苦，我是有办法治好的。"

萧从道坐起来说："我这个过河卒子，在战场上拼杀了三四十年，从死人堆里爬出来的，没有什么可怕的。郎中先生，放心治疗，治好是老天保佑我，先生医术高明；治不好，我到阴曹杀恶鬼。"

听到这两句豪气逼人又带着幽默的话，女郎中楚莽佳发出笑声。萧惟昌心想，这姑娘心地善良，友好之人多爱笑。不由得多看她几眼，见她身材高挑，面若芙蓉，那淡棕色的眼中露出对眼前患者的关心，应是位好郎中。此刻她也转过头来，望着萧惟昌，见这位年轻的军爷对病人露出敬意和关爱，安慰道："军爷，我父亲敢接的患者，是有把握治好的。"这话是安慰萧惟昌的，萧从道和袁彬听来，同样舒坦。萧惟昌对她点点头，表示谢意。

"军爷大人，你是硬汉，我治不好你的腰病，就陪你去地府杀恶鬼。"楚敬先执着萧从道的手说。楚莽佳又插话了："三位军爷，我父亲30多年来杀死数不清的恶鬼，那患病的乡人都是被病魔缠身的。""莽佳说得对，我们父女一年四季都在清除恶鬼。"楚郎中赞同女儿的话。幽默而富有信心，令萧从道三人放下心来。

萧从道俯卧病床，脱下军衣，背部露出一大片瘀黑的硬块，皮肉被绷得紧紧的，一触即痛。

楚郎中命莽佳拿来一瓶淡黄色的药液，涂在硬块及四周的肌肉上，慢慢地抹搽，徐徐升起丝丝的黑臭烟雾。楚郎中在硬块上上压下按，似是点活脉络；左拨右捏，舒通血脉。半个时辰后，躺在病床上的患者，全身被汗水浸泡，咬牙抗压，不因剧痛而发出呼叫。楚郎中同样满头大汗，楚莽佳忙着为父亲和患者擦拭。当楚郎中停手，莽佳再将药油涂在患者黑块之上，如此再三，为患者按摩。

萧惟昌、袁彬看到，药液干后，病人背上的黑块已慢慢变淡，露出健康的红润肤色。待郎中父女停手后，萧惟昌拿出毛巾，为叔公擦干身上汗水，见叔公脸色透出光泽，才放下心。

萧从道也不用别人帮助，自己站了起来。原来弯曲的腰板，挺得笔直了。作揖道："楚先生，多谢了，我从阴曹杀恶鬼回来，是你给我一柄利刀。"听得众人笑了。

楚郎中道："三位军爷，可回营房了。隔两天，我和小女再给大军爷复诊。"

回到营房，萧从道喝了一大碗去瘀生肌的海马田七汤，说楚郎中真有一手治腰伤的绝活。然后对袁彬说："我和惟昌是首次来土木堡，想知道它的概况。"

袁彬回答道："萧大人，我忙于军训，没去打探。听土木堡籍的新兵说，楚郎中久居土木堡，喜欢采集当地草药治病，山山岭岭走遍，又爱吟诗读历史，是土木堡通，待他出诊时，请教他如何？"萧从道说："好！"

两天后，楚郎中偕女儿楚莽佳，在午后来到营房，检查萧从道背后的黑块，已经渐退。楚莽佳又在萧从道患处涂上药液，楚敬先轻搽慢按大半刻，说："大军爷身体硬朗，抗病力强，再过几天，恢复正常，即可驰马挥刀了。"

萧从道端了两杯茶，请楚郎中父女品茗。感动地说："大恩永记。楚郎中在土木堡为民施医赠药，应是祖辈传下的医德医风吧？"

"大军爷，说对了。从祖辈起均是郎中，在土木堡悬壶讨口饭吃。""几代人施医赠药，代代相传良好医风医德，难得！难得！能不能为我们说说土木堡及怀来县的民俗风情？"萧从道说。

楚敬先郎中还没开腔，楚莽佳瞥见年轻的军爷萧惟昌，露出急欲知之的神态，在一旁鼓动："父亲，我也想听。"

"军爷要了解土木堡，是预料这里以后会成战场？"楚敬先问道。

听他这么一说，萧从道、袁彬、萧惟昌三人心中微微震动，这位楚郎中，不仅关心他的病人，也关心国家大事。萧从道说："土木堡城地处边境，是否会发生战事，我们军人应关心。中国长长的边境线，随时会发生战争，我们同样留意。境外的瓦剌，亡我之心不死啊。知彼也要知己，我们对土木堡知之甚少。"

"大军爷说得极对，"楚敬先郎中道，"我这就给远方来的军爷贵客，说说土木堡。"

他饮了口茶，慢慢道来——

土木堡城隶属怀来县，是长城外屯兵驿道要冲。它北靠燕山余脉，南傍浩瀚的官厅湖，西扼漠北，东拱京畿。有战国时期的古墓群落，足见悠远的历史。

它最早得名在汉朝。元代诗人周伯琦的《咏榆林驿》诗，有句说："此地名榆林，自汉相传旧。"在汉朝时，这一带称榆林城，土木堡名统漠镇——这有含领大漠之意。

隋唐之际，群雄四起，烽烟乱生。河南信阳府人盐户出身的高开道，在隋炀帝年间追随农民起义军首领格谦，率军反朝廷。由于他善骑射，有勇谋，被格谦看重。格谦兵败被杀，高开道带领残存的数百人逃到河北沧州，打进卢龙，转进蓟州，站稳了脚跟。此时，高开道已发展到有战马7000多匹，军队上万人，号称燕王。再转到怀来一带，寻求壮大。

当时有武功高超的大和尚高昙晟，利用佛寺所在的县城设斋做醮机会，率领5000僧人造反，自称大乘帝，且以宗族之谊，召来高开道，立为齐王。高开道野心勃勃，杀了大和尚，占领他的兵马，开进怀来县的统漠镇。后来高开道引狼入室，招来突厥、奚骑军队攻打幽州，而败下阵来。

李渊起兵建立唐朝，在武德六年（623），兵临土木堡城下时，高开道以占领的统漠镇降唐。因高开道在这镇上建立统军幕府，土木堡也就得了统幕城之名。随后，唐太宗在此建堡城。统幕城之称，还有一说，它距宣府镇关120里，辽代辽主游幸此地，建大幕安营，统军理政而命名。元朝诗人陈孚在《统幕城》诗中道：

千里茫茫草色青，乱尘飞逐马蹄生。

不知何代开军府，犹有当年统幕名。

描写当时的土木堡是一片大草原，民众生活不起波不逐浪。诗人对统幕城的得名，却说"不知何代开军府"，对上述两种说法提出疑问，或许更早，是战国？是汉晋？是隋朝？都有可能，留给后人考证。这种悬念式的写法，使读者对诗、对统幕城产生兴趣。千里茫茫的草原是静的，飞逐的马蹄是动的，展开草原富有生气的风情风俗，可赏可思。陈孚是浙江台州路临海县人，诗文俱佳，以布衣出仕。在至元二十九年（1292），因"博学有节"，以翰林国史馆编修官、摄礼部郎中身份充当副使，随正使吏部尚书梁肃出使安南（越南），不辱使命。

他善诗文，自然天成。出使纪行、山川描写，朴实流畅。吟史诗，量多质优，是元朝富有成就的诗人。

萧惟昌接过话头道："陈孚多写塞外行吟，我略知点滴，他另一首同样是七言绝句的吟史诗《博浪沙》，独具一格，广为流传。'一击车中胆气豪，祖龙社稷已惊摇。如何十二金人外，犹有人间铁未销。'

"诗说的是秦始皇二十九年（前218）东游途中，张良获悉，为给被秦灭亡的先祖出生地韩国报仇，出资雇请大力士仓海君，用120斤的大铁锤，在博浪沙（今河南原阳境内）袭击秦始皇，误中副车（《史记·秦始皇本纪》《史记·留侯世家》均有载），说这一椎震动秦始皇（祖龙社稷）政权。秦始皇统一六国后，怕六国遗民反叛，收集全国军械铜铁，集中在都城咸阳，熔化后铸为12个金人，每个金人重千石，放置在宫廷中。天下的兵器铜铁能收尽？博浪沙一椎，警告秦始皇，高压治民，民心难拢，宝座摇摇欲坠。陈孚的四句短诗，以小见大，耐人寻味。

"同样，元朝皇帝推行'十二金人'的高压手腕，收集民间刀枪、铜铁器皿，规定民间 10 户一把菜刀，以防民变，而求得长治久安。恰恰相反，民变的烽火四起，最终被本朝太祖洪武帝扫出塞外大漠。《统幕城》《博浪沙》及《居庸叠翠》，收入陈孚的诗集《观光稿》。他的风情诗和咏史诗，在元代诗人中极有特色。"

楚敬先听了，高兴道："萧军爷对来过我们土木堡的诗人陈孚，知之颇多，令我获益，钦佩，钦佩。"

萧从道听侄孙细说陈孚，续上土木堡人关爱诗人陈孚的故事，联系痛斥元朝的苛政，颂扬大明王朝，自是开心。说萧惟昌喜欢读书作诗，是他心中有寄望，在家乡已考上秀才、贡生，更期待考上乙榜举人、甲榜进士。现在当了军差，空余之时，仍手捧诗书。话题一转，再请楚大夫道土木堡。

楚敬先接着讲述土木堡。

从明初开始，统幕城改称为土木城，是因"统幕"与当地口语"土木"同音。"土木"含金木水火土五行之意，土滋木，木固土，相生壮大。从此，土木城之名叫开了。也有土木驿之称，更广泛的称谓是土木堡，因继唐朝之后，洪武帝在此建了城堡。

见众人静心倾听，楚敬先郎中继续介绍。

土木堡所在的怀来县，在虞舜时已有记载。怀来县地处燕山山脉，无定河上游。舜设 12 州时，怀来县属冀州。秦始皇二十六年（前221）置上谷郡，郡城在怀来县太古城。怀来县位于长城之外，是北方部落频繁活动地区。

怀来县曾有沮阳之称，从秦朝一直沿用至南北朝。因城南有沮水，阳为山南水为北，故名。

南北朝时，取名怀戎县，怀有安抚关爱之意；戎，是中原人对西北游牧民族的称呼，一直称至辽国建立。

怀来县的得名，据《辽书·地理志》载，太祖耶律阿保机，改怀戎为怀来。"来有使之意，使臣服之义。"金朝明昌六年（1195），以妫川县改称怀来县，取其境内有妫水。元朝复称怀来县名至今。

岁月流逝，土城不老。以土木堡驿站为中心，东有长安岭驿站，西有鸡鸣城驿站，屯军传讯息。数十里外的庙巷，建有样边长城。开国大将军徐达率军所建，雄伟坚实。作为样板，居庸关长城、陕西榆林的长城镇北台，就以它为样板建造。可见太祖对土木堡、对怀来县的重视。

唐代诗人陈子昂在《答韩使同在边》诗中，有句说："虏入白登道，烽交紫塞途。"紫塞，就是长城。崔豹在《古今注》中说，秦筑长城，土色皆紫，汉塞亦然，故称紫塞焉。陈子昂的诗句，让我们见到战事的刀光剑影。匈奴骚大汉，突厥扰盛唐，明朝建政不到百年，残元势力还在，我说在土木堡会开战，几位军爷听来，应不是骇人听闻。

幸好，朝廷在古堡中建成土城坚堡，可挡小打小闹的骚扰。它立在妫河之畔，河水贯堡城由东向西流去，城内商铺繁荣，货物颇多，赶集之日，熙熙攘攘。三乡十村的民众涌来，以买卖粮食为主，山货果品也多。成集时间仅小半天，当地人流传"土木集，不用急，三驮干柴两驮席，亲家见面三句话，误赶集"。

听得萧从道笑了，然后诚恳地说："楚先生，你的一席话，让我们三位当兵的人，读懂了土木堡。"

见父亲受到大军爷的赞扬，楚莽佳按捺不住说："土木堡及周边的特产，同样让人大饱口福。怀来县流传一句话，'土酒怀鱼狼山糕'，土木堡的酒好喝、怀来城石桥的金眼鲤鱼脆滑鲜嫩、狼山的黄米面炸糕又软又黏。来日我和父亲请三位军爷喝酒品尝特产。"说罢，直直地望着萧惟昌。

见叔公和袁彬师兄没有开声，有意让自己回答。萧惟昌道："只要你们方便，我和叔公、袁大哥，请楚郎中、楚姑娘品土酒、食鲤鱼、尝黄米糕。""那，我和父亲多谢。"楚莽佳又说："怀来的黄杏、八棱海棠、苹果、葡萄，闻名于京畿，多吃果品，利于健体。"

又过了三天，楚敬先郎中与女儿依约来到军营，为萧从道继续疗伤。治疗后，父女被请到后间的小餐房。圆桌上摆着酒杯和菜肴，散出香味。萧从道以主人身份，请楚郎中父女就座，相陪的有袁彬、萧惟昌。萧从道说："老夫疗伤痊愈，以土酒怀鱼狼山糕相酬，这几味特产是萧惟昌跑腿购来。还有我们广东人喜欢的白切鸡，老表江西人袁彬军爷喜欢的炆扣肉，也是北方人说的回锅肉。楚姑娘提及的黄杏、苹果、海棠、葡萄也备上。"举起酒杯，一饮而尽，说先干为敬。

楚敬先郎中干了一杯，说："谢谢军爷。"楚莽佳也喝了一杯，望着萧惟昌，在她心中，这军爷办事不赖，提及怀来县城及土木堡特产，三天后就摆上桌了。

土酒的醇味，芳香沁心，回味清爽。石桥金眼鲤鱼，摆在洁白的瓷碟里，诱人食欲。黄澄澄的狼山糕，发出刚从田里收获时的稻麦馨香。

酒过数巡，萧从道似有些醉意，对楚郎中说："楚先生医术高超，深通土木堡古往今来，为我们详细讲述了土木堡和怀来县的得名及风土人情，使我们得益匪浅。老夫冒昧，多问几句，先生在此居住前，老家在何方，是幽燕？是塞外？是阴山？"

"大军爷，实话相告，我是塞外胡族人。"楚敬先郎中道，"在土木堡、怀来县的得名中，提及辽国、金国、元朝，略知一二，是因为这里有我先祖的坟茔。"随之，细细道来。

楚敬先的太祖是辽国契丹族人，出身显赫的皇族。女真族的金国灭掉辽国后，辽国的后人耶律楚材和他的父亲耶律履，在金国当了高官，待蒙古族人成吉思汗灭金后，父子两人仍留在中都北京，为蒙古贵族效劳。

成吉思汗统一蒙古后，军政事务繁忙，多方求才，协理国事。得知耶律楚材是位儒学、佛学、医学、律法、天文、地理兼修的通达之士，于是派大员请他入大漠宫帐，为自己出谋献策。在以后的 25 年间，帮助太祖成吉思汗、监国拖雷、成祖窝阔台三代君主施政，成为中书令（相当于宰相），使蒙古这匹天骄骏马在战场上四蹄飞奔，关山震响，城堡惊慌，黎民丧胆，白骨遍地。耶律楚材也劝说太祖成吉思汗几代君主，息战、戒杀、尊生、节制、爱民，效法中原王朝以文官理政，发展经济，福祉民众。

先祖此时的心情是复杂的，助元又思故国，作有七律《过沁园有感》诗。沁园在河南沁阳县东北，是一座景色撩人的庄园，东望青山，北倚沁水，一园修竹，数片梅林。金朝时是达官贵人聚会之所。耶律先祖仕金时，带着喜悦的心情游沁园。元灭金朝，沁园被战乱炮火所毁。重游此园，面对一片废墟，满目彼黍离离，感慨良多。

他回到沁阳县相邻的武陟县西覃怀驿站，心情久久难以平静，挥笔作此诗，开头两句说，"昔年曾赏沁园春，今日重来迹已陈"。"春"与"陈"相对照，怎不引起心酸？最后两句是"羞对覃怀昔时月，多情依旧照行人"。思金思辽国的遗恨，透出浓浓的乡愁情怀。

"对故国故土的怀念，是人之天性。"萧从道说，"耶律楚材相爷，能在仕元时提出一系列善待汉人、保护汉文化的大策，是一代伟人。"

听得楚敬先一脸春色，再细说成祖窝阔台死后，皇后摄政，反对农耕文明，耶律楚材与她发生激烈的辩论，先祖被活活气死，至今

200 多年。反对他的高官大吏，抄他的家，没有金银珠宝，只有数箱书籍，几把琴，几支箫。

"我身上确是有契丹、女真、蒙古族的血统，祖母是女真族人，母亲是蒙古族人，但心中储存着中原汉族的先进文化，时时在脉络中搏动。祖祖辈辈存下的家风，勤奋学习中原汉文化，提升自我，培育后代，读儒书，成人才。元太祖成吉思汗的左膀右臂耶律楚材，是我的先祖父。"

"说得好。"萧从道说，"汉族文化博大精深，北魏皇帝拓跋宏，鲜卑族人，自己学习中华文化，在全国推广汉文化，民族不歧视，国家才强大，何乐而不为？"他说自己读过耶律楚材相爷用汉语写的多篇诗文，七律《阴山》，富有唐诗韵味，放声吟道：

> 八月阴山雪满沙，清光凝目眩生花。
> 插天绝壁喷晴月，擎海层峦吸翠霞。
> 松桧丛中疏畎亩，藤萝深处有人家。
> 横空千里雄西域，江左名山不足夸。

萧从道将军解读说，阴山是横在蒙古西部中间的大山。永乐年间，自己随成祖皇帝北征大漠时，登上这座蒙古名山，它挡住北面的恶劣气候，呵护山南无边无际的草原，又牵来黄河波涌，土肥水足，是蒙古文化发达，美丽富庶的地方。

中书令耶律楚材前辈，以大笔重墨赞美阴山，也是赞美蒙古民族，阴山"插天绝壁""擎海层峦"，擎海，作擎空解，阻挡背面的暴雪、寒流、飞沙，吞吐日月的壮丽景色，衬托阴山人民勤劳朴实的生活。诗的风格苍劲而不露出悲凉，精练生动，功力深厚。"江左名山不足夸"，收结有分寸。中国长江下游平原众多，秀山俏岭，娇小玲珑，难与高峻雄壮的阴山相比。中原也有大山，泰山、秦岭如何？说得自己也笑了。

楚敬先郎中道："七律《阴山》，确是先祖耶律楚材公的诗章。我曾祖父、祖父、父亲同样习汉书、学岐黄。教训后人，先辈的战争伤害中原民众，曾祖、祖父、父亲用医术弥补中原人民的伤痛。至我父女悬壶，已是第四、第五代了。"

楚敬先郎中继续道："像祖辈一样，我习儒书，学医道，喜欢唐代诗人李白、杜甫、白居易的诗；酷爱《黄帝内经》《神农本草经》，唐代孙思邈的《千金要方》；华佗的施针用药，简而有效。中原的农耕技术，那翻斗水车，自动从低处向高处提水，龙吐清波。现今我安居大明边陲，衣食无忧。而在大漠深处，小者争夺草场，大者攫取可汗，战争这魔鬼吞食多少生命、毁灭多少财产？先祖耶律楚材公希望'而今四海归王化，月明清风却一家'。战火被大雨熄灭，禾麦在雨中抽穗，边境开设互市，蒙民汉民互补有无。放下屠刀，自会成佛。

"土木堡，我的家。从曾祖至今，住了五代人。守住郎中施医舍药的本分，初心至老；守住曾祖、祖父的庐墓，慎终追远。"楚郎中最后几句话，说得深沉而动情。

"非我族人，为我族人。是我兄弟，共为国人。"萧从道将军站起身，众人跟着站立，高举酒杯，说："为民族和好，干杯！"五只酒杯举起相碰，发出清脆的响声。

第六章

勇士同聚那达慕　丑角出演跳神场

土木堡的新兵训练，四个月后才能结束，袁彬请求萧从道将军留下指导训练士兵。萧从道大人经历几个王朝与瓦剌骑兵作战，富有经验，四个月后要退伍，再难有机会为军队效力，于是爽快答应。

萧从道在校场上带队与士兵一起拼杀，练习耐力，在烈日下为队伍讲解战术：蒙古贵族的军队不能小觑，本朝几代皇帝亲征，没有肃清残元势力，是敌人擅长利用草原骏马的耐力快速，实行远程突袭合围，对待瓦剌骑兵，最好的武器是强弓利箭，攻其无备，出其不意。知己知彼，胜乃不殆，知天知地，胜乃可全。说自己与瓦剌军队作战数十场没死，就是不怕死，而怕死的士兵是懦弱者，最易伤亡。没了斗志，为敌人任意宰割。听得新兵勇气大增，校场上杀声震天。

练兵时，出现伤兵皮破肉绽，骨伤脚跛，萧从道就会让萧惟昌到楚郎中的医馆，请他前来救治。若楚敬先出诊在外，由楚莽佳前来疗伤。她不怕脏、不怕苦，细问伤情，精心治疗，使伤者早日痊愈，归队训练。

有位新兵，从飞奔的快马上摔下跌伤，半晕半醒。萧惟昌命身边的士兵许甲，背他到校场边的帐篷，问他伤在何处，总听不清楚说什么。许甲告知长官，伤兵是土木堡蒙古族人，名木音那，汉语说不好，刚才说的是蒙古语。

正当萧惟昌为难，不知如何处理伤者时，楚莽佳郎中赶到了，得知伤兵难用汉语表达伤情，就用蒙古语与他对话，弄清伤者伤情，对症下药，救回一条生命。

萧从道在一旁看楚莽佳精心抢救伤兵，又见她精通蒙古语，可高兴了，问她如何学会蒙古语。楚莽佳说，自小生活在蒙古草原，哪能不会蒙古话。只是少年时离开草原，蒙古文化不精，汉文化也不精。回到土木堡，学汉蒙文化，也讲蒙古话。蒙古族民众来看病，若听不懂，问不了，会误大事。坝上的多伦，是蒙古南部重镇，蒙商聚居者众，患者有时也会请父亲与自己远途诊治，与蒙古族人接触多了，蒙古话自然流畅。

萧从道随军征战数十载，刀光剑影时时在心中跳动。预知迟早会和瓦剌贵族的军旅开战。懂得蒙古语者，既可读懂对方的军报战书，又方便融入大漠，获取敌情。得知精通蒙古语的大同镇人释安同大师在广东大寨村、在河南少林寺教萧惟昌武功，也教他蒙古语，大师的远见，令他佩服。再问楚莽佳能不能收下萧惟昌、袁彬两人为徒，教授蒙古语、蒙古族文化。楚莽佳快人快语，能与两位军爷相处学习，有利习儒书、习武术。

三个月慢慢过去，萧惟昌、袁彬学习蒙古语，大有进步。尤其萧惟昌年轻，悟性好，已有一定的蒙古语基础，再经楚莽佳的精心教导，一般通用的蒙古语可以流利对话、书写。

就快结束新兵训练，萧惟昌他们要回京城了，楚莽佳心里乱糟糟的，不是滋味。她来到军营探访萧惟昌，在营房外见到许甲，得知萧惟昌在校场，匆匆赶来，见萧军爷在驰马练射，心中转为高兴。萧惟昌见到她，忙下马招呼："楚姑娘，遛遛马啊。"听到萧惟昌称她为姑娘，更欣喜，接过马缰，飞身上马，双腿一夹，蹄眼白栗色马如飞，环着校场转了几圈，回到萧惟昌跟前停住。楚莽佳跳下马，神色自若。

萧惟昌称赞道："楚姑娘，想不到你的骑术这么高超。"楚莽佳答："唐代诗人高适在《营州歌》诗中有说：'虏酒千钟不醉人，胡儿十岁能骑马'，我超过诗中说的年纪了，是会放马飞驰的。"

"喜欢射箭吗？"萧惟昌把手中的弓和箭递给楚莽佳。心想这弓不是六钧弓，也是把重弓。楚莽佳接弓搭箭，双臂一张，弓如满月，箭在弦，玉指轻放，疾如流星，把几丈外的箭靶射穿。

楚莽佳得意了，"我喜欢驰马放箭，喜欢上山打猎。我父亲和母亲鼓励我参加，练本事，健体魄。你听元朝诗人萨都剌的《上京即事》诗，写山上围猎风光：'紫塞（代指长城）风高弓力强，王孙走马猎沙场。呼鹰腰箭归来晚，马上倒悬双白狼。'射白狼？我更要射人间的恶狼。土木堡一带地处边陲，常有瓦剌游兵流寇抢夺，放箭是最好的回击。"说罢，要萧惟昌用蒙古语重述她念过的萨都剌诗句。萧惟昌遵命朗读。楚莽佳听后道："有八成功夫了，再加把劲。"然后对萧惟昌说得不准的地方，一一做了纠正。"你是我的学生，以后我称你大哥，不叫军爷了。""好啊！楚姑娘。"萧惟昌开心道。

土木堡的军队集训结束，萧从道将军率众回到京城，向锦衣卫交差。他的役期已满，送上致仕回乡的文书，等待批复。萧惟昌同时进入锦衣卫，在御营任校尉。

锦衣卫的佥事马顺大人，得知萧惟昌、袁彬懂蒙古语，大为高兴。原来锦衣卫的指挥使大太监王振王公公，派他和王山校尉组织下属深入草原，刺探大漠瓦剌军情。他俩的亲信都不想去，生活艰苦不说，身份暴露，还会抛尸荒野。不去，又找不出借口。现在来了两个会说蒙古语的替死鬼，就让他们去吧。王公公怎会不同意？王振果然同意，密探大漠，懂蒙古语的校尉，总比带通事的校尉易行动，易获情报。

现在说说锦衣卫吧。锦衣卫是皇帝亲军的 26 个卫之一。它与金吾前卫、金吾后卫、羽林军左卫、羽林军右卫、孝陵卫……同属 26 卫。这支队伍由皇帝亲自指挥，将强兵精，各有各的职责。

锦衣卫的得名，是服装华丽整洁，穿着飞鱼服，佩戴绣春刀。内设指挥使（三品），是卫的最高长官。下设同知、金事、镇抚各两人，还有千户、百户多名，初入锦衣卫者皆称校尉。史书记载，在朝臣眼中，这是一个谈虎色变的机构。他只接受皇帝的诏旨，不受中央六部的兵部、刑部管辖，大明的法律刑典，同样管不了他们。有权抓捕犯罪的大官勋略，反抗者格杀勿论。可以进行审判，判重刑死刑。也有自己的监狱——诏狱，可怕之处，进去的重臣将领，十有八九难以活着出来。

锦衣卫中的高官大员，为讨好皇帝，为自己晋爵，不择手段，刺探大臣将领茶余饭后言论、宴席私交往来，片言只语，扩大为黑色脏河，把人淹死。千般蜜语诈骗，百种酷刑逼供。沾满良臣名将、清官贤士的鲜血，攫取奖赏。不齿于人的做法，留下斑斑的臭名，暴涨的大水也难洗清。

也应看到，锦衣卫中有一支庞大的皇帝卫队，随在皇上身边，保卫安全；有仪仗队，上朝时掌管礼仪。这些人都是正直的人，不参与侦察朝中大臣事务，不为虎作伥。

皇上卫队，也称御营，有9000人。平时他们派员刺探敌情，策反敌军的将领，刺杀敌军的重要人员。战争时，若皇上亲征，他们随军出动，在沙场拼搏，杀敌报国，不惧捐躯。

成祖永乐大帝亲征漠北，御营随在身前、身后保驾。

永历十二年初，瓦剌首领马哈木入侵大明。成祖朱棣亲率大军出征。六月，在蒙古忽兰忽失温（今蒙古图拉河），遇上马哈木布阵于山岗之上的三万骑兵，冲杀下来。成祖朱棣到了战场，特别兴奋，率军冲杀在前，与三万瓦剌军拼搏，杀伤万余瓦剌军，追赶马哈木百多里。此役明军也付出沉重的代价，仅是跟着皇帝冲杀在前的御营侍卫就战死了2000多人。

按下锦衣卫不说，萧惟昌、袁彬脱下军装，换上蒙古人的衣着，各自骑上骆驼，均驮5袋大米、1袋盐、1袋茶，此为蒙古人最喜欢的食品，化装商贩，入蒙古执行军务。

出北京，过宣府，就是坝下。大路两旁的村庄，稀稀落落，荒原吞没了田野，青草掩盖了麦苗，是劫后的丑陋。瓦剌人没有力量打大仗，只能在大明边境不停骚扰，抢粮食，夺财物，掳人口。骑兵呼啸而来，得意而去。

此时是大明正统四年（1439），坐在皇位上的是年刚13岁的英宗朱祁镇。统治蒙古的是马哈木的儿子脱欢。脱欢打败鞑靼首领阿鲁台，统一蒙古，立自己女婿黄金家族的托克托布哈为大汗，自己掌握实权。黄金家族指的是元太祖成吉思汗的子子孙孙，其子孙把持大汗之位，就像中国的皇帝，传位给自己的龙子龙孙一样。

统一后的蒙古，经历成祖永乐大帝、仁宗洪熙、宣宗宣德3个王朝，力量稍为强大，又蠢蠢欲动。战争的硝烟，似是散去，其实是内紧外宽。他们向大明朝廷进贡马匹，换取所需的粮食物品。

萧惟昌、袁彬骑着骆驼，夜宿晓行，进入坝上，这是蒙古人的地盘，时见瓦剌军队在巡边。莽莽的草原，牛羊在撒欢，牧人骑在马上，警惕偷袭羊群的野狼。

两人一路走来，过荒野，穿流沙，吃干粮，缺饮水。正在焦急时，见到一条弯弯曲曲的河流，查看地图，方知是闪电河，它一头接蒙南重镇多伦，一头连着正蓝部族（今正蓝旗）。元上都的故址，就在正蓝部族境内闪电河边的金莲川草原上。闪电河，传说是天上的闪电落在草原上，蜿蜒成河，浇灌草原。

元上都位于和林，又称开平府、上京，建于1256年。元世祖忽必烈在此定都，建立大元帝国。用三四年时间才建成都城。有外城、内城、宫城三层城郭，周长 18 里。城内伸展宽广的街道、立着巍峨的宫殿，遍植树木，环境幽雅。是元朝的重要政治军事、经济文化中心，历代的皇帝都在这里继位。元朝建立，首都定在北京，称为大都。但每年皇帝仍有半年时间在上都处理国事，是闻名世界的大都城。可惜在元明之争时，被战争的大火烧毁。

它的原貌，只能在诗文中出现，让后人欣赏。意大利旅行家马可·波罗，在忽必烈时代，于上都仕元 17 年，著有《马可·波罗游记》，赞美上都繁华富庶。

元朝诗人袁桷在《上京杂咏》中同样称赞它：

> 驼鼓村村应，传更趣进程。
> 草肥凉露白，树薄晓风清。
> 帐殿横金屋，毡房簇锦城。
> 属车流水度，细点侍臣名。

元朝进士萨都剌在《上京即事》诗中也说：

> 牛羊散漫落日下，野草生香乳酪甜。
> 卷地朔风沙似雪，家家行帐下毡帘。

前诗是宫廷官员的活动写照，后诗是草原牧民生活的剪影。

俱往矣，眼前这片庞大的废墟，满眼断石残垣，土堆沙碛。几十年过去了，雨水淋浇，地泉滋润，一棵棵小灌木倔强生长，榛子、山棘、柠条，长出茂密的小叶子，间或见到枝下吐出花苞。多种小灌木，枝蔓互结，似是手挽身拥，一起抗击恶劣的风沙。

在城基的低处，长着小树和青草，土坪上立着一座蒙古包，包后停着一辆勒勒车，羊群在吃草饮水。穿着蒙古长袍、扎着头巾的少妇，挽着衣服光鲜的小女孩，伴着小羊羔，在花草中漫步，那线叶菊开着小黄花；射干鸢尾草长出紫色的小花。还有一种名叫干枝梅花的小灌木，生命力极强，蒙古语称为"克其其格"，开着淡粉色的花瓣，没有叶子，花采下后，能保持半年的生命而不蔫。

见此情景，两人感慨良多。汉隋唐宋，是中国的盛世，疆域之大，也难与元朝相比。汉朝梗于北狄匈奴，隋朝难服东夷，唐朝患西戎突厥，宋朝忧患西北的辽金元。元朝的蒙古族，起事于朔漠，铁骑所到，并西域、平西夏、灭女真、顺高丽、定南诏，遂征江南立国。国土之大，历朝难比。北逾阴山，西极流沙，东尽辽左，南越海表。

元朝虽然强大，却为明朝太祖洪武帝、永乐帝打垮，缩回大漠深处。储蓄力量东山再起。来日与瓦剌的大战，迫在眉睫。

带着忧患之心，萧惟昌、袁彬骑上骆驼进入多伦城。在城郊的骆驼店住下。

晨曦中，两人步出门外，浴着朝阳，吸着清新的草气，畅快极了。天蓝得出奇，金风和煦，绿树如茵，小鸟飞鸣，闪电河远去。绿草中的花卉，如点缀在锦缎上；远处洁白的羊群，如天空中的云朵在飘荡。

太阳渐渐升起，骆驼店门外，一队队穿着蒙古长袍的牧民，骑着马赶着牛羊而来，人声鼎沸，在讨价还价进行交易，形成了早上集市，赶集的也有汉民，以粮食土布换牛羊。

有位蒙商看中萧惟昌两人放在门外的粮食，说要购买，或用马牛交换。这粮食是两人的幌子，不能出售。说不卖了，而那商人缠着非要买。话多了，那词汇不丰的蒙古语难以对答。

正在为难之际，一骑飞奔而来，是楚莽佳郎中。她头插胭脂色的鲜花，套着淡蓝色的长袍，挎着药箱。跳下马后，作礼对蒙商说，这几驮粮食她已购下，正待起运。父亲在城内蒙医馆施医治病，等着她帮助治疗病人，病人多，粮食不够吃，只好就地购买。蒙商认识楚敬先和楚莽佳郎中，不再多话，转身离去。

楚莽佳看出两位军爷不是骑着骆驼到草原旅行，是有重要公务。告知两人蒙古人买卖的习俗，不卖或已卖出的货品，应做好标记，使人知道物已有主。随手在闪电河边拔下一把半干的芨芨草，插在粮袋上，说是停售的标记，不会发生强买硬夺了。

萧惟昌、袁彬不把她当外人，告知此行的目的。楚莽佳要两人等着她，回蒙医馆与父亲商讨行程，听她回复。

翌日早饭后，楚莽佳来了，骑在马上，一身男装打扮，要跟萧惟昌、袁彬一起行动。两人觉得为难，此去闯龙潭虎穴，弄不好有杀身之祸。楚莽佳已知两位军爷所想，道："你俩是饱读诗书之人，不是读过唐代诗人罗隐吟唱走向军旅的诗句吗？'好脱儒冠从校尉，一枝长戟六钧弓'。"

萧惟昌答道："是的。我和袁校尉都读过罗隐这首《登夏州城楼》诗，为前人胸怀家国，戍边守塞而感动。"

"这就对了。两位校尉军爷，我喜欢北朝民歌《木兰诗》，诗中的'愿为市鞍马，从此替爷征'。不为可汗、单于，为大明天子。'旦辞黄河去，暮至黑山头，不闻爷娘唤女声，但闻燕山胡骑鸣啾啾。万里赴戎机，关山度若飞。朔气传金柝，寒光照铁衣。将军百战死，壮士十年归……'"两人听其一席豪言，见楚郎中乐意赴戎机，只好同意。

楚郎中建议先到坝上附近的贡格尔草原，它在克什克腾部（今克什克腾旗），在西拉木伦河上游，近日将举行"那达慕"大会，此为蒙古人的盛大节日，可了解蒙古民族风情。再转向北靠阴山（也称大青山），南临黄河的包克图（今包头市），蒙古语意为有鹿的地方，赛汗塔拉草原离晋北的大同镇较近，回北京方便。是瓦剌也先太师夏季临时牙帐所在地，多会举行活动，云集人众，蒙古谚语说"林密鸟多栖，草密蛇出洞"。就算没有捉到蛇，知道蒙古民众的乡土风情、生活需求，也方便融入蒙古族人中去。

两位校尉，觉得这番建言，有理有据。奉命入蒙，锦衣卫金事马顺大人没有部署具体军务。蒙古这么大，到哪里去？贡格尔草原？赛汗塔拉草原？如有大型集会，尤其是有瓦剌首脑参加的活动，也许可得到与军情有关的端倪。

骆驼驮着粮包，马匹驮着盐茶、食品饮水，三人向着贡格尔草原行进。

来到一道小河饮马与骆驼，三人在树下休憩。萧惟昌问道："楚姑娘，我在居庸关参加御营新军训练时，认识一名土木堡籍的新兵，高高的个子，像你一样有双浅棕色的眼睛。集训队的马匹生病，官军就会找他医马，不说手到病除，十有九治好。他名叫楚莽原，是你的家人？"

楚莽佳哈哈大笑："他是我大哥。"

袁彬在土木堡练兵时，也听当地的军人说，楚敬先大夫有个会医人的女儿楚莽佳，也有个会医马的儿子楚莽原。

听两位军爷聊起自己的大哥，楚莽佳得意地说开了——大哥小时候生活在赛汗塔拉黄河边祖母家，那里的草场有蒙古人放牧，也有鞑靼、维吾尔族、满族人放牧。他常随父亲到胡人的马场，施药治病。与胡人小朋友玩耍，学他们的语言，听牧民讲马的故事。他悟性好，记得牢，渐渐学会多种胡人语言、文字，我不如他。但我嗓音好，两腿长，会唱歌，善跳舞，胜过他。

听得萧惟昌、袁彬齐声道："大哥和小妹各有所长，在医道上是半斤八两，不分高下。"

楚莽佳道："我代大哥谢谢两位军爷的夸奖。"

楚莽原在御营新兵训练结束，因为擅长医马和鉴别马匹优劣，被萧从道统领分配到御营管理马匹。与萧惟昌、袁彬见面不多，萧惟昌故有此问。

喝了水，吃了干粮，三人继续上路。晓行夜宿，借住牧民的蒙古包。牧民热情好客，楚莽佳能说会道，赠予粮食、盐茶，皆大欢喜，把主铺让给三人，自己挪到侧旁。

蒙古族是个游牧民族，逐水草而居。古代的蒙古族先民，创造了一种便于搭建与拆卸的移动住房，蒙古语称为"蒙古格勒尔"，意为房子。汉人称其为"蒙古包"。

眼前这座蒙古包，粗犷地立在草原上。蓝色的顶部，图案亮丽分明，用畜毛绞成的绳索，拴紧地上木桩，顶侧开着窗口，用布帘张合。支撑包顶及白色披帐围布，是一排排有序可以收张的木栅，接近地面的幔布可以掀开，通风透气，是冬暖夏凉的居所。

楚莽佳告知入住蒙古包的风俗。从火炉左边进入，坐在西侧和北侧，东侧是主人的起居处，尽量不坐。入座时不能挡住北面的佛像。主人给客人敬上奶茶，要欠身用双手或右手相接，不要用左手。如喝够了茶，可用茶碗与茶壶嘴轻轻相碰，主人就会明白。奶制品称作"查干依德"，意为纯洁吉祥的白色奶食。蒙古族人崇尚蓝色和白色，蓝色代表蒙古民族，白色是神圣吉祥的象征。元太祖成吉思汗的宫殿为白色，称作"八白庙"。蒙古包的毡帐，多为白色。称长城为"长白墙"，称春节为"白月"。

喝了主人送上的奶茶、奶制品，吃了自带的食品，饱睡一觉，天亮起程。骆驼步速慢，好动的楚莽佳，时而放马跑在前头，时而留在后面，观察沿途的风光风情，以防特异的险情出现。

从多伦城到克什克腾部落的商队多，都是赴那达慕大会。运去粮食、茶盐、铁器，以求换回皮毛、奶酪、干肉。见三人的坐骑驮着粮包，也以为去做买卖。性格爽直的蒙古人告知三人，10 天后，包克图举行跳神祭祀，参与祭祀和观看的人多，交换皮毛合算。

听商贾所说，两位军爷高兴，楚莽佳选择出行地点，热热闹闹，定会大开眼界，有军情收获。

又听到有位穿着高档衣服的蒙古商人说："跳神结束的第二天，托克托布哈大汗的小儿子突麻托麻，喜欢收藏汉人书画，在突甘斯旦麻草场，举行大元朝汉人臣子赵孟頫的碑帖、书画展出，邀请精于此道的蒙古人、汉人观赏，三年举行一次，机会难逢，何不顺便前去凑下热闹。"

说完，掏出几份手写的蒙古文、汉文邀请函，递给身边的商人。他们看了道："那里没有买卖可做，书深墨黑看不懂。"

有位年纪较长的蒙商，顺手将一份邀请函递给萧惟昌，他接过细看，署名是突麻托麻盛请：到胆巴寺赏赵孟頫魏国公书法诗画。附着一首诗道：

> 碑帖走笔秀，诗画呈风流。
>
> 邀君赏墨宝，结朋草原游。
>
> 古籍存多年，残缺需补修。
>
> 能者恭为师，美酒自相酬。
>
> 文化无边界，来客均好友。
>
> 突甘斯旦麻，胆巴寺恭候。

那位掏出邀请函的蒙商问萧惟昌："安达（朋友），去不去见识？"

萧惟昌回答："还是买卖要紧。"随手把函件递给袁彬，袁彬看后，递给楚莽佳看，两人道："有趣。"把邀请函交回萧惟昌手中。萧惟昌对那位蒙商说："多谢安达盛邀，能去则去，不去也可留住此函，作为纪念。"其他拿到邀请函的蒙商也说："皇子邀请函，值得珍藏。"

那位掏出邀请函的蒙商道："此函确来之不易，是部落首领给我的，让我发动施主檀越参加，人多热闹，皇子脸上增光，尽量去赴会，结识皇子，可不容易。"众人齐道："说得在理。"

一路徐行，贡格尔草原渐行渐近，蒙古包也多了。风光秀丽，水草丰盛，时见兔奔雉飞，狐闪狼突，尤其难得见到的是红皮云杉，挺硬腰杆，直指蓝天。据当地人说，有几万亩之多，是史前留下的物种，是神佛赐给贡格尔草原的宝树。白音敖包是克什克腾部落中心。查干突河、贡格尔河绕林而过，鹭翔鸥飞，依恋河滨，欢快觅食，流水又绕着众多蒙古包漫步，喜听马嘶羊咩，汇成草原晨曲。

克什克腾部落的夏季那达慕运动大会，就在白音敖包举行。"那达慕"是蒙古语，意为"娱乐、游戏"，是蒙古民族重要的传统赛事，选手有 500 人，马有 300 匹，会期五天。项目有射箭、赛马、摔跤。参加比赛和观看者，主要是蒙古族人，也有汉族、达斡尔族、鄂温克族、鄂伦春族、满族、回族人员。各民族鲜艳多彩的头饰、服装，似是百花竞放在草原上。

那达慕又是互市大会，附近与周边的牧民骑着马，套着勒勒车，带着皮毛、药材、农牧产品，成群结队汇集在大会广场。会场四周绿色草地，搭起各色的蒙古包，以白色为多，供运动员居住，也供观光买卖人租赁。

萧惟昌几人提前两日来到草原，已在白色的蒙古包住下。那达慕开幕的前夜，白音敖包热闹非凡。三人避开喧嚣的人流，来到贡格尔河边。夜幕降下，圆月升起，季夏的草原，气候宜人。躺在草地上，仰望星空，点点星光，更见流星飘垂，似是落入身边的草丛中，化成花朵，草青花白花红，悦目沁心。

回望河道，弯弯曲曲，堤旁长着迎风起舞的大片大片芦苇，多种水生植物，不时见到鱼儿跃出水面。水鸟关关，蛩虫唧唧，此起彼伏，是柔和的合唱。远处的红皮云杉，在月光浮云移动时，似是一排排向着河边涌来，是邀请水草共舞？还是携手流水放歌？贡格尔草原的夜色醉倒游人。

回到蒙古包前，微月当空的草原，又是一番不同的景观。烤全羊、烤羊排、烧牛脊肉的篝火，闪闪烁烁，散发出诱人食欲的香气。

那达慕是运动的大会，也是青年男女交朋结友、谈婚论嫁的聚会。围在月光下，坐在篝火旁，唱起一曲温柔暖心的情歌。伴奏的马头琴声，旋律深沉缠绵，音色宽广优美，穿越草原的夜空，迷醉多少俊男俏女。贡格尔草原，又是温馨的草原。

望着一对对蒙古族、鄂伦春族、达斡尔族的男女青年相依相偎，触动了楚莽佳的心事，平日随父亲上山采药，医治病人，忙忙碌碌，顾不上考虑终身大事，也不好意思对父亲说。母亲在遥远的大漠陪伴孤独的姥姥，几年不见面了。

楚莽佳出生在草原，少年时也生活在草原。她常常与小姐姐、小哥哥一起练武，张弓猎狐射狼。叔公哈汗多是医生，让她跟随为草原牧民治病。楚莽佳精心细学，念熟百种治病单方，会辨别多种治病草药。母亲是汉人，教她识汉字读唐诗。

几年后被祖父领回土木堡生活，同样随父习医、读汉书。随堡中的武师练拳舞刀枪。有时穿汉服或是蒙古族长袍，骑马在土木堡辽阔的草原上飞奔，野性十足，周边的毛贼也怕她三分。

又过了几度花开花落的春秋，楚莽佳已是医术高明的郎中。自御营官兵在土木堡集训，她认识了武功高超的校尉萧惟昌。这位来自南方的英俊军爷，待人诚信，留给她很深的印象。在几个月的接触中，萧惟昌谦虚好学，乐于助人，传她武功，更令她动心。

当楚莽佳得知萧惟昌、袁彬两位校尉要深入草原刺探军情时，她毛遂自荐当向导，多点机会亲近萧惟昌。她把此行目的告知父亲时，楚敬先大夫已察知女儿的心意。女儿熟悉草原风俗，会蒙古语蒙古文，易于融入牧民中。两位校尉武功高超，多谋善断，互相配合，定会安全回来。

楚莽佳把父亲的话，告诉萧惟昌、袁彬时，两人齐道："楚郎中有关爱病人的善心，更有保土卫国的爱心。"

楚莽佳道："谁不爱自己的家园？汉族与蒙古族民众，都希望过上卖刀买牛的和平生活，就怕战火燃烧，好梦难圆。"

袁彬道："郎中姑娘说得对。我曾听过一则古老的故事，提醒吾民、蒙古民众，不要战争，要过美好的生活——汉武帝时，匈奴入侵中国，骠骑将军霍去病，率万骑出陇西，攻占甘肃山丹县的祁连山、焉支山。匈奴牧民作歌说：'亡我祁连山，使我六畜不蕃息；失我焉支山，使我妇女无颜色。'"

"失我焉支山，使我妇女无颜色。两位军爷可能不详察其中奥妙。"楚莽佳解释道，"焉支山又称胭脂山，其得名，是山下有红色的鲜花，味极香，可取其花，制作胭脂涂唇抹脸，滋润脸面。胭脂与阏氏语音相同，故称匈奴单于皇后为阏氏，蒙语为'可敦'，言其美丽。"

萧惟昌、袁彬两人齐道："原来如此，姑娘知之甚多。"楚莽佳得意了："我是位涂脂抹粉的女孩啊。"

接着，萧惟昌也附和一则汉代的小故事——高祖刘邦驾崩后，一度为吕后掌握朝政。骄横的匈奴单于冒顿，致函羞辱吕后，其文曰："孤偾之君，生于沮泽中，长于平野牛马之域。数至边境，愿游中国。陛下独立，孤偾独居，两主不乐，无以自娱，愿以所有，易其所无。"吕后读后，怒火中烧，欲发兵出击冒顿。后经大臣季布苦苦进谏，才放弃。如果没有大臣相劝，不知有多少生灵涂炭。

楚莽佳道："这位该死的冒顿单于，致信大国女君主，主持国事的皇后，用的不是两国和好的信使语言，是侮辱人格的挑衅。我听了也怒火起三尺，骂他一句不是人，是畜生，是战争瘟神。"

美丽的贡格尔草原，在深夜的月光中，静静倾听这两则小故事，应有所启发，有所震动，有所感悟。

高高兴兴迎来清晨，部落首领与多位贵族率领一帮部众，走上云杉丛林包裹的白云敖包山，这是部落的圣山，佛祖的福境。

一棵几人才能合抱的红皮云杉，已缠上红绸布，显得庄严神圣。待众人跪拜时，喇嘛敲响法钟，口念佛经释典，把一条白色的哈达，恭恭敬敬献给高大的云杉，再把一条哈达献给部落首领。哈达，在蒙古语中是山峰、高山。红皮云杉神树，是部落顶天立地的英雄，守护美丽辽阔的草原，守护清波长流的贡格尔河，绿草长青，牛羊兴旺，牧民平安。那达慕继往开来，创造辉煌。

部落首领高高举起盛满鲜奶的银碗，向英雄大树敬上，再献雪白的哈达，致祝词道：

> 得心应手的马头琴，高昂动听。
> 洁白无瑕的哈达，如意吉祥。
> 传统的赛马、射箭、摔跤的那达慕大会，
> 连接绵绵，勇士整队上场。

号角齐鸣，欢呼震天响。

萧惟昌、袁彬、楚莽佳随着人流，涌向赛场观看。

赛马开始，数十匹良马飞奔，卷起滚滚沙尘。白色的猎犬异常兴奋，与骏马并行疾驰，像一只滚动的玉环，慢慢落在后面，不愿服输，发出"汪汪"的咆哮。

骏马前头有只飞鹰，扇动长长的翅膀，欲与骑手比高低。冲上来

的飞骑，把它抛在马后。飞鹰无可奈何，抖羽向高空遁去，发出狂鸣。

雄浑的马蹄声，在草原奏出急雨般的鼓点，在观众心中飞溅，一道道彩色的直线，如疾箭射向远方。萧惟昌被震动，这不就是战场交锋冲杀的再现？

骑手挥鞭，马快如风。第一个冲过终点的骑手，跳上马背，高高站立，挥手摇旗，与观众一起庆贺获胜。

看那射箭比赛——

跪射的射手，射穿百步外的铁片；

卧射的射手，射落十丈高空的飞碟；

骑射的射手，左射右射，快捷如猿猴，射飞靶上吊着的杨树叶片。

穿着淡蓝色长袍的楚莽佳看得高兴，用蒙语女高音唱道：

擎起那百钩弓呀，

搭上那金色利箭，

引弓犹如满月，

啪地散放扣环，

你能射倒耸立的高山啊，

你能射落空中飞翔的大雁，

百发百中的神射手啊。

听得周边观众大呼，好啊！好啊！

摔跤选手上场，在地毯上扭在一起比拼，大地是摔跤手的母亲，但此时谁也不愿跪地服输，这才是出色的角斗者。两人时而扭成一股麻花，时而摔在地上打滚，时而相扑推搡，激烈的格斗，引来阵阵呼叫。

此时，站在楚莽佳身旁的一位年长牧民，放声歌唱，声音浑厚洪亮：

角逐的勇士,

是一头雄狮、一头猛虎。

出手山摇,踢腿地动。

是部落的英雄,能举千斤重。

是恶魔的克星,出刀快如风。

胜而不骄,从头练起;

挫而不馁,重整旗鼓。

勇者取胜,生铜熟铁般的力士。

众多观者,同样为长者的歌唱叫好。

那达慕,在蒙古民族心中,古老而神圣,它有着悠久的历史。最早记载"那达慕"活动,是镌刻在石崖上的《成吉思汗铭》,文中曰,成吉思汗为庆祝征服花剌子模国(在今哈萨克斯坦境内)。在布哈苏齐海举行盛大的那达慕大会,他的侄子在距离167丈的地方,射中了目标。此后,凡牧民较多的部落,都举行赛马、射箭、摔跤比赛,成为普遍的牧民运动会。

骑手、射手、摔跤力士,皆是蒙古族的精英,那达慕,是他们表演的舞台。若穿上军装,就是一支精锐的军旅。

那达慕又是练兵的校场,培育这三项全能的铁人,强大的后备兵源。可知蒙古民族不易于战场屈服。成吉思汗开创那达慕大会,目的不言而喻,训练冲杀在前的钢铁战士,让对手折戟。蒙古,这马上的民族,是聪明者、是勇敢者,若走上正道,民族就会繁荣富强。可怕的是把他们引向侵略的战场,做无谓的殉葬品,让千家万户断了脊梁。

萧惟昌三人怀着一时难以解开的心结,回到住宿的蒙古包。银盘高悬,外面是一档档的小吃。楚莽佳领着两位军爷大哥,去品尝蒙古特色美食,全羊手抓肉。

档主宰羊方法很特别，用小刀在绵羊的腹部开小口，掏出胃脏，用手捂着羊头大动脉，使其气绝，迫使羊血回流胸腔，肉味保持鲜美。烹饪简单，绵羊去皮，取出内脏，切成几大块，清水煮熟，用手撕开，蘸上味料，品着蒙古沙棘酒，在膏腴中吃出清爽，在手撕中品出草原风味。

从食档出来，三人看到蒙古民族的火热亲情，豪放的性格。两位参加赛马的骑手，兄住贡格尔草原，弟住赛汗塔拉草原。上马作别临行前，兄长把端来的三杯酒，一杯、一杯、再一杯，敬给小弟，小弟一一干杯。兄长接过小弟敬酒，同样仰头干了三杯。两人互道祝福，神情严肃，声音高昂，热泪盈眶，俯首行礼，这就是蒙古族传统的"上下马三杯酒"。

兄长唱道：

> 我把马头琴奏响，放声为我弟歌唱。
> 奔驰的白马，送弟回到远方草原上。
> 大青山啊高万丈，隔不断亲情血脉流淌。
> 天边的云霞如锦绣，是兄长送上美好愿望。

小弟作答道：

> 我把羊皮鼓敲响，放声为我兄歌唱。
> 浩荡的金风，送兄回到牛羊满坡上。
> 黄河水啊流万里，阻不住相连的心房跳荡。
> 天上的彩虹是桥梁，时时架在两家大门旁。

几天之内，两位校尉和女郎中，领略了蒙古民族的豪放热情，观赏了贡格尔草原的民俗风情，体会了那达慕是培育铁骑军旅的大会。

贡格尔那达慕结束，蒙古商人转去包克图赛汗塔拉草原，参加那里举行的盛大跳神活动，兼做买卖。

萧惟昌、袁彬驮来的粮食、盐茶，在旅途中和那达慕大会作住宿食用互换完了，把骆驼换成马匹，随商贩的马队走向赛汗塔拉，看到的是一番别样的民族风情。

包克图的赛汗塔拉草原，得阴山之利，它用高大的脊梁，挡住北面西伯利亚的寒流冰雪风沙，使牧草青葱；又得南面黄河水的便利，使牛羊满野。牧民欢笑，骑手放歌。那歌声粗犷雄浑，刚劲有力，恰如蒙古民众勇悍率真、爽直坦荡一样。萧惟昌、袁彬虽知歌词是赞美草原，却弄不清具体意思。

楚莽佳告知两位军爷大哥，牧马人唱的是北朝民歌《敕勒歌》，歌词是：

敕勒川，阴山下。

天似穹庐，笼盖四野。

天苍苍，野茫茫。

风吹草低见牛羊。

楚莽佳解释说，《敕勒歌》是古代敕勒族的民歌，他们居住在蒙古大草原，后来向西北的阿尔泰山一带迁徙，留下千古传唱的这首民歌。金代著名诗人元好问，赞美这首气概豪迈的歌说，"中州万古英雄气，也到阴山敕勒川"。她说到高兴时，放声唱响了《敕勒歌》，那歌调和旋律与牧马的青年唱的一样，高歌苍茫辽阔的草原。

两位军爷赞她唱得好，楚莽佳甚是开心说："我祖母是蒙古族人，蒙古族是个能歌善舞的民族。"

　　歌声远去，三人来到一道可以看到沙底的河边饮马，夜色中，听到皮鼓声声，夹着铜铃清脆的声响。不远处的草地上，高高立着一根木杆，顶端装有小木兜，东、南、西、北方，斜斜垂挂着一道道的五色彩旗。渐渐走近了，四周是熊熊的火堆，照得草坪如同白昼一样。

　　附近有片小树林，长着一棵高大的板栗树，楚莽佳率先跳下马，三人把坐骑拴在板栗树低矮的枝干上。再前行一里地，在东南方围着众多的牧民。朝西的草坪中心，燃着明亮的火堆，有一位头戴插有彩羽冠冕、穿着黄蓝红白相间的上装，色彩鲜艳的短裙，裙腰系着串串小铃铛，手执小鼓的妇人，涂着血色的口红，画着红蓝相间的脸谱，跳动时鼓声带动铃声，节奏分明，咚咚隆隆交响。前方的木台，摆放近百只熟羊，众多的美酒、奶制品、粉果。

　　萧惟昌明白，这就是贡格尔草原牧民和商贾说的跳神活动。正是大汗、太师举办的跳神庆典，祭祀苍天，以求神佑。这帮贵人坐在东面的拜台，等待参拜，迎接神灵。

　　跳神的妇人，称为萨玛或萨满，牧民相信她上可通天，下可入地。能手入滚烫的油锅拾物，能吞下新鲜的羊血吐火。萨玛之言，请神者言听计从。敬天祭祀，杀马宰牛剐羊，是白是黑，是公是母，是老是嫩，随她所言，违者神灵不悦，灾殃即降。

　　萨玛仍在跳舞念咒，何时休止？楚莽佳郎中独自回到拴马的板栗树下歇坐。萧惟昌、袁彬不放心，也跟着过来。此时正是板栗开花的季节，嫩黄带着粉白的花朵，散出清香。草原风大，花坠地上。楚莽佳顺手拾起几朵，托在手上，细细品味花香，道："栗子夏日开花，晚秋果熟，来得不是时候，品尝不到香甜的栗果。"说完，双目深情，望着大树，若有所思。

　　袁彬见状，问她想什么？答是想起小时候，和母亲在树下拾栗子。母亲教自己唱《栗子歌》呢。说罢，轻声唱道："开花像柳絮，果子像刺猬。剥开三层皮，方能吃到嘴。"

又道，自己作了个谜语，让母亲猜，现在母亲不在身旁，请军爷猜。"红木盒儿圆，四周封得严。打开木盒看，装个黄蜡丸。"说罢自己笑了，这不明摆着是栗子吗？听得袁彬笑了，道："观栗子花，触动郎中姑娘往日趣事，有意思。古人诗说，'塞云一抹平如截，塞草离离卧榆叶'，应改为'塞云一抹平如沙，塞草离离赏栗花'。""改得好。"楚莽佳赞同道，又陷入沉思中。

萧惟昌若有所感，这棵板栗树有一尺直径，枝丫分布匀称，似把遮阳伞，满树栗花，簇簇拥拥，惹人喜爱。问道："楚郎中，你唱的栗子歌、猜谜语的板栗树在哪里？在土木堡、在怀来城、在坝上多伦、在闪电河边？"楚莽佳均是摇头不语。萧惟昌想继续问下去时，突然听到跳神的广场发出欢呼声，三人反应极快，冲回跳神广场。

是大汗、太师、知院率领高官猛将参拜天神。大漠主宰者说什么，听不清楚。他们坐回原位后，牧民都在大声呼喊："敬献羊酒，佑我康年。再献粉果，庇我草原。"

楚莽佳在赛汗塔拉草原生活多年，见过瓦剌贵族三位首领，告知两位军爷，坐在主台正中的是托克托布哈大汗，左侧是也先太师，右侧是阿拉知院。再度鼓响铃和，作为节拍，引导萨玛摇首扭腰，面西而舞，口念咒语，舞姿缓慢。然后，越跳越快，旋诵旋舞，手鼓腰铃，纷乱嘈杂。看台中的四面大鼓，齐齐敲响，气氛热烈。跪拜之人，严肃虔诚。看到如痴如醉如狂如疯的萨玛，拿起一碗鲜羊血吞了一口，喷出一团团的火焰。伸手到沸滚的油镬中，掏出一块上书"马到功成"的木片，向四方展示，换来呼好之声震耳。

口中喷火，油镬取物，萧惟昌和袁彬见多了，在大明称为魔术或把戏，并告知楚郎中，油中放入硼砂，油看似沸滚，其实不会烫伤人手。喷火更简单，手指中夹着磷片，两指放在嘴前一捏，就会放出火焰。她醒悟道："原来如此，是女巫的把戏。"

大鼓如急雨震响，萨玛又是一阵旋风似的急转，似是天神附体，突然若昏若睡，又似醉酒倒地。拜神祭祀之人，呼声雷动"耶格耶""耶格耶"。

呼声中，萨玛如梦初醒，回归原位。太师也先命侍卫，切开肥羊，撤下美酒、奶品、粉果，分给祭祀者饮食，领受神福。又见一位军人，爬上旗杆，将切碎的胙肉放入木兜内，即飞来一群乌鸦争着啄食，意为代表天神，领受人间的祭品，万事大吉。

祭神的近千人，并没有散去，从东侧走出作为代表的10位瓦剌军人，列队在看台上。也先太师从主台下来，在萧惟昌三人面前走过，见到火光中的也先，不像一般的蒙古人，脸上没显红润，前额没向后倾，颧骨不高。身材伟健，年纪较轻，脸色白净，有点似汉人。也先走上台，给每人敬酒一卮。又上来10名军人，太师奖给他们每人一块黄金。再上来10名军人，他们获得的奖品令人匪夷所思，每人一位缚着的年轻汉民，有男有女，有的笑，有的哭。

这就是瓦剌首领鼓动士兵杀敌的军规。杀敌一人，奖酒一卮；掠夺财物，奖抢者得；劫得汉民，奖掳者为奴；收殓战死同伴的尸骨，得其财物……

跳神的本意是祛邪祈福。想不到瓦剌首领用此"神法"刺激士兵，烧杀抢掠。那从油镬内摸出的"神牌"马到功成，暗藏战机，箭在弦上，神灵所指？应是大明边境。

围观的牧民散去后，广场上很快集结一支千人的骑兵，由太师也先和知院阿拉率领，向东飞奔。马队过去，沙尘滚滚。萧惟昌三人好奇，悄悄回到栗树下，策马跟上。驰骋一个时辰，骑队停止前行。三人下马躲入一片密林中，远远望见这支骑兵，亮着刀，放着箭，向前冲杀。在一片伐后的残林中，闪出一支穿着明军衣服的守军，亮刀放箭抵抗，刀枪碰击，羽箭纷飞，冲杀之声山野摇动。

守军渐渐难以支撑，逃向两旁茂密的林带中，林木粗壮，瓦剌骑兵难以飞奔。留下阿拉知院率领的军队作后卫，也先太师率兵徐徐跟进。随后，敌我双方慢慢消失在林带中。

这是瓦剌军的何种战术？作为军人的萧惟昌、袁彬颇感兴趣，进入战火刚刚停息的战场。怪事来了，看不到敌对双方战死者的尸体，受伤的士兵也找不着，也没有血染沃土的场面，只见到砍断的刀枪、没有尖镞的羽箭，真是令人感到不可思议。

萧惟昌拾起几把断刀、没有镞头的箭杆，细看片刻，在林中来回踱步。这是一片长方形的林地，有二三千亩大。后背是低矮的山丘，东、南、北三个方向的树林完好，唯独西面的密林斩开一个大缺口，瓦剌骑兵是从缺口突袭杀入攻破"敌军"的战垒。看到此，他心中渐渐明白：这是也先太师击破大明关隘的战术演习。

对正在疑惑的袁彬和楚莽佳说："这是一场演习战，是针对紫荆关的。"他这样说，更令袁彬和楚莽佳丈二和尚摸不着头脑。于是萧惟昌道出详情的经过。

朝廷需要薪炭取暖做饭，督办伐木的部堂、工部侍郎黄尘扬，以大石压死蟹的态势，软硬兼施，斩去紫荆关西门的 500 棵大树，又欲把东门、南门、北门的大树砍光，经守关主将韩青和自己阻拦，才留住这三门的大树。

说到用听来的开国元勋诚意伯刘基的诗句，"山峦转转寻无路，大树层层尽作兵"，吓退黄侍郎时，袁彬和楚莽佳笑了。袁彬道："好个萧贤弟啊。"楚莽佳则道："萧大哥真聪明呀！"萧惟昌谦虚道："这是朝廷大臣对锦衣卫的畏怕，诗章才起作用。"——瓦剌太师也先挥军袭破紫荆关的演练，看来战火即燃。

袁彬提出赶快回京向上奏报，算是此行完成刺探军情任务。萧惟昌认为禀明上级是必要的，但应查明瓦剌人怎会知道紫荆关西门大树被伐，是他们的探子查明？还是我们的内奸报信？没查到真赃实证，上峰难以信服。

见袁彬仍在犹豫，萧惟昌继续说服他。赛汗塔拉草原所在的包克图，离晋北的大同镇最近，到紫荆关、北京通常走此线路。若开战必须绕过大同，才能抵达紫荆关。我们不如先进入大同，禀知关将郭登将军，请他协助查找奸人，飞骑密告紫荆关守将韩青将军，做好开战准备。

袁彬认为这是妙算，双管齐下，但怕耽误时日，难以担当。楚莽佳给袁彬解释，瓦剌人开战，择日在月圆之时，采用长途偷袭法。现在离月圆之夜还有七天，是有时间查找奸人的。这才使袁彬放下心来。

第七章

胆巴寺挥毫退敌　醉乐楼易装擒谍

三人离开林带，上马走向大同镇关。约大半个时辰，身后卷起一股飞尘，顺着风向，朝前卷来。没有大风，怎会起尘埃？

萧惟昌警觉道："是我们在林带窥探也先太师的军演，被他们的细作发现了。"

确是如此。萧惟昌、袁彬办事细心，离开密林前，曾在周边搜查，没有发现敌人布下的探子。只因两名敌探躲在两棵大树的粗干上，被枝叶遮住，难以发现。敌探发现三人，因离得较远，看不清衣着面形。

萧惟昌三人离开密林，敌探远远盯住。当他们确定三人向边境大同方向赶路，一位密探远远跟踪，一位回营向阿拉知院报告。阿拉知院大喜，擒到大明军探，让也先太师知道他是能干的相爷。但他调动不了军队，待到也先太师获准，已拖了半个多时辰。带上 50 名骑兵，找到在路边等待的探子，领着军伍飞骑追赶，卷起飞扬的尘土。

虽未听到马蹄声，但回望沙飞尘卷，楚莽佳急了道："两位军爷，我们是不是策马飞奔，让他们赶不上？"

萧惟昌道："在敌军前头飞跑，看来不行。他们的战马饮水足，吃饱草料，而我们的马匹，从凌晨到现在没喝水、没饱腹，跑不过敌人的战马。留在路边伏击，三五十名敌人，我们能对付，就怕打杀起来惊动周边的敌人，前堵后追，难以脱身。"

楚莽佳道："萧军爷说得在理，我也想喝水、填肚子。"

袁彬道："我和萧贤弟同样如此。硬打不行，脱离战场不行，怎样才行？"

萧惟昌沉吟片刻道："楚郎中，这里离突甘斯旦麻草场有多远？那里有座规模宏大的胆巴寺？"

"突甘斯麻旦确是有座胆巴寺，不用小半个时辰就到。"楚莽佳回答，"我在赛汗塔拉草原生活，也到过这寺朝佛。这偏远的古寺，萧军爷怎会知道？"

萧惟昌没有回答她，却道："到了那里，就会有奶茶、奶酪，马也有吃喝的了。按现在的速度行进，我们到了胆巴寺，就有办法应付追兵。"

袁彬见萧贤弟胸有成竹，知他已有摆脱敌人的良计。

三骑不疾不慢行进，渐渐望到胆巴寺高高耸立的金碧辉煌的大殿，挂着佛铃的檐角。萧惟昌没有直接走向佛寺，而是领着袁彬、楚莽佳在草地上绕了个大圈，才从西北方向进入佛寺的广场。寺门前摆着多张方桌，宝炉上燃着香烛，时不时敲响木鱼铜钹，有高僧领着沙弥在念经。

此刻，马蹄卷起的尘埃越来越高，楚莽佳焦急地望着两位军爷，两人如没事似的。广场上临时搭着二三十个蒙古包，草地上散着二三十位穿着蒙古服、汉服的长者和青年人，是来赴会文友。又见十多位瓦剌文职或武职官员，正在安排来客入寺或进入蒙古包。

萧惟昌三人下马，他把那张赴会的邀请函，递给一位身穿军服的百夫长。他接过后，命人牵马去喂养，请三人进入一座白色的蒙古包，中间摆着大木台，上面放着文房四宝。入座后，即有蒙古族青年女子送上奶茶、奶酪，见客人吃饱喝足，百夫长请萧惟昌挥笔留墨。萧惟昌向百夫长要回邀请函，签上姓名，袁彬也签上姓名。萧惟昌即以《胆巴碑》的内容写道：

集贤学士、资德大夫臣赵孟頫奉敕撰文并书篆。颂曰：师从无始劫，学道不退转。十方诸如来，一一所受记。来世必成佛，住娑婆世界。演说无量义，身为帝王师。度脱一切众，黄金为宫殿。七宝妙庄严。

书赵孟頫《胆巴碑》摘句。正统四年桂秋大同萧惟昌

百夫长从未见过这样漂亮的书法，没出声，竖起大拇指赞美。

袁彬见萧惟昌写下《胆巴碑》的文字，已知其用意，也在纸上写了《胆巴碑》的名句：

师所生之地，曰突甘斯旦麻，童子出家，事圣师绰理哲哇为弟子，受名胆巴，梵言胆巴，华言微妙。

书赵孟頫《胆巴碑》摘句。正统四年仲秋大同袁彬

百夫长同样竖起拇指赞美。然后望着楚莽佳，意为请他挥书。

袁彬用蒙古语说："是两人带来的书童，别为难他。"

百夫长点头，把两张书法折好，捧起向寺内走去。未几，同样捧着书法回到蒙古包，身后跟着一位年约30岁，身穿贵胄衣服，头戴皇家高冠的男子。他面露喜悦，对萧惟昌、袁彬两人说："两位文友所书《胆巴碑》的文句，深得魏国公字体的神韵。"

两人谦虚回答："只是爱好习写赵体书法，敬请大人方家指教。"

就在此时，蒙古包外响起嘈杂的马蹄声、官军的吆喝声。进来一位穿着高级武官服饰的年长瓦剌将领，身后跟着五名官兵。见到那位

青年，即下跪叩头，说："打扰殿下，我因追捕大明三位密探，事急来不及禀报。"

那位被称为殿下者，道："阿拉知院免礼。"见皇子没有责备自己唐突闯入御帐，阿拉知院胆大生毛，指着萧惟昌三人说："这三人是大明密探，刺探我军情。被我识破，策马在前飞奔逃跑，我在后面追了一个多时辰才赶上。我问遍帐房外的卫兵，在这个时辰到胆巴圣寺，就是此三人。"喝令随来的军佐上前捆缚。见皇子殿下没放声，军佐不敢造次。

萧惟昌心平气静道："知院大人，我是大同过来的书生，有天大的胆，也不敢骚扰圣寺捣乱皇子殿下的盛会。"

阿拉知院一时语塞，问那带路的探子，刺探瓦剌军情的是不是这三人？探子当时看不清三人面容衣着，不敢回答。阿拉知院说："我有方法，让你承认是密探。"命随他而来的百夫长，检查三人的马匹，若是奔跑而来，还有何话可说。皇子殿下命身旁的百夫长同去。

一盏茶的工夫，两人回来。殿下的百夫长报告，三人所骑的是民用马匹，背鬃尾毛没有沙迹，马鞍足蹬没有急驰时滴下的汗水，是徐徐而来的。与他一起察看的百夫长点头认同。

阿拉知院奸笑道："你们三人是入圣寺前换了马匹，但换不掉蹄印。"命两位百夫长再去检查，三人是从赛汗塔拉草原而来，或是从大同而来。

听此一说，楚莽佳得意地望着萧惟昌，萧哥哥办事周密，没给对方留下可乘之机。

又是一盏茶工夫，两位百夫长回来，随阿拉知院来的百夫长报告，西北方向而来的马蹄一片杂乱，从大同方向而来的三骑蹄痕清晰。然后望着皇子的百夫长，他点头说是。

阿拉知院不认输，恶狠狠地说："三位大同来的贵客，可有皇子的邀请函?"

皇子的侍卫百夫长把邀请函递给阿拉知院,他看到被邀人一栏写着萧惟昌、袁彬,科举功名栏均写着贡生,随行人员写着楚莽佳。

他拿报到时邀请函的名字,与两位贡生签到时落款的名字仔细对比,同出一辙,再无话可说。

阿拉知院气得脸色发青。突麻托麻皇子道:"我三年举行一次以文会友草原游活动,难得知院大人前来捧场,一起观赏这两位大同文士的书法。"命他的侍卫百夫长,在台上展开萧惟昌、袁彬两人的墨迹,皇子殿下边欣赏边评说:"两人书法圆转流畅,笔力劲秀,深得魏国公笔法的奥妙。对着《胆巴碑》的拓片临摹多年的书法家,也只是尔尔,更别说被追杀的密探,魂不附体者,怎能写出如此上乘的书法?知院大人,我知你常习魏国公的《胆巴碑》,台上有笔墨纸张,试写两句'邪魔及外道,破灭无踪迹。法力所护持,国土保安静',如何?"

知院大人听了,默不作声。是啊,心平气静才能写好书法。自己跑了一个时辰的马,握马鞭的手仍在发抖,挥毫留墨,定会出丑。若说这三人不是大明细作,四周是草地,难以躲藏,难道细作会飞天?会钻地?而不是皇子殿下请来的文友,可以抓回去讯问,一无所获,将被部属取笑。头脑眩晕的阿拉知院脱口而出:"我写不好《胆巴碑》的字,非我族群,难为我用。"

皇子殿下听后,说:"中华文化博大精深,为我大元历代皇帝看重。世祖二十四年(1287),对被荐入朝的汉人赵孟頫先贤,授予兵部郎中,秩官三品,升职至翰林学士承旨。他书法、文章、诗赋、画作、篆刻俱佳,世祖、仁宗两位皇帝对他'圣眷甚隆'。他常奉旨作诗、挥书、绘画。仁宗皇帝把他的诗与李白、苏轼的诗相提并论。皇后诏旨他题的《耕织图》诗24首,此画图是南宋著名画家刘松年所作。魏国公以画意配上诗情，诗画合一，读诗可赏画，赏画可知诗。后宫从皇后妃嫔至女史，人人争读争赏。"

见阿拉知院没说话，皇子继续道："眼前胆巴寺立的《胆巴碑》，就是皇帝诏旨赵孟頫大人所作，注入一腔赤诚，把佛法无边的胆巴大师，描写得栩栩如生，书法行云流水，从元朝至今的众多书法家难出其右。赵大人卒于大元英宗二年（1437），被皇帝追封为魏国公，是对这位诚心宣扬大元文化前辈师长的敬重。两位大同的文士，习魏国公书法可说是炉火纯青。在胆巴圣寺写《胆巴碑》文句，是他们对赵前辈的仰慕，对胆巴圣师的崇敬，对大漠草原的深情，是值得尊重的。"随后命侍卫给三人奉上草原不易见到的普洱茶。

阿拉知院无言以对。突麻托麻是托克托哈大汗的小皇子，皇兄是穆尔格尔，与儒雅的皇弟不一样，生性凶狠，打骂朝臣如家常喝奶茶一样。立嗣大事，大汗犹疑不决。也先太师劝大汗立少殿下为储君，这是他大姐所生。想到此，阿拉知院再不敢多说，告别殿下，带着官军悻悻打马回营。

突麻托麻皇子领着萧惟昌三人，以及众多邀请来的文友，进入胆巴寺，朝拜胆巴圣师法像后观看《胆巴碑》和诗书画展品。皇子殿下用漂亮的赵体书写序言道：

胆巴圣师在元世祖十七年，与同门师兄巴思八一起来到中国。受圣师绰理哲哇传承秘密大法，继游西天竺国，遍参高僧，受经律论，深入法海，博采道要，显密两融，空实兼照。武宗皇帝、皇伯晋王及仁宗皇帝、太皇太后皆从胆巴圣师受戒，尊为帝师。诸王将相贵人，对圣师执弟子之礼。大漠草原、西蕃上师到中国不绝，操行谨严具智慧神通，无如圣师者。

圣师遍植菩提树，广布福德经，归依者众，皆获善果。成宗大德七年（1303），圣师在上都（也称上京）弥陀院涅槃，现五色宝光，获舍利无数。仁宗皇帝即位元年（1312），赐谥胆巴圣师为大觉普慈广照无上帝师，立《胆巴碑》于寺内，供佛子信徒瞻仰朝觐。

展出的碑帖有《胆巴碑》《吴兴赋》《前后赤壁赋》《闲居赋》《光福重建塔记》《湖州妙严寺记》，画作有描画山东济南的《鹊华秋色图》，配诗有《耕织图二十四首奉懿旨撰》，诗作有《岳鄂王墓》《纪旧游》，均是赵孟頫真迹。

观赏的文友，纷纷赞扬皇子殿下收集众多珍贵的诗书画，让安达细细揣摩，功德无量。赞美魏国公的诗赋文章、书法绘画、篆刻印章，均是浑然天成。

突麻托麻皇子指着《吴兴赋》道："魏国公二十出头时，写成拔萃超群的赋文，字里行间，跃出对家乡的赤诚热爱，文笔流畅，一气呵成，百读不厌。中年时，用行书写此赋，笔法圆转秀美，柔中见动。如花舞风中，云涌眼底，仪凤冲霄，祥云捧月。

"山川秀丽，人杰地灵，物产富饶，文士众多的吴兴郡（今浙江省湖州市），令人羡慕。我真盼望有一天到浙东的吴兴游历，观赏'涂泥膏腴，亩钟之田''长鱼如人，喷浪生风''杨梅枣栗，栌梨木瓜，橘柚夏孕，枇杷冬华''桑麻如云，郁郁纷纷，嘉蔬含液，不蓄长新'的吴兴乡土风物。"

袁彬道："皇子兴浓，还应看看'其南则伏虎之山、金盖之麓，浮屠标其颠，兰若栖其足，鼓钟相闻，飞甍华屋'。"

萧惟昌道："伏虎、金盖两山，是吴兴的名山，风光如画，山顶建有九层宝塔，下有万寿寺，众多高僧参佛讲禅。香烛缭绕，梵音悦耳，朝佛众生，求平安吉祥，值得观赏。"

皇子道："两位安达说得对，吴兴是座山明水绕的古城。夏朝的

'神禹之所以底定'，在这片沃土开拓疆域。周朝的'泰伯之所以奄宅'，在这鱼米之乡立国居住。物华天宝，几千年后，出了魏国公这样优秀的文士，令人向往。"

说到自己与中华文化结缘，是舅父也先太师力主，送他到大明北京国子监就读两年汉文。休假之日，到冀北长城居庸关，冀中的正定府、保定府观光；到长江北面的扬州、镇江府，长江南面的南京游历，所以略知中华文明。

皇子的谦逊，让文友感动，祝他吴兴之行早日实现。突麻托麻皇子道："吴兴之行，定会抓紧南行。"然后与文友一起观赏寺中书画。

找了点滴空隙时间，楚莽佳悄声问袁彬："突麻托麻皇子，会不会是也先太师潜伏帝都的奸细？"袁彬答道："皇子不是这种人选。也先只是想通过此招，麻痹年轻的英宗皇帝，相信残元势力归顺大明。皇帝信以为真，封敕也先为宁顺王，套住这匹难以驯服的悍马。其实宁顺王，不宁也不顺。他举办的跳神活动，已撕破伪装的嘴脸。"

萧惟昌、楚莽佳齐道："袁大哥说得对。"

三人继续随队观看，展出的皇子习赵体的书法、绘画、诗作，文友同样称赞。

转到西厅的禅房，见到几位穿着汉人衣服的长者，在细心修补残缺的古帖、书画。穿过佛寺后面林木遮掩的小园，有几位汉人蒙古人青年石匠，在师父的指点下，细心把诗文刻在石上，作永久保存。

入夜，萧惟昌、袁彬，采用赵孟頫所题的《耕织图二十四首奉懿旨撰》，分作《耕》与《织》，各12首，共1080字，用行书精心书写。楚莽佳在一旁剪烛芯、磨墨、牵纸，说回家后学习书法。

上半夜，诗章写成，两人觉得满意。天亮，呈送给突麻托麻皇子，他细读细赏后，高兴地说："书写明快清晰，已得魏国公真谛。"两人回答："仅是学到皮毛，比不上殿下精通魏国公的书画诗文。"

也有文友向皇子奉上自己的诗文集、书法集、古人书法拓片、手抄古诗词，他都认真观赏，说定会好好珍藏。

吃完早饭，萧惟昌三人告别皇子，他命侍卫百夫长送上润笔费白银五两，饮用水和食品，发回他签名的邀请函、通关文牒。作别时说："本应留三位文友在草原游玩，作诗论诗。因昨天发生不愉快之事，安达提早回大同，我也不挽留。三年后，再来胆巴寺相会。"

萧惟昌答谢说："到时再来拜见皇子殿下，请教诗书，参拜寺中佛祖胆巴圣师，赐福弟子，早日科举考试及第。"

闲闷了一天的楚莽佳，一路上话也多了，问袁彬道："大军爷，阿拉知院会不会在出关隘口拦截我们啊？"

袁彬道："应该不会。他在胆巴寺与我们相斗，皇子殿下斥责了他，已经输了。如果他敢阻止出关，我和萧贤弟可擒住他，拿出皇子的出关文牒，押他出关，待守关的瓦剌军官弄清事实真相时，派兵追赶，我们已回到大明关隘了。"

楚莽佳又问，两位军爷不战而折服敌人，令阿拉知院丢尽颜面，是怎样想出此良策？萧惟昌没作答，袁彬道："萧贤弟信手拈来施巧计，妙处可悟不可言。"楚莽佳道："不告诉我也能琢磨出来。"萧惟昌道："这是险中求胜，也没什么可说的。"楚莽佳又问："赵孟頫是汉人书画家，为什么元朝皇帝封他为魏国公？"

袁彬道："说来话长。赵孟頫，字子昂，号松雪道人，浙江湖州吴兴郡人，宋太祖赵匡胤十一代孙、秦王赵德芳的后人，十四五岁时，以父荫补官。宋亡后，居家自学。元世祖忽必烈时，入朝为显官。变节仕元行为，被宋朝遗民所不齿，使他感到痛苦，诗作中有表露，颇为感人，在《罪出》诗中道：'昔为水上鸥，今如笼中鸟。哀鸣谁复顾，毛羽日摧槁。'人生变化大起大落，他道出原因：'向非亲友赠，蔬食常不饱。病妻抱弱子，远去万里道。'面对被亲友耻笑，他深深自责，'恸哭悲风来，如何诉穹昊'。"

楚莽佳听后，笑道："如何向苍天哭诉？不如向眼前两位军爷诉。你俩学习《胆巴碑》书帖形神兼备，利用他的书法作掩护，躲过瓦剌人的追杀，告知这位书法大家，让他心中得到安宁。"

萧惟昌道："楚郎中说得对。元朝、明朝的读书人学习书法，都以赵体书法为楷模，是应该让松雪道人知道的。他的诗文书画成就，同样是留给后人的宝贵遗产，苍天有知，黎民有知。"

楚莽佳听了，双手合十，作佛偈道：

> 挥笔退强敌，自古少见之。
>
> 横如铁棍扫，撇似弓放矢。
>
> 莲台花盛开，菩萨荫居士。
>
> 南无阿弥陀，胆巴帝圣师。

她又问道："皇子殿下知不知道我们的真实身份？"

袁彬也学她作佛偈道：

> 知之为知之，不知为不知。
>
> 大千世上事，佛祖心自知。
>
> 传布于十方，下及未来世。
>
> 云冈朝释迦，慧心领悟时。

萧惟昌道："袁彬大哥说得对，我们先回大同，有话再细说。"

赶到大同镇，三人拜见郭登将军，得知来意，郭将军笑道："你们把查获奸人的大功送我，老夫何乐而不为。密报紫荆关韩青将军之事，我立即派人办理。在大同查找奸人，多派出眼线是易事，水中捞针最难。但有个地方不能放过，外地官员、商贾以及暴富之人，最喜欢的去处——醉乐楼。一楼是雅座，二楼是花厅，皆有歌姬陪饮陪喝。若是内奸入蒙古报信，得了赏金回紫荆关、京城，路过大同，是不会错过到醉乐楼享受的。"

楚莽佳得意地说："我们在赛汗塔拉草原刺探敌情，被阿拉知院跟踪，幸得两位军爷胆大过人，设巧计避险，安全回到大同。现在反过来搜查瓦剌奸细，一报还一报。"

郭登将军听出楚郎中的弦外之音，诧异地问道："你们三人在草原暴露行踪，是如何摆脱敌军的？"

楚莽佳答道："不用刀，不用枪，是用毛锥扫倒敌人。"于是一五一十说出脱险经过。

郭登赞扬萧惟昌、袁彬急中生智，更难得的是镇定自若的心态以及楚莽佳配合默契。

郭登将军离开议事厅，安排向韩青将军报信及查奸人事宜去了。萧惟昌几人留下，商量如何捉拿奸贼。萧惟昌提出查找的线索，若是内奸，最有可能是与伐木有关的人员。于是将掌握伐木大权的部堂、工部侍郎黄尘扬、他的随员黄谋臣乱砍滥伐的不当表现，告知袁彬、楚莽佳。两人觉得有理，于是一起来到醉乐楼。

这是一幢豪华堂皇的酒家，室内的座椅与柜台全是酸枝木制作，古色古香。袁彬要了间雅房，可窥大厅人来人往。三人就座，店伙计送上香茶食品。细品慢尝，打量进出人群，没有发现可疑的人。到了午夜，打道回府。

第二天，萧惟昌三人再来酒店饮酒品茶，侦察异情，终于有了收获。夜幕中见到进来三人，两人身材高大，胡子拉碴，像是蒙古人，跟在他们身后的是一位身材矮小者，俯首上楼。萧惟昌细语告知同伴，那矮个子好像黄谋臣。他后颈部有一颗红色胎斑。来大同有何公干？

为何与蒙古人一起贪杯寻乐?

听萧大哥这么一说,楚莽佳来劲了,丢下一句话,"在此接应我",便走上楼了。楼上已有众多买春客,闹哄哄的。她闪进一间房门不关,里面无人的歌女房中,脱下身上的男装,包好藏在床底,拿来房中的紫袄绿裳穿上,在梳妆台上找到胭脂香粉,点唇抹脸。她本是个亮丽的女孩,再经打扮,自是婀娜动人,风情万种。

走出房外的走廊,见到几位女孩在招呼客人,楚莽佳也学着她们的样子,卖弄风骚,从这个房间到那个房间,搜寻猎物。别的客人呼唤,装作走错房间,急急离去。查到天字一号房中,才见到那三人,娇声弄情道:"不知几位大爷到来,小女子有失远迎。"此时又有两位女孩走进房来,一起讨好这三个男人。

那小个子男人,招呼楚莽佳坐在自己身旁,夸她如春花一样。酒保送上房中贵客点的丰盛菜肴,有蒙民喜吃的牛羊肉,有汉人爱好的猪肉鲜鱼,酒是山西名产杏花村。几杯下肚,小个子男人有点迷糊,话少手多。楚莽佳趁着敬酒之机,装作不小心把酒洒在他的衣领上,然后抽出一块香喷喷的手绢,为他擦拭,掀起衣领,见到后颈上有块红斑,果然是黄谋臣其人。

人虽对号,物证未找到,楚莽佳不放手。又频频劝酒,一杯福,二杯禄,三杯抱得美人归大屋。喜得黄谋臣连饮三杯,从口袋中掏出一锭银子,赏给楚莽佳。酒席中的两位女孩,也学着楚莽佳的样子,向胡子拉碴的客人劝酒,以讨赏钱,得了银子,扶着两人各自回房。两位男客边走边用蒙古语说,大同的妞,是胭脂花。

黄谋臣站起回房间,脱衣时不经意跌出一封蒙文书函,楚莽佳俯身拾起,放入醉客衣袋,其实已运用乾坤大挪移的手法藏入自己的袖笼。待醉客睡下之际,悄悄窥看信函,是瓦剌太师也先给黄大人的,一时弄不清这位黄大人是黄谋臣还是黄尘扬,正欲下楼知会两位军爷时，那床上的黄大人发现身旁的俏妞不见了，袋中的信函也失落了，这一惊非同小可，冲出房外，大喊捉贼。

瞬间，从楼下冲上几个持刀的酒保，拦住楚莽佳的去路，那两位蒙古酒客也持刀从房中冲出，在背后杀来。楚莽佳手上没有利器，东躲西闪，陷入窘境。

楼上亮刀，楼下的一众店伙计操枪，杀向萧、袁两人。袁彬呼叫，这是黑店。萧惟昌应声，先助楚郎中脱险，再擒奸人。两人跃上楼上，萧惟昌在前杀退酒保，袁彬在后拦住蒙古人。楚莽佳乘机从酒保手中夺过一柄利刀，架在黄谋臣颈上。

就在此刻，楼下十多名酒保冲上楼来救援。厮杀中，吓得楼上、楼下的食客惶恐逃避，乱成一锅滚粥似的。凶恶的贼人，声东击西，杀向一众食客。萧惟昌、袁彬忙着保护民众，砍杀贼人。乱战中，冲来一队官军，协助两位军爷和楚莽佳，把一众贼人擒拿。

大门打开，郭登将军走进酒楼，乐呵呵地告知两位校尉和郎中楚姑娘，这酒楼是大同汉人开设，却被瓦剌人抢占控制，专干刺探大明边境军情活动。我已经留意多时，今日端了黑锅，痛快，痛快啊！

楚莽佳把获得的黄谋臣信函、两位蒙古瓦剌军人的腰牌，一起呈给郭登将军。这时一位大同镇的军官，扶着一位衣服破烂、头发蓬乱的汉子走来，他跪在郭登将军面前，感谢救命之恩，郭登扶起他。又上来多名军佐，他们多次到酒楼执行军务，认得此人是大同人，原来的楼主胡士民。

众人散去，郭登将军打开信函，几人看到信的一面文字，是奖黄金百两；背后一面是一把大斧砍在木头上，收信者黄大人。虽是蒙古文，四人皆看得明白。人证、物证皆获，黄大人是谁不难弄清。经审讯，黄谋臣承认自己是信中所指的黄大人。那两名蒙古百夫长，也如此说。郭登、萧惟昌、袁彬皆不相信。再讯问，黄谋臣缄口不语。郭登道："押他们回锦衣卫，让指挥使王振大人弄个水落石出。"

回到镇衙后，郭登将军写了一道奏报，将萧惟昌、袁彬抓获内奸黄谋臣、外谍瓦剌两位百夫长的经过及奸人罪证，详情上报兵部和锦衣卫。又对萧惟昌、袁彬道明，破了瓦剌的间谍网，也先太师不敢侵犯紫荆关，放心回京复命。说没为楚姑娘申功，是想留她在大同，为军旅和民众疗伤治病，再为她颁奖。

楚莽佳答道："谢郭将军的好意，小女子心领。我父亲在土木堡，自是回到他身边。若我父亲同意我来大同，自然会来的。"说完，深情地望着萧惟昌。萧惟昌仅是微微一笑，算是支持楚莽佳的说法。

郭登赞道："好个嘴甜的女郎中楚姑娘，什么时候与你萧哥哥校尉、袁哥哥校尉来大同，我都欢迎。"

第八章

云冈佛窟北魏开 相爷诗章孟頫书

郭登离开后，楚莽佳高声道："我没征求两位军爷的意见，收下郭将军的银子，是事前袁军爷已授意——'云冈朝释迦，慧心领悟时。'一起看佛像，品大同美食，不亦乐乎？"

两位军爷道："郎中姑娘安排得好。"

萧惟昌、袁彬换上儒生衣帽，楚莽佳穿着女装。出了衙门，雇上马车，轻驰而去。半个多时辰，到了云冈山（也称武周山）北崖，沿着山边望去，是一排排的窟洞，珍贵的雕塑佛像藏在窟中。

萧惟昌道："两年前，我初到大同，郭登将军命他的斥侯百夫长陪我入塞外草原，察看民风敌情，也在大同城内外游转，寻找哪山哪水易于布阵御敌卫土，哪广衢哪宽巷伏兵杀贼护民；探寻有否内奸外谍设暗道，偷入境。曾听城中长者有言，城外有秘道私通城内，方便煤炭偷运入城，骗过关卡厘税。一时查不到洞口，请斥侯百夫长日后再查。

"当时也粗看石窟，略知一二。佛窟有 50 多个，造像三四万尊，费时三四十年。最早为擅长开窟雕佛的高僧昙曜大师开凿。据《魏书·释老志》记载，释师昙曜在北魏王朝文成帝和平初年，奏请崇佛的文成帝，在云冈开凿 5 窟，以道武、明元、太武、景穆（南安王）、文成 5 位皇帝为楷模造像，造大佛 5 尊。得到皇帝的恩准，也得到足够的人力、财力。

"昙曜禅师亲自规划、周密布局，带领一批石工技匠，不辞劳苦开窟雕像。三年辛劳，凿出五窟五佛，史称'昙曜五窟'，是众多石窟造像的精品。"说到此，萧惟昌停下话头。

楚莽佳道："我们就从'昙曜五窟'看起。"

从一窟看到五窟，每窟多在四五丈高，有的甚至达到六丈。窟门开阔，内藏披袈裟的释迦立像或坐像。那盘腿而坐、笑口常开的弥勒佛像，窟小像大，显得气势逼人。也有露天的造像，正中坐着大佛，易于观赏者前后细看。

五尊大佛，造型宏伟，技术娴熟，风格古朴，面目清秀，仁爱慈祥。移步前行，各窟的佛像，同样精美，引人入胜。

有的石窟顶部凿成穹庐，形似游牧民族的蒙古包，里面坐着大佛，外壁饰满大小不等的百佛千佛。

有的石窟，分为前后两室，后室立着五丈多高的释迦牟尼像，外室石壁侧旁有造型多姿的佛龛，呈现多种不同风格。可见两佛在菩提树下对坐，讲经说法，听得线条轻柔的浮雕飞天，如痴如醉，静中见动，虚实相顾，兴趣盎然。

也有的石窟，大佛、小佛并存，小的不盈尺，大的高昂耸立，神态各异。拥来穿着不同佛衣的高僧、沙弥朝拜。又见众多的汉族、胡族男女艺人，吹着笙簧、弹着琵琶，前来贺佛诞，求释经，仙乐袅袅，绕壁飘逸。

高超的雕刻造型艺术水准，展现琳琅满目的奇伟佛教艺术精华，引来游人观赏，肃穆礼佛。

袁彬道："我虽然来过大同，但来也匆匆，去也匆匆。现有机会观赏云冈石窟，气势磅礴而又精工细刻的佛像，令我不知如何表达激动的心情，就借《水经注》中的话说，'凿石开山，因岩结构，真容巨壮，世法所希。山堂水殿，烟寺相望，林渊锦镜，缀目所眺'。"

楚莽佳道："军爷了解得多，我甘拜下风。令我想不到的是，北魏王朝鲜卑族人留下如此辉煌的石窟众佛。"

此话如响鼓震动萧惟昌的心弦，道："晋北大同，曾经多个朝代为北方胡族所据。春秋时为北狄所居。汉初匈奴军事力量伸展到大同，出现汉高祖刘邦在平城被困，可知大同为塞外胡族看重，是战略要地。"

袁彬接着道："三国晋朝时，漠北的鲜卑族拓跋氏兴起，建立北魏王国，学习中华文化、农耕技术，发展生产，推行胡人汉化，国力强大，以大同为都城，长达 90 多年。经历道武、明元、太武、献文、孝文六个王朝，都城的人口发展到近 100 万人，建成宏大的宫殿、苑囿、城垣、佛寺、陵园，特别是建造举世闻名的云冈石窟，雕塑众多的佛像。

"辽金两朝，大同作为陪都，长达 200 年，由于皇帝崇佛，建有规模宏大的华严寺、善化寺，众多奇巧的宝塔。

"待到明初洪武三年（1370），副将常遇春率军攻占大同。洪武五年（1372），大将军徐达任大同总兵官，开始在辽金原有城垣的基础上修建新的大同城，周长 26 里，城高 4.2 丈。为防卫中国北部游牧民族的侵扰，驻军占大明全国军队十二分之一，可见皇帝要牢牢握住北方重镇大同。"

萧惟昌道："北方的胡族，他们的帝君，也有作为者。他们的高官，也会通过外商，以皮毛、干肉，换取军用的羽箭、刀枪原料。

"元朝胡族人礼部尚书马祖常，作有《河湟书事》七绝，云：'波斯老贾渡流沙，夜听驼铃识路赊（路赊，指路途遥远）。采玉河边青石子，收来东国易桑麻。'波斯人到中原做生意，路过蒙古边境和大同，也会和胡人交易的。

"胡人的文化风俗，同样有可取之处。胡服骑射，早为我们先人所用，以子之矛破子之盾。蒙古人的'那达慕'运动会，我们也可效仿，训练我们的军队。云冈石窟是胡族黎民百姓留下的历史文化鸿篇，长歌高唱。"

听得楚莽佳大为高兴，两位军爷的话，都看重她这位胡族女郎中。

边看石窟，边谈笑风生。不到半个时辰，到了云冈大街，说它大，确有十丈宽。街上来往的有汉人，也有胡人。酒肆、饭馆、面店也多。三人走到一家较大的食坊，见到外墙上绘着硕大的双耳铜火锅。

楚莽佳道："何故不扬酒旗，不飘食帘，画个大铜锅，是铜锅烧出的食品可口？"

迎客的小二哥道："客官说得对。铜火锅是大同镇关、附近各地民众喜欢的餐具，纯铜片敲打，精细制作，内层平滑光洁，防锈防腐，食物隔夜也不会变馊。本食坊设有大大小小不同的铜火锅美食，煲羊肉、炖牛腩、烧猪手，皆是招牌食品。客官请先入座品茶，再选铜火锅美食。"

食坊内墙的木架摆着数十个大大小小的铜火锅，大的可煮十多人的饭食，小的如拳头，可作陈设观赏之用，均闪着淡淡的金色光泽。

墙壁嵌着一块白色的云冈石板，雕刻着"大同铜火锅"五个大字，每字约五尺，力气刚健，可穿墙破壁。题书者署名邑人傅光书于武宗元年初冬。

萧惟昌、袁彬见字，齐道："好遒劲的书法。"

小二哥道："客官看来是饱读诗文的书家。傅光前贤是我们大同人，入寺当过僧人，后还俗，练得一手好字，会作画。靠墙上这五个大字，后来当上元朝的大官，光耀乡里。"

听得食坊内外地来的食客张大了嘴，露出不相信的神色。

袁彬道："小二哥说的是事实。元朝著名的书画家、翰林学士承旨赵孟頫大人，路过大同，进入这间火锅食坊，吃饭歇脚，两盏落肚，瞧见傅光先贤在墙上写的'大同铜火锅'五个大字，凝视良久，发出慨叹'当世书法无过我者，而此书，乃过我'。回到京师大都之后，即向朝廷推荐傅光。傅光被皇帝封为昭文馆大学士，为内宫书写匾额书联。"

话刚落音，本地食客纷纷拍手呼好，外地食客似信非信。这时，店主走过来道："客官应是从京师而来，看来亦是熟习诗书的高手。很久没听人提及前朝书画名家魏国公翰林赵孟頫大人推荐为本食坊书写'大同铜火锅'者入朝为官的故事。我和众多食客一起听到，作为食坊的主人怎能不高兴？相送三位客官铜火锅羊肉、火锅牛腩、火锅山鸡各一锅，外加杏花酒一瓶，白面包、大米饭管吃。"引得全坊食客鼓掌相贺。纷纷走近壁前，细观"大同铜火锅"五个大字，赞字豪气，说赵孟頫是伯乐。

袁彬待众人回位坐好，道："多谢坊主的厚意，我们三人确是从京师来，就按坊主所点的菜肴上菜，我们吃后，照价付钱。"又是一阵赞美之声。

铜火锅炖出的鲜肉、烧出的鲜鸡，配上香菜、时蔬、陈醋、辣椒、香料，确是回味无穷，舌齿留香。

三人步出食坊，来到一处街口，见到几档古玩摊。较多的是石碑铭文拓片、古铜钱、瓦当、完好或残缺的陶碗瓷碟，也有书画。有游客和儒生在观看，买到物品者满意而去，收到钱银的档主拱手送客。

萧、袁两位军爷细看，摆出的书画多为赝品。

正欲离去，忽见一位穿着破旧儒生衣服的长者，带着一卷安徽宣纸书写的中堂到古玩摊求售。档主展书卷，三人看到是一首名为《阴山》的七言律诗：

八月阴山雪满沙，清光凝目眩生花。

插天绝壁喷晴月，擎海层峦吸翠霞。

松桧丛中疏畎亩，藤萝深处有人家。

横空千里雄西域，江左名山不足夸。

落款是耶律楚材相爷诗，后学赵孟頫书于大元仁宗元年仲春。下方有他的印章，前上方有角印。

见到这幅中堂，三人眼中发光。

萧惟昌回忆起在土木堡军营，叔公萧从道设宴答谢医治好他旧疾的楚敬先大夫父女时，自己与袁大哥也在座相伴，叔公说到他随永乐皇上远征大漠，在阴山见到此首为胡族牧民喜爱的律诗。想不到此诗由著名的书法家书写，流传于民间，大感意外。

听到老儒生开价是 10 两银子。档主看了好一会儿，或是想压价，说字迹笔法无力，挑勾粗野，不是真品，只值 10 吊钱。

老儒生一脸怒气，面红耳赤，又到别的档求售。档主给的价钱和评价，与刚才的档主说的一样，他们好像串通一气压价似的。

白眉白胡的落魄儒生，对不识货的档主极为气愤，走到路边一棵花盛叶茂的栗子树旁，放声长叹："这幅从'金匮石室'流出的魏国公真迹，不肯出价收购也罢了，何必贬低赵翰林前辈，可气可恼。若不是老妻胸痛气喘，需钱买药；儿子入京城参加乡试，急需盘资，就不会丢尽老脸出售魏国公的真品。"

心地善良的楚莽佳，见老儒生脸色气得发青，苦泪长流，沿着白须滴下，生怕老人气极晕倒摔伤，即掏出 10 两银子，还有一瓶药丸，放在老儒生手中。然后道："我是郎中，扶伤救危是应尽的职责。这银子，老先生可解燃眉之急，药丸可治老夫人的病，服下会见效。"还添上一句，"祝令公子今科登上龙虎榜"。

袁彬道："老先生，收藏好这幅中堂，书法确是魏国公的真迹。"

萧惟昌也道："我兄长说得对，别听那古玩档主胡说乱道。"

三人走出数十步，老儒生从后面气喘吁吁赶来，对楚莽佳道："难得郎中这样好心，我今天遇上三位贵人。你给了我出售中堂的价钱，又给我治病救人的良药，请收下这幅中堂。"

楚莽佳不肯要这幅中堂，劝他别拿来换钱，并安慰他道："您儿子今科考上举人，出仕后就会渐渐改变困境。魏国公的真迹难得，好好珍藏。"

老儒生道："看得出三位是书深墨黑之人，斯文人敬斯文人。君子爱财，取之有道。你不要我的中堂，我能无缘无故要三位的银子和药丸？"

楚莽佳仍是不肯接受。

正在此时，那几位出价10吊钱的古玩档主赶来了。这位出12两银子，那位出13两银子，高的出到15两银子，你争我夺，要这幅中堂。

老儒生怒斥道："狗眼看人，钱眼骗人。给我100两银子，也不卖给不识魏国公真迹的人。"再次把此幅中堂放在女郎中手上。

那几位古玩档主上前争夺，看到萧、袁二人气宇轩昂，又见女郎中出手大方，送药赠银，也不敢硬抢。

袁彬道："不得争抢，愿买愿卖。我们是大同镇关郭登将军的属下校尉，谁难为老先生，将军不会轻饶。"档主听到此说，心怯手缩，退回摊档。

楚莽佳见推辞不了，收下中堂。道："我们定会好好收藏。"

老儒生作别三人，像个老顽童似的，边走边唱："君子爱财，取之有道。取之乎？藏之哉！取之乎？藏之哉！"

楚莽佳捧着中堂书卷，问道："两位军爷，'金匮石室'是何方神圣？藏在那里的物品，身价不凡？"

袁彬道："说得正是。金匮，是铜皮包裹的樟木大箱。石室，是采用砖石砌墙，架构无梁柱的殿堂，可防御火灾和虫蚁的侵袭，放置皇家的表章、奏折、皇帝的朱批档案以及珍贵的文物书画。它的出现，最初在汉代。《汉书·高祖纪》有载，'高祖与功臣削符作誓，丹书铁券，金匮石室藏之宗庙（明朝后期，皇帝把金匮石室改为皇史宬，是国家的档案馆）'。"

听此说，楚莽佳又问道："这卷中堂真的是从'金匮石室'流出来的？"

袁彬道："是不是'金匮石室'流出的，已经不重要，重要的是魏国公的手迹。郎中姑娘一片善心，是该得此真迹的。赵孟頫前贤书写《阴山》诗，是对你的先祖耶律相爷的崇敬。把此中堂带回给你父亲，也是我们对楚大夫父女在土木堡治好大军爷萧从道将军，在御营官兵训练时治好众多受伤军佐的回报。"

楚莽佳道："这样说来，我就代表父亲收下这幅书写先祖的墨迹。"随后问道："袁大哥，你对魏国公知之极多，能不能说说大同铜火锅的故事？"

袁彬道："好啊。这就得从我的荆妻程新篁说起。新篁，就是新竹枝的意思。是她爱竹故而取此名。她的父亲程之丹，是我们县里的画师，是我父亲袁忠的至交，我与新篁自小相识，青梅竹马。她随父亲画竹，家中的空地栽满各种竹子。嫁到我家，不要嫁妆，只求后院栽上多种竹子。荆妻种竹、赏竹、画竹，喜欢购置元朝著名女书画家管道昇的写生画竹本本，照着临摹，继而大胆发挥，新竹、嫩竹、老竹、傍石竹、竹扎石、风摇竹、雨打竹，画了一本又一本的竹子。从画竹，渐渐爱上管道昇所写的笔记、随笔，对她的家庭生活也留意。管道昇是赵孟頫的夫人，喜欢习丈夫的多体书法，学得形神俱似。受到元朝皇帝的赏识，命她书写多体《千字文》，藏于秘书监。

"古玩档主把魏国公的真迹，误作管道昇的书法，不愿出高价买下老儒生的中堂，是他们看走了眼。待他们确信是魏国公的笔墨时，愿出高价收购。那位个性鲜明的老儒生，偏偏不卖给他们。欲强行抢购，又被我们镇住。

"赵孟頫是靠高官推荐入朝为大官。他把大同人著名书画家推荐给朝廷，也就顺理成章。这则故事，我是从管道昇的笔记中看到。其实，赵孟頫推荐书画家、诗赋家给朝廷，不下三四十人，为这帮生活艰辛的文人找到一条出路，发挥他们的才华，也是件功德无量之事。这里面也有他夫人的推动。

"晚年的管道昇，规劝丈夫弃官回家，专心习书画、作诗文。写下一首小令，有句说，'浮名浮利不自由。争得似，一扁舟。弄月吟风归去休'。仁宗四年（1317），管道昇先回乡，被皇上恩赐为'魏国夫人'，她的书画友人称她为管夫人。两年后，赵孟頫口吟'今日非昨日，荏苒叹流光'，辞官回到江南老家。其子赵雍亦擅长书法，家学不坠。"

此时过来一支迎亲的队伍，唢呐吹着快乐的曲子，引来众多街坊聚集观看。

走在前头是两位穿着黄衣紫裤，红布包头的壮汉，举着上书"举人娶亲"的大牌子，新郎骑在棕色的骏马上，一脸春风，应了"书中自有颜如玉"的古训。身后是一顶四人抬的大红花轿，跟着一队花团锦簇、穿红着绿的送嫁女孩。看那排场，新郎是富有之人。

萧惟昌心想，轿中的新娘应是大同镇丽人，郎才女貌，自是好事一桩。但她如何娇美、知书达礼，也难比楚莽佳郎中。她心地善良，爽朗大方，相貌姣好，是治病救人的女神。懂蒙古语，通书诗，会武功，是百里挑一的好姑娘。

迎亲的队伍远去，萧惟昌才从消失的唢呐声中回过神来。

停了片刻，楚莽佳道："此次草原之行有惊无险，见到学到一生以来从未想到的知识，确是慧心领悟。多谢两位军爷的关心呵护。"右手放在胸前，行蒙古族大礼。

然后，看着萧惟昌道："袁军爷的夫人是画家，萧军爷的夫人也是书香之家的闺秀、碧玉？"

萧惟昌道："荆妻是家乡吴川县学教谕的女儿，自小随父读书习字，新春除夕，常代父亲为乡人书写对联年红。我入京服役，家中父母年迈，孩子幼小，她留家料理家事，也会带孩子到外祖父家读书学字。"

听得楚莽佳"啊"了一声，脸上露出红霞。

两位军爷装作没看见。

第九章

宣扬郑和建大业　司礼王振掌朝纲

　　萧惟昌、袁彬回到北京锦衣卫交令。

　　锦衣卫指挥使大太监王振，已阅览了大同镇郭登将军呈上的奏报，得知萧惟昌、袁彬两位校尉擒获内外勾结的恶贼黄谋臣等人，挫败也先偷袭紫荆关的阴谋，战祸消散，民众乐业，自己得到皇帝的褒奖，能不高兴？

　　王振大人曾经多次派出探马，搜集瓦剌也先侵犯大明边境的情报，均是无功而返，甚至损兵折将，令他怒气，恼也没用，斥责一番，自伤气血。想不到这两位初出茅庐的小子，能干出随他多年的高手也干不出的大事来。

　　这两位年岁不大的校尉，有武功，也有文才，入库之后，又考取贡生。王振大人也是秀才出身，做过学官，一度在科场拼搏，多次科考，功亏一篑。其实，也是靠科举功名之路，才有资格入宫教授太监、宫女识字习文，一步步走向人生的辉煌。想到此，对萧惟昌、袁彬产生了好感：壮士赠以宝剑，骏马配上金鞍。即命马顺通知两人前来相见。

　　进入锦衣卫王振指挥使的官厅，萧惟昌、袁彬齐齐跪拜王振大人。王振一手捧着茶杯，细细品茗，一边挥手让跪者站起。

萧惟昌打量眼前的锦衣卫指挥使、司礼太监，身材不高，体形偏瘦，双眼细眯。如脱下花团锦簇的官服，跟市井的买卖人一样。想不到这其貌不扬者，竟让朝中的大臣公卿，心惊胆战，睡不好觉。厅堂的摆设，没有珠光宝气。引人注目的是正厅的墙壁上，嵌着大幅玻璃镜框的水墨画。在汹涌的波涛、浪拍蓝天的茫茫大海上，是一艘张着12根桅杆扬帆的大木船，在劈波斩浪前行，甲板上坐着一位大官，众多文武大员众星捧月，站立在他身旁。画上有醒目的文字：内侍大臣郑和下西洋图。

萧惟昌心里不明白，长在山西晋北黄土高坡的王振大人，何以喜欢大海、喜欢波浪、喜欢大船？慢慢理解了，郑和不就是原来的太监马三保，后由永乐皇帝赐姓为郑，皇上赐姓，为国姓，无上光荣，从此称郑和。

郑和，云南昆阳（今晋宁县）人，生于太祖洪武四年（1371），回族，祖父和父亲信仰伊斯兰教，11岁净身，投入北京燕王朱棣府中当太监，在燕王"靖难"军事行动中立下大功，深得燕王器重。永乐元年（1403），任内宫监太监，是内宫最高的官职。永乐三年（1405）奉圣谕下西洋，功高名扬。同样作为太监的王振王大人，脸面上自然生光，太监也能干大事，甚至是惊天动地的大事。

见两位年轻的校尉盯着墙上的巨画，王振高兴，欣赏郑和，不就是景仰自己？于是问两人知不知道郑和航海的故事。

郑和下西洋，是永乐朝、宣德朝的大事。首航始于永乐三年，末次航行结束于宣德八年（1433），七次航行，历时28年，使团的正使由郑和担任，船队航行至婆罗洲以西的洋面，因而称"郑和下西洋"，民众俗说是"三保太监下西洋"。

宣德八年到正统英宗五年（1440），不过七年的时间，郑和七次下西洋，仍是官民热议的话题，两人自然知道。

生长在内陆江西的袁彬，远不如生长在南海之滨的萧惟昌，对大海、对海上航船、对风险涛恶知道得更多。

萧惟昌从爱大海的无边无际，托起众多的大船航行，到多次随渔民出海捕鱼、观海上日出，眺望海边日落，到喜欢听郑和下西洋的故事，读跟随郑和下西洋官员著的作品，马欢写的《瀛涯胜览》、费信著的《星槎胜览》、巩珍撰的《西洋番国志》，船队的万里壮行，郑和的敢于担当，海外奇珍异宝的多彩、船舶遇险惊心动魄的见闻、番族特有的民俗风情，令他读得津津有味，故大胆放声回答。

在七次下西洋的航行中，均是郑和大人率队。从南京出发，在江苏太仓县刘家港集结，至福建长乐县太平港驻泊，伺风起航。远航至西太平洋和印度洋，拜访30多个国家和小邦，包括占城、爪哇、苏门答腊、苏禄、彭亨、真腊、古里、暹罗、榜葛剌、阿丹、天方、祖法儿、忽鲁谟斯、木骨都束等地，最远抵达东非红海、波斯及阿拉伯。这在巩珍的《西洋番国志》中有记录。

在最后一次远航，回到印度的科泽科德港口，也是郑和大人第一次船队航行的终点海港。长期的航海生活，燃尽了郑和大人的所有精力，像一支巨烛，在浩瀚大海的急风暴雨中，慢慢烧尽熄灭。郑和大人酷爱自己的西洋航行，最后的时刻，留在印度的科泽科德洋面上。从34岁开始远航，至62岁病殁。他的英魂仍在大西洋的波涛上跳荡，他的使命仍在风帆中起航。

萧惟昌的答言，王振大人赞同，并进行补充。他指着墙上的画作，告知两位年轻校尉，郑和大人坐的主船命名为"宝船"，可大了，长44丈4尺，宽18丈，上有12道桅杆风帆，船舵和铁锚都是巨型大物，尤其船锚，须百人才能起动。中船37丈长，宽15丈。船队有大小船只63艘，将兵27870人，装备自卫枪炮羽箭，还携带大量金银、各种物品以及食品、饮用水等。

郑和大人结束第五次领航下西洋，成祖皇帝驾崩。有高官夏原吉（宣宗时任少保、太子少傅、户部尚书），谏请仁宗"罢西洋取宝船"。逆水阻道，难挡舟船破浪前行。至宣德年间，郑和大人又两次受命远航西洋。王振大人这么说，是显示自己亲近成祖、仁宗、宣宗三代帝君。

见部属神色庄严，聆听训话，于是把意思挑明。郑和不是皇亲国戚，不是显赫贵族，出身与本人相同，以自己的聪明努力，睿智机敏，铸造了航海史上的传奇，成就社稷敬仰的人生。天潢贵胄、良辅时贤，在郑和之前有过无数，而郑和只有一个。在郑和之后，会有新的郑和，不是在大海中远航，是在大明辽阔的国土驾辕飞驰。

时任锦衣卫同知的马顺，立即接上道："大人说得对，是执掌国柄之人，掀天揭地。"听得王振大人一脸春色，荡平了脸上丝丝皱纹。

确是，王振大人在正统初年成为司礼太监，已是一人之下，万人之上呼风唤雨的人物。

王振大人言外之意，借内监郑和之功，表自己之志。马顺热捧王振大人，出于太监本分，也出于溜须。萧惟昌、袁彬心照不宣。

郑和是海上航行开拓者，七次下西洋，宣扬大明王朝德威，对番国小邦的友谊，招引他们与大明经商贸易，互相得益。所到之处，厚赐当地的君主，换回无数的宝石奇器、西洋特产。那强大的舰队，巨型的船舶，制作的科学技术，先进的操作航行，足以证实大明盛世，文明繁荣。舰队所到之处，没有战争，没有流血，强而不欺，威而不霸，胸怀远人，以德服人。扬名西洋，震动欧洲。

此后，葡萄牙、西班牙东来和东西洋交通的建立，是在郑和大人开辟的航道上随波完善。

郑和是在许多王朝以来，在国人前辈罗盘引出的航道，风帆掠过的浪迹前行。又引领后发的众多船队，驶向五湖，飞渡四海。一批批的沿海先民，就近到了南洋，带去中国的先进农耕技术、操作熟练的制艺工匠，帮助当地民众促进生产，提高工艺制作水平，共同发展，双方得益。促进番国小邦，亲近和依靠大明王朝，年年进贡，岁岁来朝。

仿效郑和海上航行的王振大人，欲开辟新航线，载入史册，却不会看罗盘，不会观风向，一意孤行，触礁破船，差点把大明帝国颠覆。谁人留芳，谁人遗臭，读者明白。

现在回头再续前说，王振大人要似郑和，还要胜过郑和，心情爽朗，分别任命萧惟昌、袁彬为百夫长，回御营效力。

袁彬已在御营效力一年，常在殿前值勤，对王振大人知之颇多，向萧惟昌道出太监王振的底细。

王振，山西晋北蔚州卜北堡（今河北张家口市蔚县涌泉庄乡）人，其祖父和父亲都是读书人，家道贫寒，仍培育他读书赴考，走科举出仕之路。王振少年时聪明好学，记忆超人，考取秀才，没能考上举人。科举之路走不通，就走太监捷径。当时的内宫太监、宫女，多为目不识丁，自己能读能书，有了品位、等级，易上高阶。

王振在永乐朝获准入禁庭，至宣宗朝，被委执教女官和内监。他待人热情，教习勤奋，由浅入深，孜孜不倦，使被教者易于领会内涵，提高文化知识。当时的掌印太监是刘宁，不识文墨，常找王振代拟上送奏折批文。宣宗阅后，见王振文才过人，对他器重，选入内书堂为局郎，受命侍奉时年四岁的皇太子朱祁镇读书、起居。千种呵护，万种关爱，太子成才，先生有功。教太子功课之余，王振还去文渊阁进修，提高自己，才能深入浅出，使太子学得兴趣深厚，相处亲密。王振的辛劳付出，获得意想不到的收成。春种一粒粟，秋收万颗子。

五年后，宣宗升天，家天下，是以位传子，9岁的太子朱祁镇登上宝座，即英宗皇帝，年号正统。小皇帝君临天下，同样依恋教育和抚养自己的先生。王振以出色的才华、过人的谋略，效力皇帝，令张太皇太后放心。

说到此，袁彬不再说下去。正统五年（1440），萧惟昌已入御营执勤，在皇殿值班，政坛之事，自会明白。

王振以太监身份入宫，迈出了人生成功的一大步，令萧惟昌感慨良多。

太监，徒有男儿之身，没有男儿之实，是一种可悲的人物。点头哈腰，供人使唤。活着没有人生欢乐，没有家庭温暖。死后埋在太监坟场，同样没有家人祭扫，没有后人点香。能成为郑和七下西洋者，寥寥无几，比摘星难。

也有例外。萧惟昌想起家乡吴川县相邻的高州府茂名县，在唐朝出了位名动朝野的大太监高力士。他本是高凉刺史冯宝、三朝护国女英雄冼英冼夫人的后嗣，家庭剧变，被人收养，改姓为高。自小入宫，做事乖巧，左右逢源，深得唐玄宗信赖。"安史之乱"时，对诛灭杨贵妃、杨国忠，立下大功，被封为骠骑大将军，统领内外大事，臣子的奏章，先由他审阅，小事批办，大事也管，权倾朝野。太子尊称他为兄，王公尊称他为翁，驸马尊称他为爷。

作为宦官，躯体不全，被阉被割，心理变态；胸怀狭窄，妒贤嫉能，打击忠良；接受吹捧，贪财卖官。高力士也一样，是一种共性。京师小吏吕玄晤，女儿颇有姿色，送给高力士为妃子。岳翁即被擢升少卿、刺史，子弟皆为官吏，吃上高禄……

但愿王振大人与大太监郑和一样，再写新章，功劳传扬。萧惟昌想错了，王振不是郑和，郑和在大西洋结朋交友扬威大明。王振是冬天蛰伏的白熊，春暖花开苏醒过来，就会张开血盆大口。

正统初年，皇帝幼小，由太皇太后、杨士奇、杨荣、杨溥、英国公张辅、礼部尚书胡濙组成内阁，主持朝政。"三杨"是宣宗朝最有才华、最为皇帝信赖和倚重的大臣。太皇太后是英宗的祖母，是位能人，"中外政事莫不周知"。王振参政，谨慎行事，心惧太皇太后与内阁。

英宗渐渐长大，"三杨"年迈，渐次淡出内阁，或老去、或病卧、或告退。太皇太后体弱多病，无法顾及朝政。新内阁的马愉、曹鼐势轻，王振没放在眼里。正统七年（1442）十月，历经四朝的张太皇太后离开了人间，王振夺权路上的最大障碍就此消散，朝政就由王振这位司礼太监掌管了。

别小看"司礼"这两个字。内阁和六部所呈的奏折，巡抚总督、将军统领的奏报，御史的上疏，先经王振"司礼"审阅，议出意见，再呈皇帝批红画圈，发回内阁、中央六部与督抚执行。自恃是天子的先生，王振跋扈傲慢。面对不顺眼的大臣公侯，鸡毛蒜皮之事，滥刑重治，降职、贬官、入狱、枉杀，弄得朝臣上殿心惊，入夜难眠。阿谀奉承，送上财宝之人，给予高升。把持锦衣卫的干儿子太监马顺，升为锦衣卫指挥使。安插侄子王山、王林为高职，世袭卫事。依附他的大官贵胄多了，称他为"翁父"。

马顺觉得不够，继续吹捧。唐朝的高力士官封骠骑大将军，义父的功劳比他高，皇帝是义父抚养大的，也应当上大将军，文武双全。称翁父不行，要称爷。王振自是得意。

王振恶行之事，朝臣都知。更有一件趣事，令萧惟昌、袁彬捧腹。工部郎中王祐大人，因多年没有升迁，携礼登门拜见王振大人。王振见他一把年纪，下巴剃得清光，问他何以去须。王祐答，爷无须（太监没有胡须和喉结），儿子安敢有。王振大笑，赏其本部侍郎。

王振现时已是大明皇朝的大柱石，志得意满，恣肆挥洒。宫内有一铁牌，捅伤他的五脏六腑。宁可皮肉受苦，不使灵魂受煎。

铁牌，是太祖洪武皇帝立在宫门前，文曰："内臣不得干预政事，预者斩!"告诫子孙，不要让太监揽权和干坏事。

宣宗初年，确是杀死离宫外出干预政事的袁琦、阮巨队几名太监，使宦官不敢放肆涉政。现在的王振大人，不是一般的预政，是手握朝野生杀大权的太监，哪容得铁牌刺入眼中。

祖先的告诫，最易被子孙遗忘。英宗早就觉得太监与宫女一样，用不着提防，放心使用。那铁牌历经太祖、建文、成祖、仁宗、宣宗五朝后，被英宗皇帝砸碎，铁渣回炉。

那砸碎铁牌的锤声，传入在宫中值勤的萧惟昌和袁彬耳中，觉得心里茫茫然。

路障扫除，快马疾飞。王振大人的权力，顶天立地，视大臣如奴仆，视公侯如草芥。得意中，王振在北京城西北建成自己的家庙——智化寺，规模宏大，奢华浮美。

英宗六年（1462）春二月，锦衣卫指挥使马顺奉王振大人命令，命萧惟昌、袁彬入晋北，查探吏部侍郎于谦大人巡抚山西、河南的公务，不是弘扬正气，是有碴挑碴，无碴挑刺，挖地三尺，找出弊政赃物。说什么佛祖能辨妖魔鬼怪，因有金睛火眼。你俩人应有通天本事，识恶鉴丑。

接令后，两人出紫荆关，入大同，到镇衙拜见郭登将军，说明来意。

提及于谦大人，郭登将军用他的《石灰吟》诗说事：

千锤万凿出深山，烈火焚烧若等闲。

粉身碎骨全不怕，要留清白在人间。

此是于谦大人巡抚山西十多年的写照。高尚品行，处处为朝廷着想，事事为民众做主。大同镇有将佐动用兵员，开垦屯田，占为己有。

于谦大人查明，收为公用，作资助边防军费。损失一己私利的官员，定会记怨。他们中有那掌印太监王振大人的亲朋。于谦大人可不管王大人、李大人。

郭登将军的部属偏将李豫田，河南怀庆府人，同样敬赏于谦大人，开封府面临黄河，河坝多处崩败。于谦命厚筑堤障，十里设亭，任命亭长，负责查防河堤安全，督率修缮，堤下多种榆树、柳树，夹道成荫。又遇天旱大灾，山西、陕西有饥饿民众20万人，流入富庶的中州求吃。于谦大人奏准朝廷，命河南、怀庆两府，发放积粟赈救灾民。命河南布政司安抚流民，授田给牛给种耕种，稳定民心，促进生产。官员如他，四海升平。

于谦大人在先朝任御史，深得宣宗皇帝的赏识，数落叛臣汉王朱高煦檄文，也是一篇诗，不知两位校尉读过否？郭登将军询问。

萧惟昌回答，自己的叔公萧从道公，随侍宣宗皇帝御驾亲征。入山东乐安平叛。银样镴枪头的朱高煦，不战而降，伏地求饶命。皇帝没有杀他，当场降其为民。按照历朝降伏藩王的惯例，找位官员数落这位皇叔一番，就命身旁的御史于谦大人上场。这位进士出身的浙江钱塘人，早就看不惯朱高煦王爷作威作福，滥杀无辜，逆爷恶兄。有此机会，何乐而不为，代枉死者出口气，为受苦民众讨公道。

从道叔公觉得此文有趣，录下抄写寄自己。读后同样感觉对反王奚落得痛快淋漓。出口成章，足见于谦大人的口才文气。出言过重，伤及皇帝皇族，担当不起；不痛不痒，没有意义，便宜反王朱高煦。两者兼顾，引人入胜。于谦大人做到了，词句敲金击玉。

郭登将军问萧惟昌能否背出来，袁彬更来兴致，奇文共欣赏，异义相与析。于是，萧惟昌背诵道：

山呼万岁！吾皇班师。

跪地高煦，罪恶发指。

生性凶狠，少读孔儒。

太祖成祖，教诲难移。

南京杀民，涿州戮吏。

封藩云南，嫌地贫瘠。

心怀恶恨，建康赖居。

改封青州，托故不仕。

激怒皇帝，尔心巨测？

僭用乘服，谋夺王储。

惹帝怒极，欲废黎庶。

东宫爱弟，泣涕谏之。

后封乐安，蠢蠢作孽。

太子数书，劝诫守规。

成祖北征，驾崩异域。

仁宗即位，苦念皇弟。

厚赐有嘉，共敬先帝。

飞龙在天，宣宗接位。

建康上京，哭奔葬礼。

半路伏杀，魑魅行为。

新君仁厚，前嫌不计。

望尔三省，却竖反旗。

皇上闻报，念及嫡嗣。

遣官劝阻，坐大不理。

帝君亲征，六军疾驰。

敕书劝降，五体伏地。

痛斥叛臣，污我口齿。

郭登听罢说，于谦大人这样数落反王朱高煦，骂出名堂，骂出精彩，骂出正义。

袁彬也赞于谦，面对权高位重的藩王，毫无惧色，历数其罪状，大快人心。投降于皇侄，已是颜面无光。又被平日不放在眼中的一名小小御史奚落得无地自容。皇帝此招高明，把叛王的心理摧毁。

成祖朱棣登位时，分封诸子为王。长子朱高炽为皇太子，次子朱高煦为汉王，三子朱高燧为赵王，分镇各要地。各王分得封地可收禄米万石，护卫武装数千至万多人。虽无地方行政权力，地位在皇帝之下，公侯之上。宣宗朱瞻基平定长叔汉王朱高煦的叛乱，二叔赵王朱高燧平安无事，自然服帖。皇位稳固，龙颜大喜。

于谦的胆色和才能，给宣宗皇帝留下深刻的印象。凯旋后，即任命于谦巡抚江西。这巡抚不是封疆大吏巡抚，是御史的职务，挂职工作，历练臣子，为高官后备力量。于谦工作出色，数年后擢升为吏部右侍郎，官衔二品，转至巡抚山西、河南多年，喜欢微服私访，察民情，辨奸恶，深得民心。常言：领赃，是双手有罪，心灵发黑，人神共愤。行贿，是丑恶污秽，不敢见光，换来世代唾骂。于谦大人坐得正，立得正，换来于清风之称。

正在说话间，侍卫向郭登将军报告，于谦大人到访。郭登迎接道："于大人定是作了好诗，让武夫欣赏。"入到客厅，将御营校尉百夫长萧惟昌、袁彬介绍给他相识。于谦大人称赞萧惟昌阻伐紫荆关前大树，两位年轻人大同擒拿奸谍，消弭紫荆关战祸。两人恭敬回答："比起于大人巡抚江西、山西、河南，爱庶民，除奸臣，吾辈是沙粒与恒山相比。大同除奸细，全靠郭将军之力。"

"别把功劳让给我，一起观赏于大人的诗章吧！"郭登将军道。

于谦身材高大偏瘦，双目如电，不怒而威，说话和气，待人诚恳。从怀中掏出三篇诗章，说是近作，请教郭将军及两位小将。《云中书所见》诗道：

> 目极烟沙草带霜，天寒岁暮景苍茫。
>
> 炕头炽炭烧黄鼠，马上弯弓射白狼。
>
> 上将亲平西突厥，前军近斩左贤王。
>
> 边城无事烽尘静，坐听鸣笳送夕阳。

于谦大人说此诗写的是白登山下见闻。当时北风劲刮，沙尘横暴军营村舍，而斜阳仍是光芒明亮。士兵在校场持刀对搏，张弓练力，山民纵骑在林中射猎，屋内烧烤兽肉野味。强悍的军民筑起坚固的堡垒城池，对抗北方的敌人入侵。是特有的风俗风情，作诗以记。

第二首是《上太行》，诗曰：

> 西风落日草斑斑，云薄秋容鸟独还。
>
> 两鬓霜华千里客，马蹄又上太行山。

郭登说，读此诗，会想起汉朝末年，一代枭雄曹操的《苦寒行》诗，有句说，"北上太行山，艰哉何巍巍！……溪谷少人民，雪落何霏霏！……我心何怫郁？思欲一东归……"此为曹操在建安十一年，从邺城（今河北临漳县西）率兵出发，讨伐并州刺史叛将高干所作的诗。面对山野的荒凉寂寞，充满艰难险阻的军旅生涯，发出感叹。

千年过去，肃杀的秋风，照样刮面扫来，牧草发黄，宿鸟争归。《上太行》诗，看不见落叶而叹人生苦短，闻秋声而觉世事艰难的悲悯。看到的是太行山起伏的峰峦，巍然屹立，一幅壮美的画图。是诗人心怀边境安危、民生维艰而放歌，是一尊"立马太行山"的塑像，在晚照中映出金色光芒。

第三首是《立春后寒甚》诗，云：

> 坐拥红炉尚怯寒，边城况是铁衣单。
> 营中午夜犹传箭，马上通宵不解鞍。
> 主将拥麾方得意，迂儒抚剑漫兴叹。
> 东风早解黄河冻，春满乾坤万姓安。

听罢，于谦和郭登望着两位年轻校尉，等待评诗。

袁彬道："我喜欢此诗用对比手法，意境深远。边庭将军在冰冻的深夜，用兵备战守疆，斗志高昂，而那些慑于敌军嚣狠气焰的文士，说三道四，误导民意。赞的是像郭将军一样的边将'但使龙城飞将在，不教胡马度阴山'。"

萧惟昌接着道："我喜欢此诗的前后呼应写法，边境寒冷，将士衣薄。白天巡边杀敌，寒夜仍是兵不解甲，马不卸鞍，才换来黄河破冰，春满大明。对像郭登将军一样严守边防的军旅，我们同样表示钦佩。于大人诗作赞美'骁雄已许将军用，边塞无劳天子忧'。"

听了两人对自己诗作的评论，于谦脸露笑意，说自己年轻时向往军旅，向往边塞，喜读兵典，有朝一日，走上战场，是一生心愿。两位小将引用唐代诗人王昌龄、欧阳詹吟边塞的诗句，称美守边的将士，也是自己期望。唐诗是中国文明的千古光芒，读唐诗，更应写诗，留下人生的步履。此话是说给萧惟昌、袁彬听的。他继续道："我的诗，不如郭登将军的好，他的《云中中秋感怀》有句说，'九雷风露凉如许，欲挽天河洗甲兵'。气势磅礴，中元月圆，瓦剌骑兵最爱在月夜偷袭。边境守将，做好对敌的抵抗。敌人有来无回，还大明山河安宁。"

郭登摆摆手，道："我的两句小诗，怎能与于大人的三首诗相比，字字是对边境的关心。相信有朝一日，于大人会'马蹄又上太行山'。两位小将的寄望，有惭领受，一起多谢。"

萧惟昌、袁彬在山西多地府县查访多日，找不到于谦大人的过错，听到、看到的是一身正气。拜别郭登大人，回京复命。晋见指挥使马顺，禀报于谦大人在山西的口碑好，呈上于谦作的三首诗。马顺粗看几眼，说是丢下政务，咬文嚼字也是罪过。就算没有罪过，王振大人也会在鸡蛋里挑骨头。

吏部右侍郎于谦巡抚山西、河南 12 年，想换职位，参见王振大人时，不说金银珠宝，就连杜牧所唱的杏花村酒也没一瓶。用他的话说，"清风两袖朝天去，免得闾阎话短长"。于谦大人推荐参政王来、孙原贞，选择一人代理自己的职务。令王振大人气恼。还有一笔旧账，王公公也翻出来，十多年前，有位御史顶撞他，姓名、身形均似这位不识时务、不懂礼敬上司的于谦。于是命党羽参劾于谦，以"久任外职，心存怨气，荐举别的官员代理己职"为由，逮捕于谦下狱，判处死罪。幸得山西、河南千数民众上书朝廷，为于谦大人辩伪。还有几位藩王为于谦申功雪白。民众可以不管不理，藩王可不好惹。朝中重臣杨士奇等人也为他求情。于谦被关押三个月后，死里逃生，降为大理寺少卿（副职）。王振大人命他巡抚山东、陕西，于谦没有怨恨，同样辛勤为国效力，为民解忧。

于谦不被冤杀，是自己之幸，也是大明王朝之幸。

两年后的又一件冤案，震动朝野，使萧惟昌、袁彬看透王振公公的丑恶面目，掩藏的野心。天理何在？皇帝何在？

正统八年（1443）五月十四日，紫禁城内，天空如墨，暴雨闪电，雷声轰炸，好不吓人，宫中慌乱。奉天殿脊檐的鸱吻，被击成碎片。英宗皇帝心惊胆战，认为是上天的责罚，施政不公。若不思过，灾祸将会接踵。于是大赦天下，颁布求言诏，谕令群臣尽职尽责，进修省之谏。

翰林院侍读刘球大人率先应诏上疏——著名的《修省十事疏》，全文精辟凝练，深思睿智，言辞朴实，情意深切，分析国情，针砭时弊，条条中的，被朝臣叫好。

刘球，江西安福县人，永乐十九年（1421）进士，授官礼部主事，尚书胡淡赏识，推荐任翰林院侍读，修纂《宣宗实录》。为人诚实，敢于进谏。他提出的《修省十事疏》，均是朝廷关注的大事。当中有几事，看得司礼太监王振暴跳如雷。

朝政归一。此为太祖、成祖治国大策，政由己出不下移。这不是要王振大人把"司礼"权上交？

罪裁大臣，宽宥为主。皇帝不亲刑狱，由有司审理定案。这不是剥夺王振大人的生杀大权？

平定麓川叛乱，宜恩威并举。麓川在云南西部，紧靠缅甸国境。当地土著酋长思任发，聚众十万，扰政骚民。朝廷十年用兵，难以剿灭。官军势强，他们分散逃往邻国缅甸边境密林；官军撤退或势弱，重回滇西抢劫。连年用兵，十死七八，劳民费财，战绩不佳。思任发后来在缅甸被杀，缅甸政府将他的首级上送大明。缅方坐大邀功，欲分思任发占领属于大明国土的一半。"此谓灭一麓川，出二麓川"。

思任发之子思机发，继其老父衣钵作乱，但有归顺朝廷的意向。刘球大人指出，今为一失之地，何必发大军征剿，罪之民众，有失好生之德。这不是贬低王振大人统军才能？以后如何率师征战四夷八方？

更令王振大人咬牙切齿地是，早在两年前的正统六年（1441），皇帝听从司礼太监王振大人进言，举兵12万征讨麓川之乱，军资爵赏，不可胜数。

当时刘球也曾上疏，对大军征讨，提出围而缓攻，结好邻邦；不降可攻，寇自可服。提醒统军将领：王师不可轻出、蛮性不易驯服、地险不可围众、客兵不可久留。对调动甘肃守军进剿麓川叛乱，是削弱边境守军力量，增加瓦剌入侵风险。

是的。朝廷应广屯田、公盐法、重武备，选将练兵，严守边境，以防不虞，是为上策。此后，事态的发展，被刘球大人所言中。

你说你的，我干我的。王振大人对进言心中有杆秤。顺我者昌，逆我者亡。何止自己，历史上大有人在。唐代的明经科考，举子刘蕡在殿试的《对策》中，竟敢胡说重用宦官，"天下将倾，海内将乱……忠贤无腹心之寄，阉寺（阉寺，守宫门的太监，特指权大势重的宦官）持废立之权"，应当"揭国权以归相，持兵权以归将"。可读卷高官并不这样认为，也不取录这位蠢货，宦官掌权没有什么不好。

唐朝宪宗皇帝李纯，不就是宦官陈弘志所杀？

敬宗皇帝李湛，不也是大太监刘克明取其性命？

唐代文宗皇帝李昂，不就是由宦官仇士良、鱼弘志所立？

宣宗皇帝李忱，不也为宦官抬上宝座登基？

不破不立，该废就废，该立就立，没有什么不好，唐代国运同样昌盛。刘蕡小子命大，读卷高官不取录你是没能科举出仕。刘球你小子命薄，我取你的是性命。朝代不同，两位刘氏兄弟的命运也应有异，朝代在变，命运也在变。

王振大人被揭了短，怒火填胸，将刘球投入诏狱，命锦衣卫指挥使马顺，杀人碎尸扬威。

当夜马顺携小吏杨善理持刀入狱，刘球见状自知必死，大呼太祖皇帝、成祖皇帝，被断颈身亡，还遭肢解。

萧惟昌、袁彬与朝臣一样，为刘球大人抱不平。皇上下诏求谏，臣子上疏，就算是言辞激烈，只要心存社稷，维护皇帝，也不应降罪，甚至处死。刘球大人所奏，件件是事实，处处见真心。若说冒犯皇帝，也应由有司审理，依律裁决。而王振大人一手遮天，杀一儆百，人心难服。

萧、袁两位校尉的议论是对的。若王振大人从谏如善，听得进刘球大人《修省十事疏》的良言，自己就不会在六年后丢了万金之躯于土木堡，还有那锦衣卫指挥使马顺，被愤怒的朝臣击死于金殿上。

代宗景泰帝朱祁钰登位，怜爱刘球大人忠义，赠封刘球翰林学士（翰林院主官），立祠于乡祀祭。刘球死后，两子在家奉母躬耕。父亲受谥封官，兄弟读书科考，皆中进士。长子刘钺，官至广东参政。次子刘釪，官至云南巡按使。

王振枉杀刘球，祸国殃民的冤案记载在《英宗实录》一书。此书写于成化元年（1465），成书于三年（1467），记录宣德十年（1435）正月至英宗天顺八年（1464）正月的大事。宪宗朱见深，为父皇朱祁镇立传，也有为刘球大人正名立碑之意。

第十章

互市上樊忠说马　栗树下汉女还乡

正统九年（1444）初冬，御营千夫长樊忠，奉令统领多名校尉和200名士兵，赴山西大同马市，采购良马1500匹，由御营练兵使用。因萧惟昌百夫长熟悉大同边境地理风情，到过大同马市，于是命他同往。萧惟昌在他眼中，是位称职的百夫长，年轻机敏，能打仗，会诗文，多在军旅滚打，是会成才的。

樊忠是河北北部安州人，安州靠近宣府，多年的军旅生涯，他手下不少的校尉，战死在抗击瓦剌入侵的疆场上。宣府、怀来一带，是接敌的要冲，有意让萧惟昌熟悉地形，日后与敌周旋，心中有底。

一行人马，取道由京城向北，出朱家角村，入怀来县的小南辛堡村，经庙港村的山神岭，崇山峻岭顶上是一道10里远的长城，垒设的石条达17层之厚，线条圆转而流畅，登上城楼是一堵堵的护身墙，一座座的垛口、瞭望台，宏伟而壮观。明初大将军徐达主持修建这道长城，苦费心力。取其名为"样边长城"，表明是示范工程。当时民间流传这样的话："不看庙港样边长城，就不知道明代长城的精华所在。"

从样边长城向北，走60里即到土木堡。从土木堡再向北60里，是鸡鸣城驿站。它始建于成吉思汗西征时，是通向怀来、京城的驿站。

到了大明永乐十八年（1420），成祖朱棣将鸡鸣驿站扩建，是重镇宣府进入京城的首个驿站，传递军政讯息邸报，接待来往官员。更是一座防御北方瓦剌入侵的重要军事战垒城堡。

在怀来县修筑样边长城，在鸡鸣山建城设驿，可见明太祖、明成祖对残元势力的重视，时时警觉。

再向北，就是宣府镇关，驻有重兵。一路上散着众多的军营。放缰纵马，走上两三天，进入山西地域，大同马市，已遥遥在望。

马市在大同镇关二三十里，白登山下的游家营村外，星散着一朵朵如花的蒙古包、帐篷，一群群马匹，在草地吃草，嬉闹追逐。

大同马匹的互市交易，早在唐代出现。唐高祖李渊反隋时，是驻扎云州一带的将军，战争不能缺少马匹，就用粮食、铁器换取漠北突厥人的良马。大唐建立，唐太宗李世民大半生征战，骏马助他拔城池、扫顽敌。兵强没有马壮怎行？允许大同刺史用粮盐、茶帛换取北方胡人的马匹。

到唐玄宗时，正式以官方名义开始建立马市。命将军张仁愿在蒙古黄河边建三座受降城——大漠西部杭锦后部落、中部的包克图、东部的托克托部落，设立互市。朝廷以金银、布料换取突厥人的马匹。之后的北宋、南宋政府，继续开设马市。

大明王朝开始马市，是在永乐初年。成祖朱棣在甘肃设互市，与回族牧民交换马匹。在塞外的辽东开原南关、开原城东、广宁设立三个交换马匹的互市，千骑万驮助力成祖七次亲征大漠，马蹄踏破阴山残月，军刀劈碎残元美梦。

萧惟昌报告樊忠大人，正统六年（1441），与百夫长袁彬到大同公差，曾到马市看马。得知马市的建立，是吏部侍郎于谦大人巡抚山西、河南时，于正统三年（1438）奏准朝廷开设。至今已有 6 年，换回众多马匹，增强大同镇关、宣府镇关、居庸关、紫荆关、样边长城的军力，其功不小。赞扬于谦大人，也赞扬守关将士。

得知千夫长樊忠、百夫长萧惟昌到来，马市的监督司监督使楚莽原迎出来。萧惟昌见到楚莽原格外高兴，自居庸关新兵训练后作别，至今已有几年。樊忠见两人相熟，说熟人好办事。

说到被派马市做监督使，楚莽原说是自己懂得蒙古语、满语、维吾尔语和文字，来到马市交易的多是西北胡人，不懂对话不利贸易。手下有500名监管人员，多是军人，也有文员。马匹交换是大宗，胡族民众携来皮毛、肉干、奶品。监督使的任务是执行朝廷法纪，监理税收，平衡物品定价，完成以物易物。监督使也被称为"牙郎"，即经纪人之意。

樊忠大人赞他了不起，懂得多种胡人语言。楚莽原笑着说："比起唐朝杨贵妃那大腹便便的干儿子安禄山，差远了。安禄山在未发迹前，也是马市牙郎，通晓九种胡人语言。唐玄宗李隆基看重他，当作宠臣，封为北方重镇范阳刺史、节度使，是想用他做外交使节，联结四夷，服从朝廷。想不到他多方笼络西北、东北的胡族，干的是自己的私货买卖，发动'安史之乱'，打得玄宗皇帝措手不及，从长安逃往四川。"听得两人唏嘘一番。

安排好一众校尉军伍在马市的驿站住下后，已是晌午，该吃饭了。楚莽原领着樊忠、萧惟昌到监督司旁的酒肆楼上，挑了干净的座位坐下。店伙计泡茶、抹台招客。楚莽原要了两斤牛肉、一盘羊杂、三笼白面包子，外加两瓶山西汾酒。

吃了几碗酒，一生爱马的樊忠望着窗外一群群的骏马，远处的大草原，牧民骑在马上，追赶烈性马匹，用套杆套马。他说起了马的话题，问世上有没有汗血马，是不是天马？

出身儒医之家的楚莽原，又是马市的监督使，自然读过不少有关马的书，听过有关马的传说和故事，见过各种各样的马，说自己也没见过汗血马。曾问过来马市交易的鞑靼牧主，他们同样没见过，只有先人见过汗血马，说汗血马是天上的马。鞑靼人的话是真的，汗血马确是存在，最早记载在汉代的古籍中。

汉武帝太初四年春，贰师将军李广利攻下西域大宛国，获得西域著名的汗血马数匹，献给汉武帝。

汗血马神奇异常，激烈疾奔时，从肩胛溢出一滴滴血色的汗水，故有此称。当时牧民也弄不清何以渗汗如血，把它称为天马。又说是神龙所化，日行千里，骑上它可以驰到仙人居住的昆仑山，叩开天庭大门。这对欲求探天、寻找长寿之药的汉武帝，真是大喜过望。命臣子著名文学家司马相如作《西极天马歌》《天马》诗多首，宣扬天赐神异宝马的传奇故事。司马迁的《史记·大宛列传》也记载，大宛"多善马，马汗血，是天马子也"。说西域马和天马生的马子，非同凡马。

楚莽原继续说，汗血马确是良马，奔跑速度快，耐力强劲，负重致远，冲锋陷阵，别的马匹，均无可比。马的品种不一，性格各异，西域的马最好。唐代著名诗人杜甫，在《房兵曹胡马》诗中极力赞美大宛马，云：

> 胡马大宛名，锋棱瘦骨成。
> 竹批双耳峻，风入四蹄轻。
> 所向无空阔，真堪托死生。
> 骁腾有如此，万里可横行。

这匹大宛马，身瘦眼有神，耳似竹削，跑时起风，所向无阻，真可以将生命托付给它，一起去干一番宏图大业。杜甫的诗赞的大宛马，应是汗血马的同种。汉武帝利用汗血马做种马，生出几十万匹具有大宛马性能的马，以后又通过"丝绸之路"引进西域良马，丰富中国内地的骏马品种，大宛马现在也不易见于大同马市，名马稀缺，名马难求。

从名马又说到爱马的将军和皇帝，楚莽原把话题抛给萧惟昌。他在居庸关接受军事训练，知道萧惟昌见多识广，说这些事儿，难不倒这位百夫长。萧惟昌也不推辞，收下了接力棒。

"历代在马上征战、打江山的骁勇大将、皇帝，都爱骏马。像唐太宗李世民那样痴迷，罕见。唐太宗在西安昭陵的六骏浮雕，用六匹战马，概括一个王朝诞生的历史，可不多。记载这六位不会说话的威武战伴，目光似电，马蹄生风，踏烟蹬火，飞越关山的壮举。这六匹骏马，是大宛马、沙陀马、契丹马、回纥马、蒙古马、中华河曲马。唐太宗这位雄主明君，躺在黄泉之下，立于九天之上，仍在欣赏功入史册的六匹骏马。"

萧惟昌继续道："工匠把六匹骏马雕刻得栩栩如生，在黎民百姓心中成为神马。据说'安史之乱'时，叛军攻进黄河边长安的潼关，当时唐朝的主将封常清、哥舒翰被监军太监诬告，玄宗皇帝赐死。新任的将领不熟地形，指挥不善，阵势大乱。就在此刻，霎时间飞沙走石，黄旗招展，杀出一大队唐皇的骑兵，会同潼关守军合攻，斩杀敌军无数，打败他们。叛军仓皇逃离后，骑兵也突然消失。

"后来守护昭陵的官员说，潼关激战那天，昭陵的石人、石马汗湿如水洗，是从未见过的现象。这是神马败敌的故事。"

樊忠、楚莽原齐道："这是黎民百姓对六骏的喜欢，对叛逆安禄山一伙的讥笑。"

"是的。"萧惟昌答道。

樊忠说没有萧惟昌、楚莽原对马相关知识了解得多，但与马相伴的时日不少。自己当兵吃饷时，当过马夫养马、当过车夫驾辕跑马、当过驿兵驱马传信、当过骑兵驰马战场，喜欢战马那发亮的眼光，露出忠诚和勇猛。与战马结伴 20 多年，曾经想过、现在也在想，是谁人把在大漠荒原丛林中自由自在采食新鲜青草、奔跑如飞的野马驯服，为我们所役所骑。是黄帝、炎帝？或是唐尧虞舜？或是夏禹商汤？征服这剽悍豪气的庞大牲畜，与人为伴，为农民拉犁套耙，为旅人登山涉水，背驮军人冲锋陷阵，同生死，共荣辱。

听得萧惟昌、楚莽原暗自吃惊，樊忠大人与马相处日久，对马感情极深，知之甚多。

樊忠道："我在御营效力，曾听御马监的相马高官说，《穆天子传》一书，载有穆王对马的驯养和对犬戎的征服。这部先秦著作一度不知所踪，幸好晋朝时，在战国齐王墓中发现。穆天子即穆王姬满，他的先祖是稷，稷是黄帝的后人。黄帝当年居住于姬水，周朝帝君的先人就以姬为姓。穆王一生酷爱马，善征战，好游历。驯服八匹良马，名为赤骥、盗骊、白义、逾轮、山子、渠黄、骅骝和騄耳。

"穆天子姬满，西征犬戎，擒获其王。将部分犬戎人，迁于甘肃镇原一带，使他们臣服。东还时，过黑水河，登群玉山。这山在秦岭北面大漠草原的天山，天池旁有西王母的琼宇，因离中原遥远，故有瑶（遥）池之称。穆王乘马谒瑶池王母，王母宴请穆王，敬慕周朝天子，两人互相眷恋，相约三年后重聚于瑶池。

"穆王西归时，带回群玉山的宝石、草原的骏马。宝石耀彩，宫阙闪烁。马匹粗野，被穆王驯服，独立对天，昂首嘶风。成为穆王及勇士胯下之驹，奔驰在华夏广阔的大地。穆王驾崩后，其陵园在陕西长安县的西南，今仍存在。"

樊忠心情极好，从征服悍马，说到善于相马的伯乐。同样是周朝人，名孙阳，相出千里马，相马之术，代代相传。唐太宗李世民的昭陵有六骏雕像，匹匹神旺胆壮，奔腾、倦卧、呼啸、扬足、顿首，皆现出优美形状。六骏中的"拳毛騧"，就是唐朝相马师依据伯乐的腹间有旋毛为良马的标准选出来的。轻敲它修长的胫骨，会发出如击铜之声。唐代的诗人、战将对此马多有赞词——嘶声如雷，奔跑如电，敌骑失色，肉马吓倒。同样，昭陵的特勒骠、青骓、飒露紫、什伐赤、白蹄乌，皆为"骙耳骅骝"。

唐太宗所选的六骏得名，多是胡人对马的称谓，可知这些马若不是胡人进贡，就是在战场上夺取突厥可汗和他的战将的坐骑。

樊忠说得兴奋，指着草原上的马群道："我这位千夫长，也是朝廷的骏马。战国时燕王不是花重金寻找千里马？终于找到战将乐毅，为他复仇，攻下齐国72座城池，威风盖过别的诸侯国。这位燕王就是识马的伯乐。"

楚莽原接上道："樊大人说得对，唐代大诗人韩愈在《马说》中言，'世有伯乐，然后有千里马。千里马常有，而伯乐不常有'，这话很有远见，伯乐极少，而有众多的千里马，像乐毅一样，出现在博杀的战场上。"

萧惟昌接着道："大诗人韩愈也是上过战场的高官。唐宪宗时，淮西节度使吴元济发动叛乱。宰相裴度带兵征讨，韩愈任行军司马（相当现在的参谋长），设奇谋，主派李愬风雪大作之夜入蔡州，生擒吴元济，为朝廷扫除中原地区的隐患。后来韩愈又到山东（华山之东的镇州，今河北定县）任宣抚使，平息叛乱，以无畏的精神慷慨赴义，以大勇大智，说服节度使王廷凑及将佐士卒归顺皇上，动乱的局面得到平定。他在给裴度的一首诗中写道：'衔命山东抚乱师，日驰三百自嫌迟。风霜满面无人识，何处如今更有诗'，可知这位大诗人的话是有道理的。只要是千里马，不是驽马病驹，在任何时候、任何地方，都会显出才能。"

樊忠道："这样说，韩愈是伯乐，又是一匹千里马。"

萧惟昌道："是的，而且他在诗坛也赏识和培育不少后起之秀。"

楚莽原道："百夫长萧大人一肚经典，韩愈确是一位极为爱才之人。"

樊忠道："说得都对。但愿大明军伍多出伯乐，选拔众多的千里马——众多善战克敌人才，也让我们在大同购马换马时选到千里马，助力我们征战，搴旗杀敌靖边，化干戈为玉帛。我的战马黄骠对我没有索取，只有更多付出，相伴多年。风中驱它动身，雪中呼它起程，没有耽误，奔腾振鬃。它身上有刀伤，蹄上有血印，仍是抬头嘶风，与我披荆斩棘，临阵却敌。我能不爱它？无马不强，兵强马壮，将军才威风，军队才无敌，朝廷才强大。"

樊忠说马，从周朝、汉朝说到唐朝后，把话题拉回到眼前的马市草场，说蒙古瓦剌人是马背上的民族，他们的大汗元世祖成吉思汗，确是一匹千里马，时至今日，已是青山遮不住，毕竟东流去。但对瓦剌胡族，皇帝并不轻视，封王赏赐，征战打击，亦难以套住这匹狂奔的野马，跨上颠簸的马鞍。为保卫大明，吾辈不惜马革裹尸。现在的任务，是完成购马换马。

樊忠大人这番话，让萧惟昌、楚莽原心中震动，眼前这位千夫长，对马的见解让人佩服，最后豪言，令人激奋。

两人齐声答："卑职遵命。"

马市设在带山包的草原上，土地肥沃，水草丰盛，自古以来是良骥骏马的天然牧场，放牧数万匹。那禾本科、莎草科、毛茛科、茄科、蔷薇科、豆科的草料以及蕨麻、野胡萝卜、珍珠牙，均是马儿喜好的食品。

茫茫的草原，就是马市，散落着一座座的蒙古包，蒙古包外是一群群的马，有的数十匹，有的数百匹，没栅栏围圈，只要牧民吹响口哨，或是发出啸声，散开的马就会聚在主人身旁。不担心偷盗，不担心丢失，在马市的外围，有大明的兵站防卫。也有村落酒家，可住宿饮食。蒙古族民风淳厚，走失的马，几天后多会老马识途，回到主人身旁。

樊忠三人在马市上信步，那些马匹并不怕人，有的低首，觅食青草，悠然隐士遗风；有的声撼旷野，放步追逐，可见勇者气魄；有的结伴玩耍，极为亲昵；有的走近牧民身边，索水求饮。是一幅百看不厌的骏马图。

已经完成马匹交换物品的蒙民，蒙古包前堆放着如小山似的大米包、布匹，也有茶盐、铁器之类的小商品。大宗交换的多是蒙古商人，回到大漠后，用从互市得来的官方物品与游牧的同胞换取皮毛、马匹及奶品，赚取中间的差价。无利不为商啊。

也有蒙民三五七户组成马群，到大同马市换取急需的生活物品。换到白花花的大米食盐、软柔柔的丝帛、香喷喷的茶叶，心中欢喜，在蒙古包前的草地上，唱歌起舞，欢庆此行的收获。

几把蒙式马头琴，轻奏慢吟，一对年轻夫妻踏着节拍起舞，妻子抖动红色的围巾，划出一片片的霞光。丈夫扭动出场，绕着身着盛装长袍的妻子，昂首顿足，粗犷有力，舞到情浓时，两人搂在一起旋转，从小圈到大圈，大圈又套小圈，风呼呼响，衣袂高扬，动作优美利落，舞动阳光，舞动草场。马头琴的旋律从轻松欢快，变作汹涌澎湃，烈风摇林。

马头琴是蒙古民族的传统乐器，拉弓触弦震动琴筒发音，凝重低沉，引起牧民对草原的依恋，对良马的思念。

传说有位牧民怀念死去的小马，以小马的腿骨为柱，头骨为筒，尾鬃为弓弦，制成两条弦线的琴，在琴杆的顶部，按小马的模样刻出马头，而取马头琴之名。

琴声柔和明朗，两位分别穿着紫色、青色长袍的青年，赶着黑色、白色的良马上场。两马后腿直立，前腿向上合并，互相作揖行礼，三通之后，双双收腿屈膝，跪拜叩首，又是三通，引发围观者叫好。

两马就在五丈直径的圆圈内，表演旋转，个高体长的黑马不善于快速转圈动作，时而撞腿，时而触头，显得笨拙，五圈下来，黑马败北。心有不甘，低声呜咽。白马获胜，得意啸风，用长嘴舐着黑马的脸颊，似是安慰它，又招来热烈的掌声。

看得高兴了，樊忠让楚莽原牵来黄马、黑马，还有白马，他把白马的缰绳交给萧惟昌，自己骑上黑马，黄马留给楚莽原。

牧民见马市的监督使楚莽原大人要和千夫长、百夫长赛马，发出"啊嗬""啊嗬"的呼喊，有位牧民拿出皮鼓，猛击三下，作为发号令。

樊忠三人的马，如箭似的射出，起初听见吆喝声，看到挥鞭的身影，渐渐消失在草原的深处。小半刻时辰，三骑同时回到蒙古包前，齐齐跳下马，均是大气不喘。在蒙古牧民的眼中，是出色的骑手。

那位跳舞的大嫂，从帐篷内捧出三碗奶茶，高高献上，三人接碗一饮而尽。楚莽原、萧惟昌用蒙古语答谢。

此刻，一位蒙民牵着一匹肚子发胀的黑马，来找马监司监督使楚大人。楚莽原叩打马肚，问了病马起因，即命身后的随员从药箱中拿出几包药粉给马主，说是马吃了即消胀健体。蒙民捧药高兴离去。

楚莽原是儒医子弟，随父楚敬先学会杏林之术，可用治人的单方治马匹疾病，只是用量大，多用草药。

又见上来几位牧民，手捧奶酪，献给楚监使。担心樊忠他们不明白己意，指着那头病马，又指飞奔的健马，意思是楚大人治好自己马匹的疾病。楚莽原不肯接受礼品，让他带回，牧民也不多说，右手按在左胸，躬身行礼作谢。

萧惟昌对樊忠说："楚大人会医马的招数，那懂九种语言的牙郎安禄山，得拜下风了。"樊忠对楚莽原道："有这一手，牧民更容易接受你这位马市监督使。"楚莽原不好意思道:"谢过两位大人。"

三人上马,樊忠骑的是黄骠马,萧惟昌骑的是栗色蹄眼白马,楚莽原骑的是白马。向着马市草原的南部疾驰,眼前这片大草原景象可不一样,数百个木栅栏,有大有小,大的容纳千匹良马,小的容纳数百匹,一队队的大明军人在巡逻。中间有座高高的塔楼,有士兵在瞭望,察看四周动静。也可见到打开的栅栏,放出一千几百的骏马,由军兵骑上,驱赶押送大同镇关? 易州的紫荆关? 昌平的居庸关? 或是需要战马的军队?

楚莽原告知两位大人,这里是马匹转运场,由兵部派遣一位四品官秩郎中为总管,把在马市换回的马匹集中于此,饲养十天半月,经检疫合格,除去病弱,转运内地。有近 5000 名将士驻守,还雇佣 300名当地牧民料理马场。大同马市隶属马场总监管辖。

每年马场在大同马市交换的马匹有 20 万匹之多,朝廷花费白银200 多万两、粮食 50 多万石、布帛绸缎十多万匹,还有盐茶、生活用品。富了蒙古贵族,解决牧民生活所需,吃上米面,品尝盐茶,穿上布料绸缎衣服,用上铁制工具。

太阳渐渐西坠,浮云满空,草原牧归,炊烟飘逸。从远处传来胡笳声响,悲凉清绝。

眼下骏马嘶鸣,边塞落日,是诗是画是歌,由良驹、鼙鼓、画戟、雕弓、胡笳、斜阳组成。萧惟昌看到了,听到了。也感受到了马市上蒙古民众的友善,期望边境烽火不燃,马放南山。

一队骑着高头大马的巡逻兵,手执画戟,身背雕弓,由远而来。领队的军官认识马市监督使楚莽原,下马招呼,向千夫长樊忠、百夫长萧惟昌敬礼,通报军情:昨天午夜后,50 名瓦剌敌骑偷袭马场,欲抢马匹。守军打死敌人五名,余寇逃窜。

国境不平静,沙漠恶风时时起。

几天过去，樊忠他们挑出 1500 匹良骥，寄存在马场的厩栏，等待检疫后押运回京。

每天清晨，萧惟昌早早来到草地，练刀张弓，习武健体。太阳渐渐升起，白色的蒙古包，像抹上一层胭脂红，格外妩媚，远处的村庄，晨烟袅袅，马嘶犬吠，农民套车运肥，荷锄下田，这村庄就是游家营。游家营？不就是恩师游云方的家乡？两次来大同，来也匆匆，去也匆匆，没去探望。现在难得空闲，应往探望，别后多年，不知恩师回过家否？他那失散的女儿游幼历，是否找到？是否还活在世上？

释大师游安同的女儿游幼历，现在还活着。当年瓦剌骑兵侵扰白登山，在游家营村外把在地里摘玉米棒的游幼历娘亲杀死。在一旁捡玉米的小姑娘，惊恐中扑向杀人的瓦剌兵。那凶残的敌人，正欲把小姑娘杀掉，被千夫长阿里帖木制止，命侍卫把她带走。

千夫长阿里帖木退兵后，把游幼历带回蒙古赛汗塔拉草原自己的蒙古包。

阿里帖木的妻子帖木花花，多年没能生育，夫君在外征战，难得回家相聚，寂寞难耐。于是收养一名幼童为儿子，谁料三年后养子夭折。隔年，再次收养幼儿，想不到两年后又死亡。

出身高贵的帖木花花，没有傲气，尊老爱幼，把收养的孩子视为己出。孩子生病，关怀备至。每次都会找来小叔哈汗多，帮忙请医买药，料理患儿。

哈汗多在为小侄儿求医的数年中，对医药产生浓厚的兴趣。看到抢救不回大嫂的养子，心急如焚，更是用心钻研蒙古医学、蒙古药物。

作为母亲，帖木花花不能生育，已够痛苦；养子之殇，心中滴血。寄希望于大慈大悲的佛祖，保佑赐福。到禅院拜佛，虔诚请求高僧指点迷津。

伴她拜佛的喇嘛，已从来佛寺进香的牧民口中得知，帖木花花额吉为消失的两条小生命悲痛。喇嘛手转法轮，告知这位女信徒：吾佛慈悲，救苦救难。佛祖指点，实则无、虚则有，凶藏吉、吉储凶，见凶先上，吉自后来。寻找机遇，在刀光血火中，把见到的小女孩抱回抚养，半年一载，解难消灾，才能领养儿子。

这样，便出现了千夫长阿里帖木在大明游家营村郊外，把年幼的游幼历带回草原的行为。

不知是游幼历命大，还是从小随母亲下田劳作，身体结实，很快适应草原的新环境和牧民的生活。出生耕读之家的女孩，乖巧懂事，深得养父、养母的疼爱，叔叔哈汗多常伴她玩，教她蒙古文、蒙古语，关心她的健康。

游幼历来到草原半年后，有牧民大婶带来一个小男孩，送给帖木花花收养。她婉言回绝，生怕再伤害一条小生命。

心地善良的帖木花花额吉，把对孩子的全部疼爱放在长相清丽、娇小可爱的游幼历——塞汗依依身上。

千夫长阿里帖木，一介武夫，却懂得尊重夫人，见她和女儿塞汗依依相处如鱼水，心中欢喜，并且喜欢自己抱回的小女孩。

哈汗多性格开朗坚定，心存治病救人大志，向大哥、大嫂提出要到蒙南的首府多伦学习蒙古医学，也随汉人医生学习本草。多伦在坝上，与坝下的大明宣府接壤，有汉人医师在多伦设馆行医、收徒。蒙医、汉医共习，易学到医学精华。

哥嫂答应支持他学习费用。阿里帖木说，现在部落缺医少药，牧民生病，多以草药治疗。为牧民治病施药，如救民于水火，功德无量。

三年后，哈汗多学会汉语，学会医道，回到草原，挂牌治病。医术高，人缘好，大受牧民欢迎。

哈汗多喜欢聪明好学的塞汗依依，把她带在身边，教她学蒙古语，习蒙古文，也读汉人的儒书。

父母的慈爱，小叔的呵护，也难使小幼历忘却娘亲被惨杀的身影，对父亲游云方的记挂。她懂事，没有吐露自己的心思。与周边蒙古包的孩子一起玩耍，学骑马、剪羊毛、挤牛奶、拾牛粪。二三年后学会了蒙古语，三四年后初识蒙古文。小嘴也甜，额吉（妈妈）、叔叔叫个不停。更得养母帖木花花的宠爱，叔叔哈汗多的喜欢。爸爸阿里帖木在家时，更爱逗着依依玩耍，开心得哈哈大笑。

读书习文之余，塞汗依依最喜欢到蒙古包外的栗子树下，透过树丫，白天看树上飞鸟，听它鸣唱；晚上观星星、月亮，听额吉说草原古老的故事。

夏日，栗子树绽开黄中带白的花朵。秋天，花谢结果，挂在树上，像一串串的铜铃。成熟的果实，落在地上，有的咧开笑口；有的羞答答裹在尖刺的外套内。脱去外套，破开硬壳，剥去薄膜，现出蜡黄的果实，发出清香。

此时，塞汗依依似觉得眼前穿着长袍的额吉慢慢隐去，现出一位头扎青灰包头巾，身穿土蓝色大襟衣，下套黑粗布长裤的年轻妇人，那是自己的娘亲。在家中庭院的栗子树下，拾起一颗成熟爆裂的栗果，唱着晋北特有的小调：

开花像柳絮，果子像刺猬。
剥开三层皮，方能吃到嘴。

唱完，把剥壳去皮捏碎的栗子放入自己的口中，又香又甜，津津有味。突然间，娘亲消失了，大襟衫黑套裤变成蒙古长袍……

帖木花花见女儿望着栗子树呆呆出神，把半块剥好的栗果放入女儿口中，问塞汗依依栗子香不香？甜不甜？她才回过神来，边说又香又甜，边把剥好的栗子放进帖木花花额吉口中，额吉说很香很甜。

塞汗依依 12 岁时，爸爸阿里帖木千夫长在与准噶尔鞑靼军队争夺地盘作战时，胸口中了箭，背部挨了刀，被百夫长布拉拉、蒙马尔送回赛汗塔拉家中，已经奄奄一息。哈汗多叔叔赶来施救，已回天乏术。

阿里帖木摆摆手，止住弟弟施药。断断续续地对他说："教好塞汗依依读书、成才、做人，当作你的亲生女儿……不拿刀杀人……用文化教人……"

把侄女当作亲生女儿，就是要哈汗多沿袭瓦剌的不文明惯例。大汗死了，弟弟可以把皇嫂、儿子可以把父亲的妃子当作私有物品一样，占为己有。哈汗多是阿里帖木唯一的弟弟，完全有理有据接纳大嫂为妻。

哈汗多听了，放声大哭，跪在兄长面前不起。"大哥，我不能这样做，嫂子就是嫂子。我读过汉人的书，遵从汉人的婚俗。长兄为父，长嫂为母。塞汗依依是我的侄女，我会把她当作女儿一样教育和关爱。"

阿里帖木对妻子帖木花花说："尊重哈汗多的选择。把你身上的黄金血脉传入女儿身上，她会成为牧民喜欢的识字习文、教人明理的女孩，定会照顾好额吉。"

跪在地上哭成泪人的塞汗依依，紧紧抱着哭得晕过去的额吉，说依依一生和额吉在一起，相依为命。

阿里帖木用最后的一口气，叮嘱妻子和弟弟，把家财的一半分给送他回家的布拉拉、蒙马尔两位百夫长。这是千夫长在临死前，最后一次执行瓦剌的军纪。军人在战场战死，伙伴把他的尸首掩埋，可得到战死者的财产。阿里帖木是负伤被送回家中，将一半财产给护送者，算作救命之恩。

两位百夫长不肯接受财产。称赞千夫长冲锋在前，带领部众杀出重围，摆脱追赶的鞑靼敌军，冒死救出部属，是位大英雄。

听了部下的赞美，千夫长阿里帖木闭上了双目。

哈汗多不愧是位硬汉，说到做到，娶了位牧民的女儿鲁娜云音为妻。把大嫂当母亲奉养，把侄女当亲女哺育。不负兄长临终的嘱托。

塞汗依依跟随叔叔哈汗多习蒙文、汉文，也学本草、内经。光阴荏苒，长到十四五岁，出落得亭亭玉立，也是草原一枝花。与她一起长大的伙伴，笑她读书学字。这不奇怪，普通牧民家中的男孩女孩，有谁人在牛角马鞍挂着书本。放好牛羊，牧好马匹，学会挤奶，烧开奶茶就行。就连持刀上战场的军爷，也没几个识字写字，莽汉打仗，不就占土地？夺物品？抢奴仆？

叔叔哈汗多读书明理，才会说出长兄为父、长嫂为母的话。两者相比，坚定塞汗依依完成爸爸遗愿。

今日的塞汗依依，当年在大同的游幼历，祖父是塾师，父亲游云方是秀才，是书香之家，小时随祖父、父亲读书，背书习字，是儿时的快乐。现今在蒙古包内、包外，跟叔叔学习了几年蒙古文、汉文，能读能写，设帐教读身边的小朋友，是能胜任的。

于是把想法告诉叔叔哈汗多，可以实现爸爸的遗愿，教书育人。哈汗多高兴地说："这是好事，有意义，我支持。你额吉也乐意，让书声伴她度过快乐的一生。"

在身存黄金家族血脉额吉的蒙古包四周，散落不少富丽堂皇的帐篷，住的多是贵族、牧主、富商、军官。他们家中的牲畜和杂活，自有奴仆和牧工料理，子弟闲得无聊。以前，世祖忽必烈在蒙南多伦和林建成上都、在北京大都建成土城，他们的孩子要读书做官，就近往上都，远则往大都土城读书。现在上都成了废墟，大都易了主人。在家门口，子女能读书识字，是天大的好事。不说科举考试，就是在军伍，识字能写的会被重用；做买卖知行情会计算，能赚大钱；养牛羊饲马，懂技术，肥壮快。

也有贵族说，怎能让汉人的女孩教我们的子弟。此时已升为千夫长的布拉拉道，"管他是男是女、是蒙民汉人，只要有文化知识，教好孩子读蒙文、汉书就行。太祖成吉思汗不也请了位契丹人、金国的耶律楚材当军师，任丞相，助力大汗纵横四海。太祖临终时，对继承者太宗窝阔台留嘱，'此人天赐吾家，尔后国家庶政，当悉委之'。太宗得他辅政，灭了金国，大振军威。世祖忽必烈，同样运用这位丞相制定的大策，建立元朝帝国，在大都北京坐上皇位"。千夫长这番话，令众人称好。他让儿子格列沙、女儿娜音白云读书认字。百夫长蒙马尔也让儿子绥奔顺上学。

叔叔哈汗多是草原著名的医生，帮着动员牧民子女入学。

塞汗依依就在自己的蒙古包设教，天气好时也会到栗子树下授课。教蒙古语、蒙古文，教汉语、汉文。

讲述太祖成吉思汗越过大漠，攻破花剌子模的故事；太宗窝阔台占领金国首都汴梁；世祖忽必烈占领中国的纪实。

讲述草原风雪中白马救主的传闻；《敕勒川》民歌，风吹草低见牛羊的美景。

讲述耶律楚材《吟西域·河中吟》的诗句，"葡萄垂马乳，杷榄灿牛酥。酿酒无输课，耕田不纳租"的见闻，汉人吟上都"水草方方善，弓弧户户便。合围连妇女，从戎到曾玄"的风俗。

让娜音白云领唱蒙古歌，让格列沙、绥奔顺领做儿童游戏。

丰富的教学内容，使孩子们学得开心、有趣。一二年后，孩子增加到20来人，使塞汗依依更来劲，领孩子们到草原游览，骑马牧羊。眼前的大草原，变得更壮丽，一望无际的青草，鲜嫩柔软，缓缓向天边展开，一群悠然自乐的骏马在近处，数群白色的羊在远处，互相追逐，惹得天上俯瞰的苍鹰乐得闯入羊群马队中，低飞高翔，成为一幅立体的画，极为好看。

绿草茵茵的夏日，一位文雅的青年，来到栗子树下听她教课。见孩子们会写、会读不少的蒙古文、汉语，塞汗依依心中喜悦，也不怎么留意他。那青年也不与她打招呼，只是静静观看和聆听，一连三天都是如此。第四天学生回家后，塞汗依依好奇地与他搭讪，他却用汉语回答。说自己到绿色的城绥化（今呼和浩特），览胜王昭君的青冢遗址回来，见姑娘教授蒙古语、汉语，好奇听听。

那青年流畅而带节奏的汉话，是塞汗依依久别的乡音，催开多年紧锁的心扉，与他说起王昭君的故事。

那青年说，王昭君在汉宫，是个默默无闻的宫女，看不到草原的美景，吸不到青草的清香，忧郁痛苦，有谁相怜。远嫁大漠，牧民喜欢她，单于体贴她，得到自立，得到温暖。唐代诗人储光羲，钦佩她的胆色，追求自由，作诗说："胡王知妾不胜悲，乐府皆传汉国辞。朝来马上箜篌引，稍似宫中闲夜时。"白居易说得更透彻，"当时若不嫁胡虏，只是宫中一舞人"。

寒天衰草，塞外边风，是需要胆量面对的，这位弱女子挺过来了，手中的琵琶原来是一串串悲凉哀怨之声。待她在大漠找到人生价值时，琵琶的声调，变为清新悦耳，悠扬动听。醉了绿色的草，震响了覆盖草原蓝色的天。

塞汗依依听明白青年的话，这是冬天的火，暖和自己。她接过话题道："王昭君和亲，换来匈奴单于与汉朝皇帝结成亲家往来，酒筵共饮，刀枪归库，黎民自乐。储光羲、白居易称赞王昭君和亲，是利于文化交流，民族团结，这是多数汉人的见识，引出唐代诗人叫好吟唱。"

那青年又道："王昭君在大漠，蒙古民众把她当作仙佛朝拜，绥化城有她的青冢。在赛汗塔拉草原，我居住的黄河边草原，传说有多处她的坟茔，真假难测。民众多想王昭君长眠在自己的牧场，给她烧香，给她祭祀，出于诚心，出于敬爱。"然后话锋一转，赞扬眼前的执教者，教书育人，明理仁爱，不相互打杀，同样是件好事。

正在畅谈时，哈汗多叔叔骑马到来，见两人有说有笑，道："耶律孝，你为我侄女塞汗依依讲草原见闻故事，我知你腹中墨水多。"

"耶律"这姓，触动了塞汗依依，在讲述太祖成吉思汗聘请耶律楚材主理国政时，读到耶律是辽国契丹人皇族的姓，难道这位青年是耶律楚材后人？信口问道："你是耶律相父后人？契丹人？"

"他是我的先祖父，我娘亲是蒙古人。我随祖父、父亲在大明长城边的土木堡生活，我在那里出生。现随母亲月明纳格，回到赛汗塔拉黄河边草原的姥姥家中，已住快半年。

"姑娘也许会问我，你父亲在大明塞外，你母亲在蒙古草原，为何要分离？是事出有因。

"我娘亲是包克图黄河北岸草原人，她随父亲在大明土木堡经营皮毛生意，学会汉语汉文。她的商铺设在我祖居医疗馆旁，朝夕与我父亲相见，后与我父婚配。我6岁时，随姥爷、娘亲回草原，与留在家中管理大片牧场的姥姥相聚。姥爷此行顺便回乡收购皮毛，载回土木堡销售获利。

"姥爷到黄河对岸的草场收货时，遭到船上的盗贼抢劫，人死财空。噩信传回，姥姥哭得死去活来，多日不吃不喝，得了半身不遂之疾。我娘亲上无兄姐，下无弟妹，只好留在草原照顾姥姥。派出仆人，到土木堡告知我父，家事突变，让我父清理商铺存货，赶来草原，医治姥姥。病入膏肓之疾，妙手亦难挽回姥姥生命。半年后，父亲把我带回土木堡。娘亲仍然留在草原料理牧场的牛羊。我长大后，就在土木堡、草原两地奔波，照顾父亲、娘亲，随父习文学医，也学习蒙古医学。

"我与你叔叔哈汗多医生是好友，常在一起商讨治疗奇病杂症。

说起他的侄女设帐授徒，也来凑凑热闹，想不到你的蒙古语、汉语说得如此流畅。"

耶律孝博学多才，常带来不少的蒙古文和汉文书籍，帮助塞汗依依习读，甚得她的欢心，成为安达（朋友）。相处渐多，两情相悦。经哈汗多叔叔撮合，帖木花花额吉赞同，为两人举行了婚礼。

婚后，塞汗依依对丈夫说起，自己原是大明山西大同郊外游家营人，母亲被入侵大同的瓦剌军杀死，自己没死，是瓦剌千夫长阿里帖木爸爸在刀下救了自己，并作为女儿抚养，恩如天造。自己的亲生父亲游云方，是秀才出身的练武人，大明皇帝的御营侍卫。总想有一天，回到大明的故乡，见上生父，拜祭母亲。

得知塞汗依依的不幸遭遇，身为胡族的耶律孝更是疼爱妻子，答应有朝一日，会接她回到大明的家中。

成家后，塞汗依依仍在蒙古包内设帐授徒。几年后，生育了一男一女，儿子名莽原，女儿名莽佳。耶律孝把儿子带回祖母家，由母亲月明纳格抚养，但他经常回姥姥帖木花花家玩耍。女儿一直留在塞汗依依身边。耶律孝则在草原行医，有时也回到土木堡陪伴父亲耶律雄略。

待到女儿莽佳懂事后，塞汗依依会带她到门外不远处的栗子树下看栗子花，栗子成熟时，捡栗子吃，教女儿唱《栗子歌》，猜栗子谜语。

女儿问额吉，这栗子树又高又大，栗子又多又香甜，别的地方有吗？塞汗依依告知女儿，有啊。在遥远的东方大同，也有一棵又高又大的栗子树，以后额吉会带莽佳到那里采摘栗子。说着说着，眼泪不禁流出，急急转过身去，不让女儿看到。

父母知书读书，莽佳从小就跟额吉认字念书，习蒙古文、汉文，她更爱读中华唐诗，记性好，勤背诵，读熟不少唐诗。长到十多岁时，像草原多数女孩一样，不爱红装爱刀枪。

姥爷阿里帖木过世后，蒙古包里仍然保留千夫长使用过的刀枪弓箭。莽佳常与格列沙、娜音白云、绥奔顺等玩友练刀、挥枪、射箭，驰马放缰，射狼猎兔，一身野性，是出名的"假小子"。大哥不在额吉身边，塞汗依依更疼爱她，姥姥帖木花花娇宠她。叔公哈汗多关心她，教她蒙文医书，让她随自己行医，快乐生活在草原上。

又到秋高气爽，草肥马壮时，耶律孝的父亲耶律雄略来到草原，看望妻子、媳妇、儿孙，不到三个月，妻子月明纳格病逝。料理完丧事后，耶律雄略伤心过度，大病缠身，生怕在世没有多少时日，身体稍微好转，即要儿子送他回土木堡终老。那里有他祖父耶律公明、父亲耶律远博的坟墓，殁后卧在一起，做伴团聚。侍候祖辈，他又是一位情怀故国的老朽，祖辈出生在辽国，辽国的国君耶律阿保机曾在土木堡巡幸，搭建大幕，住了数天，后来建起土木堡城。老人为此把土木堡看作圣地，是最好的归宿。更不近人情的是，定要儿孙媳妇一同随他还乡。

塞汗依依不从，说自己在爸爸阿里帖木临终时，承诺陪伴额吉帖木花花一生，不离不弃。现在额吉年迈体弱，我若远去，谁给额吉端水送食？

耶律雄略见塞汗依依是头硬颈牛，按下头，不饮水。不管孙儿、孙女哭哭啼啼，硬要儿子耶律孝带领孩子回土木堡。

临别草原，耶律孝告知儿女，额吉塞汗依依不是胡族人，是汉民。老家在大明晋北大同游家营，以后要想方设法接额吉回大明故乡。

莽佳听后说，"我知道了，额吉的老家有棵高大的栗子树"。大哥问她何以知道，小妹回答是额吉说的。额吉常在草原的帐篷外入迷地看着栗子树，情深意浓唱《栗子歌》呢！

回到土木堡后，不知是祖宗保佑，还是故土山好水好，耶律雄略老人又焕发生机，但双腿乏力，无法走动，靠儿孙照料。

耶律孝不能抛下老父回到大漠妻子身边，只好在土木堡继承祖业悬壶，照料父亲，教育儿女。隐姓埋名，称作楚敬先。自己不能去草原，每天望眼欲穿，盼妻子塞汗依依回来团聚。

塞汗依依不是不能来，善良的帖木花花额吉要她随夫回归大明土木堡。她不肯违背自己的诺言：陪伴额吉一生。

当她有朝一日，回到大明故土，踏入家门，即遇凶险，差点连命都丢了，这是她和丈夫楚敬先都想不到的。

放下草原长痛分离的故事，回到大同马市。

萧惟昌见换马大事，已经办妥。禀知千夫长樊忠大人，恩师少林寺高僧游云方的家，在马市北面的游家营，多年不知音讯，想到村中探问。

樊忠久在朝野，知道游云方法号释安同，是位高僧，武功修为深厚，乐意到村中见识请教。

楚莽原是当地官员，游云方是自己外公，更是乐意陪同，领着两位大人拍马前行。

来到游家营村边，萧惟昌见到一座泥屋的大院中伸出一棵挂果的高大栗子树，跳下马道："这应是恩师游云方的家了。"

楚莽原问他："怎知是我外公家？你来过吗？"萧惟昌答没来过，正想说明时，猛然听到屋内传出兵器碰击之声。萧惟昌快步上前，推开木门，见到三位黑衣人持刀追杀两位灰衣青年、一位年长妇人。刀刀砍向妇人，看得出杀死妇人是凶手的目标。两位灰衣青年拼命用短刀相斗，护在妇人身前身后。

楚莽原一见那妇人，直呼娘亲，持刀冲上前去问道："他们为什么杀您？"妇人道："快杀贼人，不知为何冲我们三人而来。"

几位黑衣人，见破门而入的是三位军爷。愕然走神，一位被楚莽原砍死，一位被灰衣青年断喉身亡，一位重伤倒在地上。

樊忠拉起伤者，萧惟昌用蒙古语问他从哪里来？是不是瓦剌探子？为何在大同杀人？见黑衣人不知所云，改用京腔再问。那人回答，是汉民，受上峰差遣，从城内炭道而来，杀汉人蒙人，让汉人与胡虏相杀，就伤重死去。抄查三人尸体，每人腰缠两枚永乐年间铸的大铜钱，再无他物。见多识广的樊大人也无法弄清三人的身份，命萧惟昌收好铜钱，来日查清楚。

那位被救下的妇人，是从草原回乡的塞汗依依，即游幼历。想不到回到别后 40 多年的老家，就遭追杀。见到儿子，惊魂甫定。走上前去，谢过两位军爷救命之恩。

那两位灰衣青年，收起短刀，拉着楚莽原的手说："莽原兄弟，认出我俩吗？"一位说是布拉拉的儿子格列沙，一位说是蒙马尔的儿子绥奔顺。楚莽原搂着两人说："认得！认得！幸亏两位兄长拼命相救，要不我娘亲早没命了。"然后领着两人见过樊忠、萧惟昌大人。

千夫长樊忠正欲问清楚事情发生的经过，进来了几位年长的和年轻的村民，手持锄头、铁铲，是听到打杀声，结伴而来，探个明白。他们中有人认识楚莽原，又见两位官军站在院内，死了三人，与己无关，正想离去。

塞汗依依认出那白胡子、头包羊肚巾的大爷，冲上去拉着他说："游老屯伯伯，我是幼历娃。"老人仔细打量说："认出了，和你娘亲在世时的面容一样。多年不见，以为你不在人世了，后来大外孙莽原、莽佳和他父亲回村中，打探你父亲游云方下落，才知你活着，我和你伯娘可高兴了。你父亲在五年前回过一次家，此后再没回过。房子由我打理，栗子由我收摘，每年也有几吊钱，积在家里，买油换盐。"

听了此话，游幼历的泪水直流，走上前去紧紧抱住栗子树。苍梧的栗子树，头顶蓝天，脚踩黄土，风雪昂头，暴雨挺胸，听惯了几十年悲欢离合的故事。生离死别你会哭，游子回家你会笑。花满树，果满枝，塞外回来的女儿，会给你培上沃土。

栗子成熟了，庭院的黄土地上，散落许多褐色、黄绿色的栗蓬。栗蓬裂开后，弹出两颗或三四颗或圆或扁的栗子。萧惟昌俯身拾起几颗，说："幼历姑姑，栗子的栗，蒙古语是'呼什哈'？栗子也可称'呼什哈'？"

游幼历点头答："是啊。"

萧惟昌道："我恩师释安同大师，身体健壮，就是小时多吃栗子，现在鹤发童颜。栗子甘平补肾，益气厚肠，止渴耐饥，健腰壮体，生熟可食，炒煮皆宜。"

楚莽原问他："萧校尉，你对栗子知之颇多，是我妹妹莽佳伴你和袁彬百夫长，到赛汗塔拉草原见到我姥姥蒙古包外的栗子树，告知你这些知识吧？"

萧惟昌回答："是北宋王朝西蜀眉山县人苏辙，即苏东坡的弟弟告知我，他也是文豪，有诗云：'老去自添腰腿病，山翁服栗旧传方。客来为说晨与晚，三咽徐收白玉浆。'"

楚莽原高兴道："是这样。食栗子如品仙人白玉浆。难怪我娘亲从草原回到遥远的大明游家营，没有疲劳的感觉。"

游幼历道："我儿说得对。"接过萧惟昌递来的几颗栗子，弯腰捡起落在地上的多个熟果，装入小布袋，说带回土木堡，让夫君与女儿一起共享美食。

听到此，樊忠多少明白一些内情，回到互市监督司再问清楚。掏出一锭10两银子，放在老人手上说："游老屯大爷，你费心了。难得几十年来为侄女理家，打扫得干干净净。游大妹回乡，先住下，家中的事以后慢慢唠。劳烦老人家找人帮忙，把贼人的尸体埋葬。上报官府，说是御营千夫长樊忠、百夫长萧惟昌杀贼，就不会招来麻烦。"萧惟昌顺手掏出张纸，写上"御营官军杀贼"的字条，签上姓名，交给老屯伯。老屯伯接过银子、字条说，定按大军爷的嘱咐办，退出门外。

樊忠几人走出门外，格列沙、绥奔顺吹响口哨，五匹草原大马齐刷刷回到身旁。众人上马，奔向马市监督司的驿站。楚莽原安排众人住下后，领着娘亲，叫上萧惟昌，一起来到樊忠大人的房间，感谢救命之恩。游幼历把在草原生活、回家的经过，详详细细告知樊大人。

樊忠听后道："大妹子，我祝贺你，苦尽甘来，回到大明国土的自己家园，与夫君、儿女团聚。"又说自己能想到蒙古牧民中，有善良的好人；想不到的是他们中的军爷和贵族，也有善良的好人。明天，就可以押送1500匹良马出大同，入怀来县的鸡鸣驿，住上一天。自己和萧惟昌兄弟，送大妹子回土木堡，饮上两杯团聚酒，再回京城交马复令。听得游幼历母子笑逐颜开。

牧民有早起的习惯，太阳初升，格列沙、绥奔顺骑着马，手牵两匹马，到互市交换物品。

樊忠四人也在草原上驰马健体。格列沙把两匹马交给楚莽原，说是换点盐茶，好早回家报平安，让家人放心。楚莽原道："两匹马屁股能驮多少物品？把我娘亲的马一起骑回草原去。我准备了三驮米帛盐茶，给你们带回家。"樊忠接着道："我送粮帛一驮。"萧惟昌跟着也报上一驮。楚莽原道："两位大人各送一驮，我不敢超过，送上第三驮，零星的布料、食品、饮水，挂在你俩的马鞍后。"

装上物品，游幼历嘱咐格列沙、绥奔顺，把一驮交给叔叔哈汗多，其余两驮由小兄弟处理，别忘小时的玩伴和学生。每年秋八九月跳大神时，告知叔叔哈汗多，给我额吉和爸爸多烧点纸，上几炷香。长生天在上，父亲是天空，额吉是草原。两人点头。楚莽原掏出10两银子，作香烛费用交给格列沙，怎样说他都不肯领受，和绥奔顺骑着马，带着三驮物品，高高兴兴返回草原。

樊忠见天时不早了，命押军马的部队立即起程。楚莽原已离开母亲多年，安顿工作后，陪娘亲回家。一路上母子有说不完的话，嬉嬉笑笑，又悲又喜，告知娘亲，妹妹现在已是医术高明的郎中，随父亲行医，深得民众信赖。又指着萧惟昌说，妹妹对这位来自南方沿海的军爷有意思，乐得母亲连声说，这是美事啊！

部队抵达鸡鸣城驿站，安排好马匹入厩，分派官军看守、喂养。樊忠便和萧惟昌、楚莽原母子，飞骑奔向土木堡。五六十里的路程，只用一个时辰就到了，楚莽原先回家报信。

喜得楚莽佳拉着父亲跑出门外迎接，把母亲抱下马，交给父亲扶着。又过来拉萧惟昌和大哥楚莽原，见樊忠大人穿着高官的军服，不敢任性，微笑望着。楚莽原说是千夫长樊忠大人，于是躬身行礼，请进屋内饮茶。

喝了几杯茶后，楚敬先问妻子，是帖木花花妈妈让你回大明，还是挂念宝贝儿女私自回家？

游幼历流着泪说："帖木花花额吉自爸爸过世后，长年郁郁不乐，你又把她心肝似的外孙带走。额吉不说，我心自明。她总是那句没完没了的话：走失的良马，有日会回到牧主身旁，老马识途；远在他方的儿女，有天会回到家乡的热土，归鸟恋窠。后来得了重病，叔叔哈汗多精心治疗，时好时差。我回大明前两个月，额吉再不肯吃药，叔叔劝她，我跪求她，总是喃喃自语，我要见你爸爸了，与他相聚。其实，额吉明白，她活着，我不会离开她。

"额吉最终安静地走了，我和叔叔哈汗多、婶婶鲁娜云音送她入土。十天前，叔叔和爸爸的部属布拉拉、蒙马尔商量，安排他们的儿子格列沙、绥奔顺，护送我回大明与家人团聚。帐篷内的教学，由布拉拉千夫长的女儿娜音白云接替。"

听得众人发出叹息，深明大义的母亲、叔叔、蒙古族人民。

游幼历转过话题问："莽佳，你姥姥走了，你爷爷可好？"莽佳回答："爷爷在三个月前过世。我和父亲正准备到草原探娘亲，幸好您早回，要不娘亲在路上，父亲在路上，空跑一趟。"

众人静下来，楚莽原问："萧大人，你是如何知道我母亲住在游家营长着栗子树旧屋的？要是迟几步到，我娘亲可危险了。"

萧惟昌没有立即回答，用山西晋北的小调唱起《栗子歌》：

> 开花像柳絮，果子似刺猬。
>
> 剥开三层皮，方能吃到嘴。

"我是如何会唱此歌？是楚姑娘在赛汗塔拉草原的栗子树下所唱。我留意记在心中。当时，楚姑娘对栗子树、栗子花、栗子果，有种难以言表的缱绻感情。我猜游大姑大同老家定有栗子树。殊不知赛汗塔拉草原的那棵栗子树，同样寄托楚姑娘对姥爷、姥姥、对父母的深情厚爱。"

楚莽佳也对父母和樊大人说起当年与袁彬大人、萧惟昌大哥潜入大漠，刺探军情，来到姥姥蒙古包前边的栗子树下捡栗子花，唱母亲教会的两首《栗子歌》，因军情紧急，未能去见姥姥和娘亲的经过。对萧惟昌的机灵果断、善对突变，楚郎中的过家门而不入，樊忠大人竖起拇指称赞。

当楚莽佳听到大哥说樊忠大人慷慨赠银 10 两，奖励游老屯伯爷打理母亲旧居，且送了一驮米帛盐茶给叔公哈汗多，忙上前叩谢樊忠大人。

再听大哥说，萧惟昌也送了一驮物品给赛汗塔拉的牧民时，楚莽佳心中乐了。萧惟昌大哥提到自己，总是楚姑娘、楚姑娘的，声柔语蜜，不禁春心大动。走上前去，拉着萧惟昌道："萧大哥，我知道你是诚实的人，我这双浅棕色的眼睛不会看错人。我要你娶我，我是胡人女儿，没有汉人那些繁文缛节，爱就爱得痛快，断就断得决绝。答应我，母亲从草原回到大明团聚，喜上加喜啊！"

萧惟昌拉着楚莽佳的双手说："我答应你，大妹子、楚姑娘，执子之手，百年偕老。"

楚敬先、楚莽原多次接触萧惟昌，知他有文才、有武功，为人忠厚。游幼历初识萧惟昌，见这位军爷一表人才，有智有勇，相信女儿不会看错人。高兴得溢出热泪，连声说："好啊！好啊！"

见楚家父母、兄长同意婚事，樊忠道："恭喜！恭喜！明日与萧惟昌百夫长，押马回京交令，批他一旬假期，回土木堡成亲，也是楚先生一家团圆，好事成双。"

萧惟昌牵着楚莽佳，叩拜父母、兄长、樊大人玉成婚事。

游幼历大喜中，拿出从游家营家中带回的栗子，请樊忠大人尝鲜，众人一起品食，齐说又香又甜。

第十一章

朝贡使添乱北京　宁顺王欲兴残元

游幼历回到土木堡后，正统七年（1442）再添喜事。儿子楚莽原经千夫长樊忠夫人撮合，与国子监司业周易生的女儿周静兰成亲。知书识礼的媳妇，孝敬公婆，善待小姑，生活和睦，好不惬意。

到了正统十三年（1448）仲春，成亲多年的楚莽佳在京城的家中产下女儿，萧惟昌取名萧怀北。楚莽佳高兴，这是萧哥哥眷恋自己这位北方的大妹子。萧惟昌在御营服役，千夫长樊忠常派他和师兄百夫长袁彬到大漠刺探军情，或派两人带领御营军伍到土木堡、样边长城一带练兵，也磨炼自己。一去两三个月。楚莽佳会携幼女，回到长城外的土木堡和父母团聚，三代同乐。

若楚敬先大夫被蒙古商贾请到坝上的多伦城治病，楚莽佳留下女儿由母亲照顾，随父同往。患上奇难重症的蒙古民众，多被楚家父女治愈。闻名而来求诊的蒙民接连不断，他们同样精心治疗，对贫困牧民施医舍药，仁心厚德，传扬蒙南地区。

到了正统十四年（1449）夏五月，哈汗多医师被请到多伦城为部落首领治病。遇见好友佺婿楚敬先、佺外孙女楚莽佳，三人皆大欢喜。一起探讨汉蒙医术，提高本领。

一个月后，哈汗多要回赛汗塔拉草原。楚敬先把早已准备好、自已配制的丸散丹膏、参芪补品一大袋汉药送给外叔，草原急需这些药物。

楚莽佳代母亲购买蒙古长袍、宽边腰带、锦缎高靴，众多穿着用品，送给婶婆鲁娜云音。再添上油盐等食品，请叔公带回给草原的朋友。哈汗多赞她对草原情深。尔后，叔公回赠数袋干奶酪，给结婚育儿的侄外孙女。楚莽佳行蒙古礼相谢。

临别坐上马车时，哈汗多告知楚敬先，他来多伦城之前，也先太师率几百人的卫队到赛汗塔拉草原征兵拉丁，牵牛捉羊。牧民稍有不满，就遭到他的卫队长古魁铁力痛打，拘押捆缚。千夫长布哈哈多劝几句，求放牧民，被凶恶的卫队长破口大骂，要打要杀。经百夫长蒙马尔规劝，古魁铁力才收起打人的牛皮鞭，押上收缴的众多牛羊上路，抛下狠毒的话，"谁不跟随太师征战，就取谁的头颅"。

哈汗多忧心忡忡地说，扩军储粮，准备开战，草原遭殃，牧民流血。打仗，是在部落间？是对北部的鞑靼人？是对南面的大明王朝？这就不得而知。要楚莽佳转告夫君萧惟昌，留意提防。期望天降甘霖，能把未燃的战火熄灭。

见多识广，医遍阴山之南患病的牧民，通晓瓦剌内外争斗历史，草原蒙医哈汗多的一番话，深深震动楚氏父女的心弦。

楚莽佳送别外叔公回草原，陪父亲回到大明土木堡，拜见慈母游幼历，才带女儿萧怀北回京城。她和萧哥哥的爱巢在德胜门外西侧，紫塞大街鸭膳胡同。

时在仲秋，楚莽佳陪着女儿萧怀北在胡同边林带玩耍，小家伙在草坪上学走路，快乐得哈哈大笑。

德胜门是京城著名的大门，明代历朝皇帝统帅西征大漠，胜利班师，经此门进宫，故有此称。街上商铺多、行人多。是西北胡人进入北京的大门。可见一群群的胡族民众在街上行走，也有牵着驮货的骆驼，进入路旁的马车店休息，骑马的明军在巡逻。

在众多来往的胡人群中，楚莽佳眼尖，见到穿着蒙古衣装的萧哥哥、袁彬大人。两人从蒙古草原执行公干回来了。

小怀北见到父亲，扑上前去，父亲叫个不停。萧惟昌抱起女儿，高兴地亲着那皮肤嫩润的脸蛋，乐得不知所云。

御营校尉宿舍，就在鸭膳胡同。见日已中午，楚莽佳说："我们一起去吃午餐——吃烤鸭，我和女儿请，欢迎远道归来的军爷。"他们进入一家著名的"聚膳烤鸭店"。

这一带多湖泊水洼，民众喜欢养鸭，善于养鸭，多用手工填喂食料，白鸭肥大饱满，肉厚骨脆，被聚膳烤鸭店师傅选中，源源上供。烤鸭原为宫廷美食，后流入民间，先在饲养肉鸭的村庄制作。聚膳烤鸭店的制作技艺，是御厨师傅传给孙辈经营，是经营烤鸭数十年的老店，生意自然兴隆。

楚莽佳说："京城美食，莫少于鸭，烤鸭尤佳。这家老店有北京第一烤鸭店之称。"

袁彬道："弟妹这么说来，烤鸭名不虚传了。"

食店大门旁，摆着八座古炉，分为两排，流水作业，四座炉在熊熊烧火，柴火是用枣树、杏树、桃树、栗树的干枝。当炉壁红透时，火工停止烧火，厨工打开顶盖，迅速将宰好除去内脏的肥鸭挂入炉内，关闭炉门及顶盖，借助炉壁的高温、炭火的炽热烤熟鸭只。站在炉旁观看烤鸭的食客，细心者会听到炉内传出热化油脂吱吱的响声。不到小半个时辰，厨工打开炉门，每炉取出20只熟透的烤鸭，挂在竹竿的铁钩上。露出油亮的枣红、酥脆的表皮，香气扑鼻，任由食客挑肥选瘦。

这边烤鸭出炉，那边烧红的炉膛放入肥鸭，轮番烤制，已有百多只烤鸭挂出。

　　楚莽佳挑了两只肥鸭，再点两瓶汾酒。厨工切件，排在雪白的瓷盘，配上青绿的生葱、金黄的瓜条、甜酱、辣酱，引人食欲。斟上美酒，正欲举筷时，进来一队近百人的瓦刺兵，为首的是位千夫长，坐在紧靠萧惟昌的食桌旁。瓦刺人的胸前，挂着"朝贡大明使臣"的黄底红字布牌，千夫长的胸牌写上蒙古文——布达。

　　千夫长布达命食肆厨工，把竹竿上挂着的百多只熟鸭统统取下，放入几个大陶盘。瓦刺兵有台坐台，无台站立，人手一只鸭，双手撕着吃，狼吞虎咽，风卷残云。

　　布达捧着一只撕开几片的烤鸭，眼睁睁地望着萧惟昌桌上的汾酒。萧惟昌知道蒙古人好酒，当兵的尤甚。便倒上满满一杯酒，用蒙古人敬酒的习俗说，美酒献给千夫长布达大人。

　　布达听萧惟昌讲蒙古语、识蒙古文，应是自己的同胞，不再见外，右手按着左胸，作礼回答。接过酒杯，一饮而尽，说："好酒，烈而醇。"千夫长也是知礼的人，把手上的一个鸭腿递给小怀北，说："小朋友先吃。"小怀北接过鸭腿时，楚莽佳用蒙古语教导女儿说："谢谢大军爷。"牙牙学语的小怀北，学着母亲的话，向千夫长道谢。乐得布达哈哈大笑，嚼了一口烤鸭后说："鸭香，脆而嫩。"

　　作为军人，思路敏捷的萧惟昌，见到一队不带武器的瓦刺军人出现在大明京城，统领他们的是一位高级军官。"朝贡大明使臣"应由朝廷理藩院接待，管他们吃喝住宿，何以散在街上酒肆寻食？出于何种原因？本能告诉他，内中必有重要的军事机密。他用流畅的蒙古语与千夫长搭讪，先从近处拉到远处。说："布达大人，这家烤鸭店是北京老店。烤鸭色香形俱佳，制作可不易，所用的是北京填鸭，饲养百多天，体重五六斤，宰后入炉前需打气、抹蜜、烫皮，能不好吃？"说完，向食肆伙计要来两只烤鸭，每只手撕成几块，递给千夫长两块，敬上一杯酒。对方说声多谢，坐过台来，几个人一起品酒吃鸭。

袁彬、楚莽佳已察知萧惟昌的用意，用蒙古语向千夫长祝酒。一瓶不够，再来两瓶。

见三人穿着蒙古服饰，说着流畅的蒙古语，使用蒙古礼节敬酒，布达千夫长问道："你们从包克图过来？从坝上多伦过来？"

萧惟昌回答："是从赛汗塔拉草原过来，属千夫长哈多多的部族。到大明京城寻商机，想在德胜门鸭膳胡同开间食肆，入烤鸭店品尝美味，了解烤鸭的制作，到时请千夫长大人光临。"

布达喝下两瓶酒，抹着满嘴的油腻答道："我不想到胡同的酒肆吃喝。随太师也先到大明皇城进贡有几年了，每次都由大明理藩院接待，领我们使臣到光禄寺吃喝住宿，好不威风。当时的使臣人数不多，从原来的十多人扩到数十甚至一二百人，现在猛增至 2000 人。皇帝给我们使臣的赏赐多，可分到每人的份上就少了。今次不知何因，只能在街上食肆找吃的填肚子。"

萧惟昌道："大人，我在大明京城见过安南（越南）、高丽国（朝鲜）的使臣朝贡皇帝，使臣是一二人，卫队不超过一二十人，何以我们蒙古大汗派来一二千人？"

千夫长布达回答道："我初期送太师也先入大明朝贡，人数也与安南他们相同。后来人数渐多，良莠不分，有唯利是图者，有顺手牵羊者。引起大明官员的不满，处处防范和抵制，这次多数朝贡人员吃不上饭，幸好安达招待，才能吃饱喝足。"

大明王朝接纳周边小国、部落首领的朝贡，是实施隋唐两朝设置和睦邻国的大政延续。当时南面的安南、北面的高丽、东面大洋上的中山国，皆是大明友好邻邦，受到国力强盛的大明王朝的保护。每年，他们派使臣向大明王朝进贡，得到皇帝的封号赏赐，或是皇帝派出大臣前去册封他们的国君，赐给财物、粮食，互结友好邻邦。

蒙古瓦剌太师也先，同样受到大明正统朝皇帝朱祁镇封赐为宁顺王。

也先这位草原王，高举封诰"王旗"，作为"老虎皮"，在大漠横行霸道，威胁草原酋长、部落首领，听其号令。草原缺粮盐、缺布帛、缺生活用品，放任军旅到大明边境抢夺。强盗行为，舐血断腰，成本不轻。

掠夺之路难行。也先就把"老虎皮"改为"护身符"，向大明王朝进贡马匹皮毛，换取急需的粮帛铁器。效益自然不如"空手套白狼"的无本买卖方式。如何补救？精明的也先太师，进贡的物品以少报多、以次充好。朝贡人员，从几十人增至一二千人，以求获得高额的利润。

起初的买卖，不赔不赚，以讨好大明皇帝。渐渐露出奸诈本色，也知一口难咽下热羊腿。虚报的数量不大，皇上任由他索取。手握朝中大权的司礼太监王振，见皇上高兴，乐得顺着帝意，多赐多赏，从中得益。此后，宁顺王也先请求赏赐，没有不允。

王振如此关照大漠枭雄，也先能不感恩？贡品所得，拿出重金回奉。甚至以后的朝贡，未贡朝廷，先贡王振大人。惯例形成，蚁行有路，朝臣渐知，上奏皇帝。奏章全被王振扣下，照样与宁顺王也先共挖大明皇城墙脚，同享富贵。

也先太师一年年的进贡，使臣队伍一年年扩大，由每年进贡一次，增到两次、三次。原由部落首领、牙帐高官组成的使臣队伍，夹杂着军队细作、小偷惯盗，沿路刺探大明军情，抢掠边境乡镇村落。随着也先势力的膨胀，不把王振放在眼内，王振所得"贡品"渐少，惹怒了这位朝中跺跺脚华夏颤一颤的大太监。

王振命令礼部尚书胡濙，核实瓦剌进贡人员、马匹、皮毛，按数按量按质付款。也先见作弊之路堵住，放下身价，乞求朝廷加大赏赐金银、铁器、布帛、粮盐，王振置之不理。经户部尚书王佐劝说，给宁顺王一点面子，才借皇帝谕令，"十给其三"。并让胡濙尚书转达，"邻国友邦朝贡使臣，不超百人，每年朝贡不超两次，宁顺王应照此章程施行"。

也先太师大怒，处处设卡限制，物品不多，赏赐钱少，在京吃饭、回家的费用都不够。历年朝贡，不管人多人少，均由光禄寺全包食宿，现在大明皇帝不管，他这位宁顺王也不包办，只发少许银钱，让使臣自行解决吃住。回到大漠后，等待时机，以牙还牙，让王振知道厉害。

这就出现萧惟昌几人，在聚膳烤鸭店遇见千夫长布达，请他喝酒，吃烤鸭的场面。布达正在说话时，冲入一队数十人，挂着"朝贡大明使臣"的瓦剌兵，见食肆挂着百多只烤鸭，一哄而上，把烤鸭抢光。拿在手中，当街撕咬，如一群饿狼。边吃边骂，走入商铺，见可吃的物品，拿起食；见可穿的衣料，全拿去。店家阻拦，被打得头破血流。巡城的明军到来维持治安，劝瓦剌兵不要胡闹。因上峰有令，"朝贡使臣"是外交人员，有"豁免权"，以劝为主，显示大明对胡人友好，是礼仪之邦。

瓦剌兵见大明官兵举着雪亮的刀枪，若劈下来，就没了性命。只好停手，作鸟兽散去。

这边街的抢劫停息，那边街出现瓦剌兵烧民房，趁火打劫，明军防不胜防。

布达千夫长见自己的军队，在自己眼底抢劫打人，丢尽蒙古民族的尊严，走上街中，大声呼喝："谁在大明皇城闹事，军纪不容。"不知闹事者听不到，还是不把千夫长大人放在眼中，抢劫放火的瓦剌兵，没有收手。

千夫长布达无奈，命随员交餐费。楚莽佳不让，要代他们交，布达说声多谢，然后列队在鸭膳胡同巡查，不准自己的使臣入屋抢劫，反抗者砍头。

千夫长布达回到烤鸭店内，对萧惟昌说："抢劫者多是夹在军队中不明身份之人所干。大明的京城不安全，几位安达，还是回到赛汗塔拉草原，待边境平静后再做营商打算吧。"

萧惟昌与袁彬答："我们听从千夫长大人的安排，回到草原。"

也先太师纵兵闹事，明军已在街上劝阻，刀枪无眼。北京是四夷瞩目的大明皇城，不是大漠草原。报复司礼太监王振的目的已达到，再闹事怕自己脱不了身，命卫队长古魁铁木传他命令："滋事者杀！"

呜呜的胡笳声，在鸭膳胡同及多条街道响起，凄绝寒心，这是瓦刺军队集结的命令。号角齐鸣，震耳声声，是千夫长们集好贡使队伍的回应，抢掠停止，大火扑灭，街上恢复平静。

也先太师的心情可不平静。

北京曾是元朝首都——大都，先祖曾在大都登基，君临天下，威震八极。四夷属臣，来京朝拜，进贡使者，络绎不绝。可惜眼下的大都，改称北京，换了主人，自己变成使臣，屈膝朝贡大明皇帝。遭到宦官司礼太监王振百般刁难，忍气吞声，乞求军械，乞求粮帛，十得其三。2000人的使团队伍，只作500人赏赐钱财，像打发讨饭的乞丐一样。这怨何时申？这仇何时报？

君子报仇，等待时机。汉人春秋战国时的越国国王勾践，卧薪尝胆多年，终于复国。我也先能屈能伸，不能像35年前祖父马哈木、父亲脱欢那样，没做好足够的准备，进攻大明边境，复国不成，反被永乐皇帝朱棣打败。现时可不同，本太师扩军备战，多年苦练兵伍，粮饷充裕，牛羊遍野，可与大明一战。

正统皇帝朱祁镇，是个毛头小儿，偏听于太监王振，远离名臣良将，哪能阻挡我强大铁骑的冲击，精兵强将的劈杀。想着想着，也先太师觉得自己是北京皇殿的主宰者，五凤楼高高飘扬元朝瓦刺的旗帜。

也先太师在做黄粱美梦，放下不提。

回到聚膳烤鸭店，瓦剌千夫长布达率他的朝贡队伍归营，萧惟昌、袁彬送他到街口，挥手作别。

在回校尉宿舍的路上，萧惟昌抱着女儿，楚莽佳将在蒙南多伦城，见到叔公哈汗多时，说起也先太师率卫队长古魁铁力在赛汗塔拉草原征兵扩军准备战争的大事告知两位军爷。

袁彬道："弟妹转达也先在赛汗塔拉的征兵扩军消息，与我和萧贤弟在包克图、阴山南、黄河边草场获得的情报一样，必须做好战争的准备。明晨，即向千夫长樊忠大人报告。"

当樊忠将军向王振大人禀告萧惟昌、袁彬校尉秘潜大漠草原，获得瓦剌军队欲入侵大明的情报时，王振不当回事，说也先有几颗脑袋，敢撞大明王朝的铜墙铁壁。几日前，瓦剌人在德胜门内的鸭膳胡同捣乱，是也先这位宁顺王压我，多赐贡使团队金银铁器，我不答应。他们添乱，也乱不起来。

看在外域使臣的面子，我没派兵打杀。那2000人的军伍，是几条浅水中的泥鳅，掀不起大浪。动动手，就能捏死它。这帮瓦剌人慑于大明的军威，收手结队，跟随宁顺王也先灰溜溜打马回草原。

樊忠继续进言："皇城重兵防卫，也先都敢放任士卒骚扰，还有他不敢攻打的城池？大人不可不防啊！"

见樊忠顶撞自己，王振大骂他放肆，训斥樊忠说："也先若敢向大明王朝开战，我亲率军伍出征，让他有来无回。"

王振不知天高地厚的狂言，樊忠听了，无言退出。自知多说，是对牛弹琴。他坚信战火即将燃烧，自己无法扑灭，只能以生命许国，报答皇帝、效忠社稷。

大明王朝掌握权力的王振不懂兵，也先却会打仗，派出一支支军队，如一道道雷霆，劈向大明帝国。

建言大汗托克托布哈，从内蒙古乌梁素海杀向大明辽东；

命令阿拉知院，率军进击大明长城外的宣府，围困赤城；

命令鞑靼部落首领保喇将军，进攻大明西北的重镇甘肃。

也先太师指挥重兵，向大明山西大同进军，打开关隘缺口，向东直取北京。

四路进军，突出重点，主力攻打大同，牵引明军在大同决战，以逸待劳，攻而击之，围而歼之。

也先如意算盘打响，是否得逞，就看大明君臣的破招谋略了。

第十二章

土木堡英宗被掳　萧惟昌北京报信

明朝正统十四年（1449）七月十一日，北方的重镇山西大同，狼烟冲天，杀声撕裂低垂的黑云，牛羊奔突，村民逃离，茅舍焚毁，庄稼扫平，蒙古瓦剌骑兵数万之众，在太师也先统率下入侵晋北大同，白登山的晨梦被铁蹄踏碎而哭泣，桑干河发出救急的呐喊。

大同北面的朔孤山，西北的野狐岭、雷公山，西南七峰山明军的据点，纷纷告急，或被瓦剌大军击破。大同镇总兵官增兵阻敌，向朝廷告急，奏章如雪片飞来。大同是明朝东起鸭绿江，西至长城嘉峪关，设置的九个重镇之一，是北京的门户。

也先太师发动袭击明廷边境的借口，是进贡马匹物品、朝贡的数千名使臣得不到应有的封赏，用战争作为索取利益的武器。没有借口，侵略的战争，同样会发生。要找借口挑衅，就如恶人欺压善人，怎会没理由？几千名朝贡使臣，人数之大，闻所未闻。其实，这场不义战争，也先早有准备。

瓦剌侵略大同的战争打响，大同镇总兵官两次派出军队在关外抗击，均是将死兵殁。

边境战争突发，朝臣忧心忡忡。掌握朝廷大权的司礼太监王振，心中大喜，立即怂恿英宗皇帝亲征。燃起年轻皇帝心雄气壮的斗志，效法先帝在北征瓦剌强敌中大显身手，扬名四夷八方。英宗是个有亲和力的人，但过于单纯，容易听信谗言，因此不顾多数大臣苦谏。金口已开，朝臣遵命。谕旨皇弟郕王朱祁钰为监国，代理国务，待他打败瓦剌入侵，凯旋回朝，再掌朝政。郕王跪下接旨后说，皇帝回朝时，即把皇权交回皇兄英宗。

七月十六日，英宗率王师 50 万大军出征大同，近百名六部尚书、侍郎、九卿大臣护驾。御营统领樊忠将军，带领萧惟昌、袁彬、李厚义 30 名百夫长，亲军 9000 名护卫皇上。

出师途中，王振大人告知一众将军，前方传来情报，入侵大同的瓦剌军只有 2 万人，得意扬言，我军人众，每人一口唾沫，就能淹死瓦剌军。听此豪言，士气疯狂，似是胜利的曙光就在前面的山头，只要冲上去，射人先射马，擒贼先擒王，成为获胜者，押着俘虏，扬眉吐气回师京城。

皇帝得知 50 万大军，对付 2 万敌军，跺跺脚就能踩死敌人。兴致勃勃坐在御驾内观山览水。

王振大人心畅气扬，骑着金鞍银鞯的高大良马，护着皇上的龙辇，奴才声高，奴才声低，句句是吹捧的话语，搔得万岁爷周身舒畅。时而放马向前，命先行的大将军加快步伐；时而扭转马头向后走，督促后军保持队形，跟上皇帝的辇车。

望着那看不到头的军旗旌帜迎风飘扬，听着那响彻云霄的进军鼓点声声，王振大人心花怒放，在他眼中，京城的长安大街，慢慢化成一条海中航道，波涛连天的洋面上是一艘艘远航的大船，称作龙船的主船三层塔楼的平台，坐着身穿大明冠服的内官郑和，率队下西洋……

年轻时王振是郑和大人的"粉丝"，当上大官后，官厅中堂高悬下西洋的巨画，要做郑和第二。现在倒过来了，你老兄那 200 来艘木船，2 万多将兵，是小不点了。本人统领的是 50 万大军，战马 20 多万匹，车辚辚，马萧萧，要风得风，要雨得雨。海上郑和与陆上王振相比，高佬跌跤——差得远了。

航行海湾大洋，只有云影清波，寂寞相伴。我王振在广道大衢督师进军，逢山开路，遇水搭桥，谁不知司礼太监王振响彻九霄的大名。你留业绩在海洋，我留青史在战场。说什么王振随皇上亲征，是皇帝随我王振行军打仗。这位才 20 出头的帝君，长在深宫，见过战争吗？没有。听过战争吗？是有。曾祖父永乐大帝七次亲征蒙古漠北，他的父皇宣宗皇帝，两次进入草原讨伐瓦剌。这个毛头皇上，行军打仗，还不是全靠我这位"先生"出主意、当指挥？那些腐儒知什么兵事，那些公侯战将懂什么战法？

正当王振做着大明的战神、抗击瓦剌的英雄美梦时，放松手中的缰绳，差点摔下马来。幸好牵马的校尉及时收缰，保护王振大人稳坐马上，才不出丑，闹出笑话。

师出昌平县居庸关，渐渐进入太行山西部的荒原，少见镇甸村落，多是破堡残垒。黄尘飞沙，天蒙蒙，地浑浑。时逢初秋，天气炎热，苦渴难耐。不久，天气骤变，秋雨连绵，官兵没有竹笠雨布，身湿体寒。大路泥泞，车辆马队走过，形成沼泽。白天冒雨行军，夜宿泥水湿地，军伍疲乏，患病者多。走着走着，跌入路沟，没了气息。夜间宿营，晨起呼名，也见冻僵之体。白天，士卒不敢怨声；夜晚，叹息不绝。士气低落，厌战成风。

渐近大同，将军高官紧紧捂着大同外围战败的信息，捂也捂不住，由大同城中逃出的难民传开，流入军中，惹得人心惶惶。此是半个月前的战事，瓦剌军攻击大同外围据点猫儿岭，参将吴浩战死，阵地丢失。大同镇守将西宁侯朱瑛、武进伯朱冕再度率重兵出战，在阳和县的北山战败。两位名将殉国，全军覆没。却有两位高官临阵逃脱：将军石亨,单枪匹马逃回大同;监军太监郭敬,躲在草丛装死,侥幸逃生。

猫儿岭、阳和北山,是王师进入大同必经之途。瓦剌人不打扫战场,大同守军不掩埋死者。被敌人所杀的明军尸体遍野,污血凝结,山沟坡底,臭气熏天。鹞鹰在啄食,野狼在撕咬。军队掩面而过,心寒齿冷。

大同告急时,英宗皇帝下旨,命河南、山西、京师的班军、京军,提早结束休整,急赴大同、宣府,加强防范。以为可挡住也先太师的凶焰,谁知大同两战俱败。

萧惟昌、袁彬两位百夫长,在蒙古赛汗塔拉草原跳神场上见过这位瓦剌首领也先太师,曾尾随他率军演习攻击紫荆关,斗志凶猛,如头出山的野熊。禀告樊忠大人,做好提防。

瓦剌太师也先,是草原枭雄马哈木的孙子、脱欢的儿子,三代人均与大明为敌。正统十年(1445),也先以武力统一蒙古,不忘祖训,野心极大:雄霸草原,欲恢复元朝。入侵大同,心存必得,再捣大明心脏——北京。

樊忠命令萧惟昌、袁彬两人,带领自己的部众,掩埋战伴的尸体,并告知众军,唾沫淹不死敌人,刀枪才能杀死敌人。

大军继续行进,令萧惟昌心寒的是,御营乏粮,可想而知全军缺粮。将士枵腹,短衣少医,常见饿死、病死者,此是仓促出师造成。

行军打仗,几十万人出征,不是赴宴席,不是上食肆。设宴席,办理食材,少则二三天,多则五七天。筹备军饷军粮,更要时日。不说永乐成祖七次亲征瓦剌,十多年前的宣宗皇帝,出战大漠,花了几个月时间准备,征集民间车辆,组织夫役,运粮车队,保障后勤辎重。打有准备的仗,才能击败瓦剌贼人。这次皇上发诏出征,不到三天大军开拔。把兵马未动,粮草先行,改为粮秣未备,军马先行,难掩将士心慌怨愤。

御师抵达大同，包围大同的瓦刺军已撤。王振得意，认为敌人胆寒，闻风而逃。

别过早高兴，兵部尚书邝埜大人判断，说前秦的苻坚，出兵攻打东晋，自夸兵多将广，投鞭可以断流。结果在淝水之战，为谢玄打败。提醒我辈，小心用兵。严防敌人诱兵之计。王振不听，斥责邝埜不会打仗。不听劝告，欲送大军进入大漠，喂饱饿狼。直到他的死党、从战场逃回大同的监军太监郭敬告知，阳和县北山惨败，败在敌人的骁勇凶悍，铁骑风一样袭来，利箭雨一样飞到，自己诈死藏在野草中，捡回一条命。听得王振胆战心惊，才下令回师。

于是命广宁伯刘安亮为大同总兵官，佥事郭登充副将镇守大同。郭登将军建言，王师由大同经蔚县，过紫荆关，回北京，是一道捷径且安全。可是，司礼太监王公公，这位左右全军的蠢材，偏偏不接受。他还没过足"统率六军"的瘾头，"战略家"的威风也未出尽。八月初三从大同回师时，一意孤行，胡乱指挥，辗转山西天镇县、阳高县，河北阳原县，山西白登，河北宣府，花去十天时间。用他的话说，是寻找战机，数十万军马，总不能刀不刃血，马不嘶鸣，空手白搭回京。

王振闲得领着大军登山蹚水，也先可不闲，率军在背后跟踪而来，寻找战机。兵部尚书邝埜、户部尚书王佐，已洞悉敌人合歼明军的恶计。上书皇上，全被王振截下，大骂两人"乱我兵机"，罚跪草丛。满面羞愧、精疲力竭的邝埜尚书大人上马时，差点摔死。

大军入到怀来县境，已闻瓦刺骑兵从后面追击而来的铁蹄声响。王振派恭顺侯吴克忠、都督吴克勤统兵2万在雷家站阻击，全师覆灭。又派成国公朱勇、永顺伯薛授率4万官兵救援，在涿鹿县境内鹞儿岭中了也先的埋伏，同样全军尽殁。

危局已成，邝埜大人建言，留下一支军旅，阻挡顽敌，等待还未到达的千辆辎重大车，皇上辇驾可从怀来县城取道回京，是来得及的。可王振听不进去，仍要等车辆到达，排成十里车队，壮行入京，让京城百万民众，朝拜自己这位抗击瓦剌英雄，胜利回师。

从宣府用三天时间，全军到达怀来县土木堡，将军樊忠、百夫长萧惟昌和袁彬，已感到落入瓦剌敌兵包围的危险，正在议论脱险对策。

他们料到，也先太师敢于围攻数倍于己的明军，背后应有援兵。是这样，佯攻长城外辽东、河北宣府的两支军队已接到密令，悄悄回师，同围土木堡。王振大人仍蒙在鼓里。

宣府镇关，离土木堡不远，主将总兵官杨洪，不知是被敌人迷惑，还是怕瓦剌军队明退暗攻，稍有疏忽，丧兵失土，难负其咎。对土木堡被困，装作视而不见，坐失战机。这正中也先下怀。

樊忠、萧惟昌、袁彬几人正在焦虑时，王振出来巡营，见到他们。想到初次召见萧惟昌、袁彬，是在官署客厅郑和大人下西洋的画幅前，回师北京后，此画应撤下，换上北征图了，画中的主人是王振大人，一挥手，六军出击；一扬旗，万马飞奔。怀着兴奋的心情，与三人闲聊，如何保护好皇帝安全回京。

樊忠不语，袁彬见上司不开声，自己也不回答，都知今夜的土木堡不会平静。萧惟昌对眼前的险境，更是担心。提醒说："王大人，我荆妻是土木堡人，我对土木堡比较熟悉。御营进入土木堡，樊忠大人即令我和袁彬百夫长查看土木堡水情，看后极为担忧。土木堡南有妫水河，北有石河，东有沙河，堡内有四眼井，看似水源盛溢，数十万大军饮水不难。若细析，其实不然。北山上的石河山泉断流，沙河之水淹不过脚背，堡东驿站两眼水井，可供驿站及兵站使用，堡西两眼水井，只够堡中居民饮用。妫河之水，引到堡内，是能解军旅之渴，就怕……"萧惟昌没说下去，王振着急问他怕什么，说出来不会见怪。"就怕瓦剌军截断水路，无水可汲。"

王振并不把如此重大的"断我咽喉"战略当作大事，派重兵保护，却道："断我水道，我军还不死战，以一当百。当年楚国项羽破釜沉舟，奠定霸业。"听此说，三人无语。与狂妄不知兵凶的人对话，多说无益。王振走后，樊忠道："若断汲水之道，不战自乱，大军必危，不可不防，如何是好？"

正在议论间，邝埜大人接踵来到御营。樊忠将刚才向王振大人建言大事，重述一遍。这位统管全国兵马的兵部尚书说，他正为此事着急。查看土木堡地图，妫水河十里外有妫山口，两旁是山，多为密林。水面较窄，如在此处堵截水源，我军危矣。萧将军所言，正是老夫心中之所惧。老夫无权调动大军，也无法晋见皇上，所有奏章，皆由司礼太监王振大人转呈天子，却看不到皇上御批，心乱如麻。沉思片刻，邝埜大人语气坚定道："我手上仅有兵部直属卫队 1500 人，外加五旗工兵。工兵的武器不是长枪弩弓，是大斧、劈刀、铁锹，为皇上御辇经过之途伐木削山填坑，搭建和拆卸皇上行宫。我派 1000 名军官兵士，内有 300 名火炮火铳手，三旗工兵，由萧惟昌、袁彬将军带领，守护水源。若妫山口河道被堵，就要打败敌人；若未被敌堵住，守住河道，两者都得把此河段挖深扩宽，加大流量。我再命两旗工兵，在土木堡内绕东门而过的妫河，紧急叠堰，蓄水防患，不让河水白流。有了水，我军可以死守待援，或拔寨回京。"

邝埜大人不愧是位战略家，他已派信使持他的手令回兵部，命令侍郎于谦大人向太皇太后、监国郕王朱祁钰上奏，请求诏令宣府总兵官杨洪，率兵救援土木堡。邝大人不知，求救的信使接二连三落入瓦剌人手中。他可能有觉察，却没有绝望。

樊忠将军见邝大人高瞻远瞩，极为敬佩，说从御营抽 500 名校尉，一起行动，增强兵力，保护水源。

邝埜大人所说的旗，是军队的编制。每旗 60 人，由旗长领导。三旗 180 人，归百夫长指挥。

邝埜临危授命萧惟昌、袁彬抢水保水，这是他过人之处。他知道萧惟昌在紫荆关护林保关的事迹。批阅萧、袁两人在大漠识破也先突袭紫荆关的阴谋，在大漠侦察，被敌追杀机智脱险；大同抓获瓦剌奸细和内奸的战报，故托重任。

樊忠觉得事情重大，怕两位百夫长难以服众，请缨上阵。邝埜知他心思，说他是御营统领，不能离开皇上。邝埜大人心中明白，不到2000 人的队伍，夺水不难，守水不易。也先志在堵水，必定投入大批军力，与其在离开大营的河滩上与被占有优势的敌骑作战，还不如及时撤回土木堡。如能蓄半天清水，可供全军饮用两天，率军作殊死的搏杀。即严令道："夺水行动，以萧惟昌将军为指挥使，袁彬将军为副指挥使，死守水道三个时辰，即可撤兵，完成使命，活着回来。违令者，杀无赦。"

邝埜大人刚刚派出队伍守水抢水，属下急报，妫河断水，六军心乱。邝大人并不惊慌，相信萧惟昌将军能完成抢水任务。

萧惟昌熟悉妫河。自与楚莽佳郎中成亲后，军休之日，回到土木堡与岳父、岳母一家共聚。作为南方水乡人的他，特别喜欢清波绿水，常与妻子楚莽佳在妫河两岸漫步散心。天气炎热时，带上在北方长大的娇妻，骑马到妫山口一带游泳，令这位泼辣的女郎中大为开心。

接令后，萧惟昌老马识途，踏着月光率部队奔赴妫山口，与几位百夫长潜伏密林中窥看。见到有千多名敌军在运土填河，新的河堤即将筑成，河水尚未断流，淌过决口，急急向下游奔去。两旁有千名敌军在警戒。他们似乎不把明军放在眼里，一匹匹战马在河滩上吃草、饮水，守军在河中洗澡浣衣。

萧惟昌立即下达命令，300 名火炮火铳兵在河边林中埋伏，设好炮位。御营官兵先上，工兵跟进，兵部骑兵包抄敌人卫队。快速战斗，打溃敌军，退回密林，防止敌人反扑冲杀。

众军得令，分兵行动。萧惟昌率先跃上泥堤，持枪横扫。跟在身后的御营官兵，同样挥刀挥枪杀敌，不死的敌人，纷纷被扫落水中。袁彬率领的工兵冲上，工兵善于架桥操舟，水性特好，在急流中如踏平地，把那些被水灌得昏昏沉沉的瓦剌兵干净利落收拾掉。接着收刀持锹，破坏新坝后，与御营官兵一起退回东岸。再砍树伐木，修筑工事。

兵部700名骑兵，分成两队，合围守敌，一轮羽箭，已使敌人倒下百多人，策马冲上格杀，打得没有准备的瓦剌骑兵丢下马匹，四处奔逃。一众官军，遵守军令，不与残敌纠缠，回到阵地，伐木筑垒，迎接敌人的反扑。待河水急流过后，袁彬与工兵跳入水中，挥锹弄铲，加深加宽河道，扩大水流量，才回到密林，在妫山口把守。

半个时辰，集结好的瓦剌大队骑兵冲来，离木障十丈，萧惟昌命令发射火炮，火光闪烁，一排排的瓦剌骑兵倒在火焰中，炮手后退装药，火铳手推上前排放铳枪，打杀冲在前头的敌人骑兵。在敌人混乱之际，兵部的骑兵和御营的校尉，立即杀出，砍杀敌人后，撤回阵地。敌人放箭，也奈何不了他们。

那三旗工兵，潜伏密林，等待敌骑冲来，专砍马脚，砍杀落马敌军。一道道的防线，瓦剌兵难以穿越。

三个时辰已过，明军火炮弹药、火铳弹丸打光了。萧惟昌命令趁着夜色，撤回土木堡。妫河水也跟着这支获胜的队伍，一起重新流入土木堡。瓦剌人不敢追赶，生怕密林中有伏兵。

凌晨，邝埜大人、樊忠将军在兵部尚书的营帐等待，见到萧惟昌和一众官兵披着月色胜利回来，上前相迎。赞扬萧惟昌和官兵干得好，干得痛快。经察看堡内东门妫河的蓄水，已有三四尺深，可以吃到早饭，战马可以饮饱清水。

一众官军步出营帐，萧惟昌看到土木堡的早晨升起炊烟，散在战壕内外的士兵，吃着香喷喷的早饭，心中格外快乐。

午时过去，未时将至。兵部尚书邝埜在营帐前踱步，琢磨思考，说服帝君，及早回京。

眼前的处境，危如累卵，土木堡无险可守，应移师怀来县城，保存军力，保卫皇上班师回朝。六军已在山西、河北行军征战一个月，顶风冒寒，少衣缺食，身倦体弱，仍能保持斗志，是爱国卫家的精神支撑。眼下若再遇断水缺粮，军心难拢，实难完成皇帝陛下打败瓦剌取胜的诏令。今夜八月十五是中秋夜，秋月最圆，瓦剌骑兵擅长月夜奔袭合围战术。昔日汉高帝刘邦，在晋北白登山被困，正是中秋之夜，为匈奴单于冒顿所干。七天七夜，惊心动魄。幸得谋臣张良出奇策，汉高帝刘邦才解脱兵衅之灾。

眼下的土木堡似是风平浪静，实为树欲静而风不止，大战在即。瓦剌人的阴谋，欲效冒顿单于的故智，把土木堡当作云州白登山，别说七天七夜，两天三夜，也难以抵抗。街亭失守，缺水所致，一子失误，全局危矣。英宗皇上察知眼前险象环生，会接受谏言，及早撤兵回朝。

邝埜回帐内写好奏折，自信理由充足，能说服皇上。步出帐外，正欲闯入帝辇上奏，被司礼太监王振拦住，喝道："大胆邝埜，敢闯皇上御驾，打扰龙体圣安，拿下。"

殿前武士，认识兵部尚书邝埜大人，见他手捧奏章，必有重大要事，上本皇上，应放他入内朝见皇帝。今见王振如狼似虎，只好顺着说："邝大人，请在皇帐外恭候。"王振厉声骂那武士："看好他，没我首肯，让他干扰皇上，砍你狗头。"

王振看了邝埜大人的奏折，把它收入司礼太监署的公文包，霸气狰狞，斥责邝埜大人说："土木堡不是白登山，正统皇帝不是汉高帝刘邦，我 50 万大军，一人一把土，就把瓦剌人埋了。汉高帝有张良助他脱灾，英宗皇帝有我王振为他解难。"

邝埜听罢，已是无话可说，自知有生之年，无法知道皇上能否看到他这份最后的奏本，不禁涌出热泪，哀声道："我见不见皇上不要紧，求你派出重兵，保住土木堡内东门妫河的拦水坝，如果没水，六军如何作战取胜？皮之不存，毛将焉附？"

王振喝道："邝大人，你不是派了 1000 多名兵部官兵守护水坝，御营 500 名校尉协守吗？守住了，我给你记功；守不住，别怪我无情。我的兵马，我会指挥，何用腐儒教训。"

到了申时，圆月尚未升起，大队瓦剌骑兵轮番突袭东门新筑的妫河水坝，保护水源的守军皆战死，敌人毁坏堤坝。又在妫山口筑起拦水大坝，土木堡内妫河再次断流。邝埜大人得知后，仰天大哭："奸贼，毁我六军。"

正如邝埜大人所料，瓦剌人争得一天的宝贵时间，等来战机，纠集大部队，向明军进攻。明军被断水源，心中惊慌，士气低落，阵地丢失多。名将英国公张辅等将领，只好就地挖战壕，坚守待援。这一招管用，敌骑难以飞越深沟高垒。在低洼地打井寻水，多处无水，有水也不多，哪能解救全军缺水之急。

明军进入土木堡第三天，是中秋节，将士们多想与家人遥享甜甜的月饼，这是团聚的节日。可是瓦剌兵就在战壕前，虎视眈眈。守住阵地才能活命，谈何对月团圆。干渴缺食的明军，死守待援。也有还手之力，当敌人放松警戒时，发动冲杀，捡点便宜。

八月十五傍晚，狡猾桀骜的瓦剌太师也先想出一条毒计，撤兵谈判，引诱明军走出战壕，发挥骑兵的优势，打垮超过自己十倍兵力的明朝部队。他率先撤军 30 里，说让明军撤回京城，双方再回土木堡谈判。

　　无法突破瓦剌围剿的司礼太监王振，焦头烂额中听到能用谈判解决战争，如饮燕窝银耳汤一样滋润。不顾兵部尚书邝埜、英国公张辅、樊忠将军等人的劝阻，说此是敌人诱兵之计。王振不理，即命军队撤出战壕，集队回京城。饥饿干渴的官兵，听到此令，大喜过望，乱哄哄地、零星四散走出战壕，找水喝。

　　就在此时，也先去而复返的骑兵把土木堡围成铁桶一样，漫山遍野的马蹄声，风卷旌旗高扬，令明军丧胆，弃甲而逃，阵容大乱，任由瓦剌兵宰割。

　　官兵见冲出是死，不如退回战壕死拼敌人，或可生还。几十万明军，也先太师也难以一口吃掉。吃掉这伙，那伙明军又冲上拼命。

　　十五夜的月亮最圆，月光照亮战场。瓦剌人喜欢在月光中作战，月光照得他们发癫发狂，像群地狱放出的魔鬼。

　　天亮之后，土木堡的战斗仍在继续。

　　保护皇帝的前军、中军、后军，护卫在皇帝身旁的御营，寸步不离。不让敌人越过战壕的防线，他们以强弓羽箭，对付前来偷袭的敌骑。

　　再经过半天的战斗，饥渴交迫的明军官兵，弦断箭尽，大多战死殉国，只有御营损失不大，护住皇帝。

　　樊忠将军好不容易寻到一个小土墩，把英宗皇帝安顿在墩后的密林，留下几百名校尉保卫皇上，与萧惟昌、袁彬率众在半里外新挖成的壕沟抗击瓦剌兵。挡住一波又一波的进攻，敌人也占不了多少便宜。

　　战火暂停时，手执利剑的王振被敌骑冲散，见到樊忠他们，紧张地爬过来。出身于穷乡僻壤，从未见过恐怖战场的王振大人，已惊得脸色苍白，手抖脚颤，仍盛气凌人，大骂萧惟昌道："你这小子，道什么瓦剌人断我水源，如不说，瓦剌人也不会这样干。'若断汲水，军必自乱'，一语成谶，该死，该死。"举剑砍向萧惟昌，由于紧张过度，手无缚鸡之力，剑落地上，发出当啷响声。见杀不了萧惟昌，就命令樊忠："给我砍死这衰人。"

樊忠淡然回答："王大人，你若听邝埜尚书大人的建言、萧惟昌校尉的献策，哪会有今晚的战败？萧校尉没罪，我向王大人你保他晋升，是总兵将军、副将、参将或是游击？"

王振听此带讥讽的话，发火大骂樊忠放肆，口出狂言，想造反，回朝后诛他九族。樊忠也火了，骂他阉奴。"我那 500 名派去保水源的校尉全部战死了，今日之战我死定了，才敢在临死前骂你，一贯作威作福，听的是阿谀奉承，现在也该清醒了。这场大战，你也活不了。瓦剌人不杀你，六军中谁不骂你这死太监该杀。"

樊忠正欲拿起双锤砸向王振的头顶，取其性命，为国除奸。瓦剌骑兵又一波冲锋，已冲到战壕前，他手下的官兵拥上抗敌，樊忠把怒火转向敌人，捡起一支长枪，掷给王振，道："我不杀你，拿枪与瓦剌人拼命，护卫皇上，杀一个敌人，皇上少一分危险，死在战场上，为自己的祸害朝廷赎罪，为被你冤死的臣民偿命。"

是啊，被敌人杀死，总比死在自己属下的刀枪铁锤下能挽回一点颜面。他在惊慌中，望着冲杀向前的樊忠，这位历来言听计从的千夫长，现升为御营统领将军者，不知是想感谢樊忠不杀自己，还是想到九泉之下，再以樊忠造反之罪，杀他九族？

王振那无力的双手，颤颤抖抖，就是拿不稳枪杆，那尸横遍野的惨状，令他双腿发软，慢慢倒下，昏死过去。似见被他冤杀的翰林侍读刘球在索命……又见太皇太后瞪着眼，骂他丧师辱国，要剥他的皮……瓦剌人冲上来了，给倒在地上的王振补上一刀，穿胸而过，结束了他罪恶的一生。

长于燕赵大地的樊忠，丢下王振，手执双锤，迎向冲来的敌人。慷慨悲吼，"壮士一去兮不复返"，声震原野，呼唤未死的校尉官兵，随他杀敌。跳出战壕，机警灵敏，接近敌骑。手持的是短兵器，难以仰面攻击高高坐在马上的瓦剌人。即挥动双锤，砸碎马头马腿，敌人从马鞍跌落地下，一锤一个，砸成肉饼。前后杀死十多个敌人。

瓦剌的百夫长，见樊忠力大勇猛，头皮发麻，近身无法攻破双锤设置的防线，喝令暂停冲锋，退出几丈之外放箭。羽箭乱飞，有数支射穿樊忠的铠甲，鲜血如注，倒在地上，睁着愤怒的双眼，望着身后的皇上，好像在说："皇上，我保不了驾了，龙体安康。"

萧惟昌、袁彬欲救樊忠将军，被敌人死死缠住，难以抽身。只见千夫长身后的黄骠马，看到主人樊忠倒在地上，即冲上来，像平时一样，四蹄跪地，方便将军跨上鞍座，驮上将军冲锋陷阵。见樊忠没动静，它用长嘴舔着樊忠的双颊，似是唤醒主人。樊忠仍是一动不动，身下是一摊热血。

此刻有两名瓦剌兵跳下马，欲抢樊忠双锤，向他们的千夫长报功。黄骠马发威了，昂首抖鬃，放声悲嘶，震动山谷，扬蹄踢倒这两名瓦剌兵，狠狠踩踏，直到两人胸破肚裂。兽性大发的黄骠马，吓坏了众多的瓦剌兵。他们的百夫长冲上来挥刀猛砍，黄骠马重伤流血，艰难摆动身躯，回到樊忠尸旁，才慢慢跪下。

萧惟昌看到，黄骠马的眼睛睁得特别大，挂着一串泪珠，似是哀悼主人樊忠，又似是对自己生命的留恋。万物有灵，众生平等。

萧惟昌大为感慨：樊忠将军没能征服瓦剌骑兵，却能驯服兽性张扬的黄骠马。老马识途常见，烈马殉主难觅。

两人身旁的官兵越来越少，一个个倒在战壕前。山坡上到处是焚烧的野火，四周传来得胜者的狂叫。敌人的刀枪沾满大明将士的鲜血，羽箭仍在横飞，寻找活着明军的躯体。不死的明军仍在作战，冲上前去和瓦剌人厮杀，劈死敌兵而被射倒，流尽最后一滴血。此时袁彬被敌人冲散，萧惟昌没有对师兄失望，相信他还活着。自己在战壕内外，寻找活着和轻伤的校尉，集结力量，再斗强敌。

英宗皇帝没有受伤，也没有过度惶恐，但那血腥的场面，从未见过，只有他杀死"忤逆"的属臣将军，敢于"抗交"粮赋的黎民。眼前冲击御驾的敌人，是他封赐的蒙古宁顺王也先太师的队伍，怎么能有臣子背叛皇帝的？宁顺王在哪里？还不下马上前见驾。他正想让身边的太监喜宁宣旨，喜宁这个奴才，也不知跑去哪里了。狐疑之际，一支利箭从远处射来，眼看就要穿胸而过，这时从身旁闪出一位校尉，迎上来用身体做盾牌，中箭倒在皇上的跟前，淌出一地的热血。又不知从何处投来一柄钢枪，对着皇上的咽喉疾飞，吓得正统皇帝手足无措，却见一位仗剑的文官，张开双臂护卫皇上，钢枪插在他胸口，悠悠颤动，鲜血喷涌而出，慢慢倒下，双目仍是圆睁，皇上毫发未损。

侍卫官萧惟昌，一身血污，手持钢枪，腰插利刃，率领几位校官卫士，从山坡上杀出重围，远者枪挑，近者刀砍，杀死了多名瓦剌骑兵，向皇上身边慢慢靠拢。

手下的校尉都战死了，只剩下他一个人。萧惟昌正准备与敌做最后决斗时，想不到身边的敌人纷纷向后散去，是他们的百夫长集结冲散的兵勇，去攻击左边山头明军死守的据点。

萧惟昌拿出钢枪，在敌军的尸身上擦干污染的鲜血，做好格杀准备，见枪尖已残，崩裂多个缺口，就扔在地上，拾起一把瓦剌人的长戟，见戟上拴着一个公文包，写着"司礼太监署"，下有血红大字"私窥者，斩！"地上还有一份奏章，纸角沾着鲜血，他拿起粗看，是兵部尚书邝埜的奏本。王振篡帝权的朱批是："腐儒，乱我军心，该死。"

看来这个公文包，是王振逃命时丢失的。那拾到此包的瓦剌兵，以为内有金钱，打开见是一叠书写的纸张，抽出一张，看不懂，包中没有他想要的物品，嫌其携带不便，就扔在此了。

萧惟昌没有打开公文包，知道自己没权利查看。不打开看，也知道包中的奏折，是北征时大臣将军上奏皇上的策略，应对敌人的良谋，被王振扣在包中，不呈皇上。致使皇上目不明，耳不灵，听一己之言，随司礼太监王振北征。公文包应该呈给皇上御阅，让皇上知道，土木堡战败，是王振谋权欺君造成的。他又想到，若皇上认定我私看奏折，岂不是白白送死？

当萧惟昌看到满地死去的大明文臣武将时，尤其是兵部尚书邝埜大人也仰卧在黄土地上，这位统管全国兵马的重臣，前胸插着三支利箭，是在冲向敌人时被射杀的。萧惟昌作出勇敢的决定，就是枉死，也让皇上清楚臣子对他的敬畏敬爱，以死替代皇上万乘之躯；土木堡兵败的罪魁，是司礼太监王振；还护驾征战大臣将军一个清白，死得瞑目，死得其所。

英宗皇帝坐在地上，双目无光，战场上震耳的厮杀声，他装聋听不到；重重叠叠的尸体，他作瞽看不见。心中想着"先生"、司礼太监王振是死是活，想着覆没的50万大军；想着眼前熟悉的护驾公侯将领、六部尚书、侍郎、九卿，为保卫自己，死在瓦剌人的利箭刀枪、马蹄践踏中，自己才没有魂归天国。他心情复杂，怨自己顺着王振旨意，招来大难。也怨文臣武将没有献上良策，战胜凶恶的也先贼人。

当英宗皇帝回过神来时，见御营百夫长萧惟昌跪在地上，手捧司礼太监署的公文包，即道："爱卿平身，包中何物，呈上朕阅览。"萧惟昌谢过皇上，站起呈上公文包及跌出的邝埜尚书奏折，把拾到公文包的经过奏告皇上。

皇上先看了邝埜大人的奏本，上面有王振篡帝权的批红，又看了包内的许多奏本，多是邝埜及户部尚书王佐、英国公张辅将军、大学士曹鼐等人的奏折，有"军至大同，勿追顽敌，是也先诱兵之计"；有"大同将军郭登建言，回师应从大同经蔚县，入紫荆关回北京。臣认为此是既安全又快捷的路径"。六师至居庸关时，有奏折进言，"出居庸关后，经宣府至怀来县鸡鸣驿，回京，保皇上安全"。

年轻的皇帝继续翻看，待到怀来县雷家站、涿鹿县鹞儿岭两战失利后，邝埜铮铮进言："进入土木堡无险可守，中敌诱兵合围毒计。月亮圆时，瓦剌军最善战，断我水源，全师危矣。臣愿率一军断后抗敌，誓死保卫我皇移驾怀来县城回京，微躯生死不足道，皇上九五之尊，龙体安好，大明幸矣，黎民幸矣。""微臣邝埜顿首再拜"几字，殷红耀眼，看得出是咬破指头，用鲜血写成。

英宗阅完众多的奏折，大为感动，转而惊讶，为何不送朕御阅，误朕误国，该当何罪。不用萧惟昌回答，他自己明白，行军打仗途中，谁能收取尚书、侍郎、大学士、公侯、高官、将军的奏本？是近臣司礼太监王振。谁人能挡住御辇，不让大臣面奏皇上？是司礼太监王振。他终于明白，30天的征战，没见过，也没听过大臣或武将的奏本，只有司礼太监王振的假报——"六军所至，敌人闻风丧胆；圣上德威，州府城池坚若金汤。"自己不明战况，听不到逆耳忠言，致有今天之祸，不禁脱口大骂："王振这个奴才，害死50万大军，害死众多公卿大臣，也害了朕。"还想骂一句，是该死的奴才随朕出征，还是朕随该死的奴才幸游。英宗没骂出口，是怕以后御史谏官记入史册，有损颜面。

萧惟昌又跪下禀告："皇上已明白孰对孰错，生者心安，死者瞑目。现在最重要的是保重龙体，请皇上脱下龙袍，让卑职穿上，引开敌寇，皇上安全离开战场。"英宗让萧惟昌平身起来，没有答允萧惟昌代他受过。

户部尚书王佐，从死人堆中爬起，蹒跚来到皇上身边，听了萧惟昌欲代皇上引开瓦剌敌兵时，王佐跪在英宗面前说："臣愿代皇上受过，萧将军能敌百人，护陛下脱险。"也不理皇上乐不乐意，就脱换衣冠，身着皇帝服饰，挡在皇上前面，被敌军乱箭射杀，替主殉难。后来，其家乡"忠烈王公祠"的大门楹联云："一代中正志，碧血溅黄衣。"记载王佐大人的忠贞节烈。

萧惟昌捡起公文包，背在身上，挥戟在前面开路，英宗随在身后，来到一个小山坳，遇见袁彬在山坡下，集合 20 多名校尉，找寻皇上。袁彬见萧惟昌随侍皇上到来，即带队前来护卫。

山坳的树木，在战火中焚烧，散出浓浓的烟雾，如一道幕帐，阻挡视野，敌人看不见皇上在此，又换来片刻平静。英宗皇帝透过燃烧的跳动火焰，似见到邝埜、王佐、张辅、曹鼐、朱瑛、朱勇等大臣公侯，跪在御阶前，齐齐奏曰："皇上相信宦官王振，宠爱过度，左右朝政，结党营私，北征被拖入深渊，造成土木堡惨败。王振死有余辜，害苦皇上，祸及社稷。吾辈回天乏力，敬请皇上责罚。吾皇英明，定会重振大明山河。"英宗动心了，连忙扶起众卿，拉着邝埜的手，冰冻冰冻的，这双手不是邝埜爱卿的，是大学士曹鼐的，也死去多时了。

烟幕渐渐散开，山野流血，敌军纵马，在追击且战且走的明军。英宗不再犹豫，命萧惟昌收好奏折，带上公文包，即时动身，飞骑赴京城，限令午夜前赶到，进不了内宫，即到兵部向侍郎于谦大人报凶信，转达太皇太后、监国郕王朱祁钰，守住大明心脏——北京，击败瓦剌入侵，保卫大明江山。又说，瓦剌也先宁顺王，是朕所封，谅他不敢伤害朕。随手把公文包的"私窥者，斩！"几字，用刀刮去。

萧惟昌接过公文包，怒目圆睁，挺胸昂首，满脸豪气，令英宗感动。袁彬催他动身，别误皇上重托。他离开山坳，在密林中找到蹄眼白栗色马，骑上放缰疾驰。

袁彬做好为皇上尽忠的打算，没把瓦剌人放在眼中，杀得筋疲力尽，但死不了。敌军清理战场，见几位军官护着一位穿高官衣服的年轻人，神气傲慢坐在地上，瓦剌兵欲放箭射杀，率军的千夫长布达知他是个大人物，命令把这帮明军带到也先太师大营，认出是大明天子英宗皇帝。

也先命布达看管。布达此时认出袁彬，说："你是大明军官，不是草原商人。"

袁彬答道："不错。我叫袁彬，御营校尉、皇帝侍卫。"

布达道："在战场上，见到一位骑着蹄眼白马的百夫长，像你那位在烤鸭店的同伙，他杀死多名瓦剌军官，我不会放过他。"

"他是我师弟萧惟昌，御营校尉，武功胜过你，你伤害不了他。"袁彬回答。

"我杀你，一样解恨。"

"杀我，是成全我，人生自古谁无死？"

布达不敢杀袁彬。也先太师命他做看守，没让他当杀手。

萧惟昌拍马杀出血流成河的低谷，登上一片山岗，回望皇上，见皇上被一队瓦剌官兵簇拥向北移动，袁彬兄长还在，侍卫随在皇上身旁。皇上安全，却成了北房（俗称"北狩"）。萧惟昌多想回身救驾，杀身成仁。突然，马蹄踢着一位卧在地上的明军官佐，于是跳下马将他扶起，是锦衣卫的百夫长杨善理。

见到杨善理，萧惟昌心中不爽。此人原是锦衣卫诏狱的狱卒，在正统八年（1443），听众卫指挥使马顺指使，在牢狱中杀死和肢解正直的翰林院侍读刘球大人，得到司礼太监王振、马顺的赏识，升为锦衣卫百夫长。这次大军出征，马顺派他随军做探子，不是探听瓦剌军情，而是探听明军将领大臣不满王振大人言论，密报司礼太监王大人。

杨善理见萧惟昌腰拴司礼太监署公文包，料想是回京报凶信，拦在马前道："我伴萧将军一起回京，有要事密报马顺指挥使马大人。"萧惟昌见摆脱不了他，就顺着说："多一人就多一分力量，一起杀回京中去。"

战场上到处是逃散的马匹，杨善理随意牵来一匹，登上马鞍，与萧惟昌同行。

两人同行不同梦。杨善理知道司礼太监署的公文包，内藏众多重要机密，落入王振大人讨厌的于谦大人之手，呈给太皇太后、监国郕王朱祁钰，对王振大人和锦衣卫指挥使马顺大人都不利。若把此包抢到手，献给马顺指挥使，定会升官。又可入兵部报凶信，得到奖赏。他知道硬抢不行，十个杨善理也打不过萧惟昌，只能等待时机，暗中下手。

土木堡离北京200里，经怀来县城入京，此路已不通。有信息传来，县城已被敌人占领，只能从样边长城出关，这路萧惟昌同样熟悉。

正统九年（1444），随樊忠将军到大同互市换马，走的就是北京至样边长城，再经鸡鸣驿到大同。当时樊忠将军说，当兵打仗，就得熟悉路径，多个心眼，方便自己。想不到这路径现在用上了，可惜樊忠将军已长卧沙场。

萧惟昌料到这段路也不是坦途。瓦剌军兵无力攻打样边长城，定会在关前伏击，捉拿从土木堡逃入长城的明军，回京报凶信的军民。果然如此，沿途确有被杀的官兵，在山坳中被射死的三五人，在大路上被斩杀的七八人。

正如萧惟昌预料一样，沿路多有瓦剌军伏击，遇上大股敌人，避开封锁的隘口山门，在密林中悄悄穿过。见到人数不多的敌人，冲上前去杀死瓦剌兵。

到样边长城的60里山路，平时飞骑不用一个时辰可以直达，现在路上敌人多处藏兵偷袭，杀了这伙那伙又冒出来，使萧惟昌疲惫不堪。在土木堡已两天两夜没吃没喝，现在饥渴赶路，马也一样。幸好那蹄眼白良马耐力特强，还能驮着他在山路奔跑，只是时不时喘着粗气。

终于摆脱敌人的追剿，到达庙港村山神台，抬头可见山顶的样边长城。这山高峭，他怜爱良马上山费力，牵着马缓缓而行，一不小心踩着块石头，饥渴交加的萧惟昌无力撑住身躯，倒在地上，晕死过去。

杨善理见机会已到，狞笑道："萧大人，怪不得我心狠，锦衣卫指挥使马顺大人，干的也是杀良臣名将的勾当。把公文包给我，由我代你回京报信。"拔出刀来，刺向萧惟昌的心胸，谁知这刀怎么也刺不下去，被萧惟昌反手挡住。

你以为萧惟昌真的晕倒吗？非也。他一路上看出杨善理心怀鬼胎，盯着那公文包，故意装作晕倒，引蛇出洞，杨善理果然上当。见杀不了萧惟昌，慌忙抽出手中的利刀，正欲逃跑。萧惟昌刚想跃起擒此恶贼，可腰带被身下的石块勾住，筋疲力尽的他站不起来。杨善理再次举刀行凶。

就在此时，从树林中传出一位女子的喊声，不准伤我萧哥哥。声出人到，手中利刀一挥，已砍下杨善理的头颅。萧惟昌挣脱石块站起，翻查杨善理的口袋，没有别物，只见腰带上拴着两枚永乐年间的铜钱。看着铜钱，他想到游家营那三名刺客腰上拴的铜钱。容不得多想，那出手相救的人，飞起一脚，把杨善理的尸体扫下山沟的丛林中，道："去喂野狗吧！"不用挑明，读者已知这女人是谁，萧惟昌的爱妻楚莽佳。

楚莽佳走上前，紧紧抱着萧惟昌，见他脸色发白，双手冰凉，知是饥渴，即从随身所背的药囊中取出干面饼、水袋，让丈夫吃喝。那蹄眼白良马也饥饿，见山下有草，水塘有水，赶紧吃足喝够，扬蹄拂鬃，望着主人，等待奔向战场。

楚莽佳告知夫君，皇上的大军进入土木堡前一天，当地的民众被里长带出，撤到样边长城山神台沟口内侧的庙港村、石洞村、十八家村、西水泉村居住，大哥楚莽原在城上把守，母亲在庙港村，父亲和自己为守军及民众治病。幸好在山神台采药，见到郎君。土木堡的惨败，已传到样边长城，知夫君不会抛妻战死，却遇歹人。又说家中各人安好，不用牵挂。

萧惟昌说急着赴京报凶信，无暇拜见岳父岳母。吹哨唤马，蹄眼白马回到身边，并带回杨善理所骑的马。夫妻上马，向样边长城奔去。

进入样边长城门外，正好遇见楚莽原率军在巡城。楚莽佳与他说了几句，代告知父母，即与萧惟昌入城，飞马直奔京城。

残阳已落，入到北京，见路上民众人心惶惶，是土木堡兵败的惨况已经传来。萧惟昌让妻子先回城内寓所，自己到兵部报信后再相聚。

兵部侍郎于谦大人，在尚书邝埜大人随驾出征后主持兵部全面工作。正在官署的接待大厅焦虑踱步，等待土木堡最新、最真实的信息。自得知王师进入土木堡，他料大势已去，欲哭无泪，可惜自己回天乏术。派出一批批的探马，前往细察军情。在中秋明月夜，得悉六军覆灭之灾，仍有守军在拼命，战火熄了，硝烟未散，流言四起：有说皇上殉国；有说皇上被天神所救，在回京路上；有说瓦剌军见仙佛显灵，怕神憎鬼恶，悄悄退兵；有说敌军已发兵向京师冲杀而来……

于谦大人从昨天至今，在兵部接见厅已接待18批报信者。他们有从土木堡直来，有从怀来县城来，有从鸡鸣驿站来，有从样边长城来。他们中有文官，也有武将；有口述，有信札，有实物；有长篇大论，有三言两语。他都仔细倾听、询问，事关国家安危，不敢掉以轻心，但都得不到确切的消息。

正在彷徨时，侍卫报告，有御营百夫长萧惟昌在门外等待，有重要军情禀报。即命请进，于谦见萧惟昌一身血污，军衣破损，长途奔驰，仍是精神抖擞，让他坐好，慢慢细说。

得知土木堡之战失败的原因后，于谦没有过多的惊恐。当萧惟昌递上司礼太监署的公文包，于谦看了包中邝埜大人的奏章，仰天长叹："悲哉！邝埜尚书大人，时穷见节义，铮铮呈忠骨，尔是卑职模范。"

　　于谦命侍卫给萧惟昌换上干净的军衣，随他一起入宫禀报。太皇太后、监国郕王朱祁钰，听了凶信，得知六军丧尽，皇上"北狩"，泪流满面。看了公文包内王振篡帝权所批红的奏本，怒火中烧。闻讯而来的百官，哭成一片。

　　太皇太后让大臣肃静，问于谦应作何打算。于谦早已深思熟虑，斩钉截铁、落地有声："君王之仇，报在今时，守住北京，打败瓦剌。敢言首都南迁者，斩！"

第十三章

德胜门勇灭瓦剌　大同镇计克也先

土木堡大战惨败，英宗朱祁镇"北狩"大漠，朝中不能无主。正统十四年（1449）八月二十日，太皇太后诏旨，监国郕王朱祁钰为大明第七位皇帝，登基理政，以明年为景泰元年，遥尊皇兄英宗为太上皇。于谦被晋升为兵部尚书，统领全国官军守京城，保卫大明江山，成为朝野万众瞩目的中流砥柱。

于谦临危受命，勇于担当。一句"敢言首都南迁者，斩"，如春雷炸响，唤醒了帝君，震醒了臣民。把挽救苍生的重任，托在肩上。

于谦是进士出身的文官，熟读兵书，精通阵法，周密运筹，秣马厉兵。一道道看似死结的难题，他用聪明睿智破解。

守卫北京的兵弱甲少，于谦下令快速从外地调兵进京，使京师的守军增到22万人，装备和素质有了很大的提升。京城需储大批粮米，指令进京的十万大军，务必路过通州，顺便把存在那里的国库粮食，数量几百万石之多，尽量人背、马驮、车运到北京，减少人力、财力的支付。

动员京师民众，有车子出车子，有骡马出骡马，到通州运粮回京，每石脚银三分。官员的俸禄粮米，自己设法到通州领回。一时间，运粮队伍浩浩荡荡，沿路有外地进京勤王的军伍相伴，安全有保证，心齐力足，十多天从百里外搬回一座座大粮山。仓廪粮食充裕，民心安定，士气高昂，让国人看到了北京保卫战胜利的曙光。

于谦没小看蒙古瓦剌的骑兵，这确是一支颇能征战的军旅。但他们的首领也先太师，在于谦眼中是一介莽夫，不懂得采用"兵贵速，不贵久""乘人之不及"的《孙子兵法》，利用手中握住大明皇帝的最有利时机，发兵攻打人心惶惶、军力空虚的大明京城。瞬间消失的战机，再难以找到。现在防守大明京城的军队，正如《孙子兵法》说的，"无恃其不来，恃我有以待之"。

于谦大人既然做好了备战，总想早日会会凶残嗜血的也先太师，早打比迟打好。

一个多月过去，于谦判断恼怒的也先太师，在近期必然会集中兵力攻打北京。他率领石亨等几位将军来到德胜门城楼上，看到城门外的大街，往日热热闹闹、百业兴旺的景象消失了，现在商铺和民房都关闭大门，没有炊烟，居民已搬进城内，军伍在大街上巡逻，也有在建筑堡垒，忙碌备战。穿着便装的兵部尚书于谦大人，登上城楼的瞭望台，面北远眺蒙古的坝上草原，云际间一片荒凉，乌云飘来，遮住太阳的光芒。

于谦对跟随身边的将军说："眼前的边境无事，是狂风暴雨来袭的前奏，片刻宁静，随之风摇树倒，雨击山崩，谁能阻挡？由我们力挽狂澜。'兵者，国之大事，死生之地，存亡之道，不可不察也'。这是孙子从无数死伤的战争、血染山河中锤炼出来的，各位将军应谨记。"

身边的石亨等几位将军用洪亮的声音回答："遵尚书大人教诲，末将谨记。"

于谦满意众人的回答，继续道："战争残酷，战法多变，因陈守旧，必然挨打。我们会出其不意，打击入侵凶狼；敌人也会乘我无备，掠城杀人。做好战备，就是谨慎小心，分细到战阵、战器、战将、战兵、战粮、战垒的排布和设置，成竹在胸，才能取胜于敌。"

众将齐声道："遵令！"然后回营。

于谦与几位随从武弁，转入城内的大校场，远远看到萧惟昌在校场南边训练新编顺天府营——实为神机营。对外称顺天府营，是避免敌人细作刺探及内奸泄出新式兵器制敌的机密。

萧惟昌及教官正在教授新兵拆装火炮、火枪、火铳，排除障碍，或用代用弹丸发炮、发枪射击靶上的敌骑。

于谦看到，教者用心，学者专注。他们在预先设置好的战垒内发射火器，突袭围拢的群敌；或在明处前排后排轮番前进后退，装弹射击，射击装弹，发挥火器的最大威力。

正当于谦看得高兴时，萧惟昌已得到侍卫报告，于谦大人进来观看练兵。跑到他跟前，恭敬地向尚书大人行礼，请求指示练兵事宜。于谦大人连声说："好。就这样苦练火器本领，定能打得瓦剌骑兵头破血流，有来无回。"

于谦开心之余，重建神机营之事，在脑海中缓缓浮出。

军队和民众的坚强意志，必胜的信念，这是于谦大人最需要的，此是守卫北京最为有力的武器。众志成城，坚如磐石，瓦剌兵自会碰得头破血流，粉身碎骨。

军队敢于打仗，如何打好这仗，于谦布防时慎思密虑。20多万军队不算少了，分散在北京九个城门防守，就是弱势。对付训练有素的瓦剌骑兵，利用先进的火炮、火枪，打击敌人，就是优势。

神机营，是京军著名的三大营之一，可惜在土木堡的大战中，糊里糊涂被瓦剌人毁灭了。

新的神机营，正在组建，由驸马都尉焦敬统领。这位皇亲骁勇善战，多建功业。只是年龄大了，应有一位年轻的副将配合他，才易于练出精锐的队伍，打出威风，大灭敌人嚣张气焰。于谦想到了萧惟昌。

于谦大人在大同镇初识萧惟昌，对这位心存正义的御营军官，已有好感。

再见萧惟昌，是他回京入兵部报凶信。血战沙场，亲历所见，王师丧尽，皇帝"北狩"，诸多详情，可信可鉴。胆大心细，办事周密，找到王振迫害众多大臣的铁证——司礼太监衙署公文包，呈给英宗御阅，使皇帝明白：王振胆大妄为，篡权朱批高官将帅呈上的奏章，是丧军辱帝的罪魁。回京报信的路上，冲破瓦剌人的层层封锁，识破锦衣卫的恶贼杨善理，为开脱王振的罪行，欲抢内藏王振罪证的公文包，足见萧惟昌机警灵活。

作为原兵部尚书邝埜大人副职的于谦，对萧惟昌找到邝埜大人一心为国家，忠诚护皇上，敢斗王振，敢于直言的奏章，心有好感。

于谦忆起当日与大同镇将军郭登谈诗，萧惟昌对诗有精辟见解，鼓励他写诗，现在萧惟昌写出好诗《随征见闻》，轻声念道：

> 六军兴动抗南侵，阉宦孤高霸绝伦。
> 惨罚忠臣憎脑胀，战亡勇士恨神昏。
> 乘舆北迫乾坤恸，策马南遁日月沉。
> 国脉趋衰寻法治，专心奋笔练精文。

记录了世人难忘的土木堡之变，山河失色，六军尽殁。揭示战争失败的原因，正直的大臣将领受到排斥打压，正气不扬，邪气飙升，引人警醒。呼唤政归内阁，文官依律理国，社稷兴盛。诗章气势宏大，爱憎分明。跳动对朝廷的忠心，呐喊军民奋起保卫北京，打败瓦剌，卫国保境。国家多难，大战在即，需要萧惟昌这种能文能武的军官。

溃回京城的兵部官员，向于谦大人报告土木堡战况时，说到原兵部尚书邝埜大人曾委派萧惟昌校尉为指挥官，率领兵部卫队神机营及三旗工兵共1180人，御营校尉500人，在土木堡妫河山口破堤的抢水战斗中，善于运用火枪火铳兵器，痛歼堵堤截水的瓦剌骑兵千多人，抢水成功，受到邝大人嘉奖。

于谦召来萧惟昌，询问他对火炮、火枪、火铳的使用。萧惟昌回答，家乡粤西吴川县的大寨、黄坡一带，生产烟花爆竹，外公家开办爆竹烟花作坊，年节喜庆日子，会到外公家取爆竹烟花燃放，知道炮药的制作。用硫黄、硝石、木炭，按照一定的分量，装入纸筒内，用火点燃或用力敲打，就会发出巨大响声和强烈的爆炸。当差入伍在御营接受训练时，教官大人教授刀枪弓弩，也教放火炮、火枪、火铳，故略知一二。

于谦听了，点头说："火药是中国人发明，火器是炎黄子孙制造。唐朝初期有了记录，著名医学家、炼丹家孙思邈所著的《丹经内服硫磺法》中描述，已能将硫黄、硝石等原料制作成火药，也能采取措施控制速度，防止爆炸。火药用于军事行动是北宋。南宋时，火药传到阿拉伯各国。当地人看到火药白花花的似雪，称为'巴鲁得'，意为中国雪。波斯人见它如盐，取名'中国盐'。随后，中国火药传入欧洲。"

于谦又问道："萧校尉，你使用过本朝的火炮、火枪、火铳?"萧惟昌答道："回尚书大人话，本朝火炮内装大铁弹丸10枚，或小铁弹丸20枚。火铳，又称乌嘴铳，发射小号铁丸。卑职知其结构原理，也能安装拆卸，放炮放铳。在土木堡抢水战斗时使用过，打死很多瓦剌敌人。"

听了萧惟昌对火药火器知之颇多的回答，于谦满意道："萧将军，我已报皇上御准，命你为兵部主事，跟随驸马都尉焦敬大人，迅速恢复神机营，在来日的北京保卫战中，狠狠打击瓦剌骑兵。"

萧惟昌响亮回答："卑职领命，不负尚书大人重托，听从驸马都尉焦敬统领大人指挥，肝脑涂地，在所不惜。"于谦高兴道："好，有这种志气，定能打垮瓦剌人，为'神机营'殉国的官兵报仇。"

北京保卫战备战顺利，于谦大人心情爽快，偷空写成新的诗作，名为《出塞》，是打败瓦剌人的畅想曲。诗曰：

> 健儿马上吹胡笳，旌旗五色如云霞。
> 紫髯将军挂金印，意气平吞瓦剌家。
> 瓦剌穷胡真犬豕，敢向边疆挠赤子。
> 狼贪鼠窃去复来，不解偷生求速死。
> 将军出塞整戎行，十万戈矛映雪霜。
> 左将才看收部落，前军又报缚戎王。
> 羽书捷奏上神州，喜动天颜宠数优。
> 不愿千金万户侯，凯歌但愿早回头。

大明军队怒发冲冠，不扫强虏志不休。于谦临危受命，披上兵部尚书的铠甲，怒斥逃跑言论。文武双全的他，调动全国军力，储足粮食、军饷兵器，广纳贤能，坚信依靠军民的力量和勇气，定能在首都击败敌人。

"左将才看收部落，前军又报缚戎王"，豪气盈天，令敌心寒。这是一幅进军大漠的必胜图，是一篇预见未来胜利的报捷书啊。作为金鼓、旌旗，引领壮士，奋勇杀敌，直捣黄龙，举杯同庆。

说来就来，十月十一日，蒙古瓦剌人的5万骑兵举着旌旗，亮着马刀，气势汹汹，由太师也先率领，一路抢掠而来。从蒙古高原的坝上入坝下，过大明北方重镇宣府，无隙可入。直逼长城居庸关，又见防守严密，只好却步。继而转向白羊口，守将谢泽虽知兵寡城薄，难以抵抗，却不畏缩。他是浙江上虞人，永乐十六年（1418）进士。一步步升至广西参政。正统十四年（1449）秋末，擢升通政使。王师败于土木堡后，守边将军多心寒。他奉命守关隘，自知一去不回，辞别家人，慷慨壮行。瓦剌来犯，谢泽率兵死守，激战三日阵亡，是瓦剌入侵北京外围战第一位殉国的将军。

瓦剌兵攻下白羊口，凶狠扑向紫荆关。都指挥韩青出战阵亡。右副都御史孙祥继续坚守，等待援军。降敌奸贼太监喜宁，指引关后密道，率瓦剌军前后夹击，攻破关城，孙祥作巷战，搏杀四日，在援军到达之时战死。

白羊口、紫荆关被攻破，关将谢泽、韩青、孙祥奋起抗敌，以微薄的兵力，对抗数量强大的瓦剌军，坚持几天的拼命，为北京的布防赢得宝贵的时间，是有功之臣。

十月，初冬时节，北京时有飞雪，银装素裹，是座美丽怡然、富庶繁华的都市；北风肃杀，寒气袭人，北京是座热血沸腾、斗志昂扬的古城；军旗飘扬、刀枪如林，北京是座充满必胜信念的帝都。

统兵主将兵部尚书于谦大人，发布严厉的歼敌军令：关闭城门，出城杀贼；人在城在，城亡人亡；前进者奖，后退者死。军令如山，官军敬畏。杀败敌寇，才有生路，背水一战，士气高昂，盼敌早来，立功报国。

勤王的军队，加入战列，守卫北京的大军，已达20多万人，分守北京九大城门——安定门、东直门、朝阳门、西直门、阜成门、正阳门、崇文门、宣武门、德胜门。

瓦剌大军进犯北京，是从北面杀来，突破的重点，必是德胜门、安定门，这是北京的北门。统兵的尚书于谦大人，率军亲守德胜门，这是瓦剌兵进京的大门，是首选之战。必须打出军威，打出胜利，鼓舞守军，灭敌气焰。他再次听取大将军勇将石亨、神机营统领驸马都尉焦敬、指挥萧惟昌的布防报告，确认无误，命令他们分头执行，初战必胜。

　　沙尘滚滚，胡骑涌来，瓦剌军结集北京北面德胜门前。也先太师立在攻城车顶的平台，眺望城上，只见一杆杆的旗帜飞卷，没有多少兵卒把守，心中暗喜，以为明军惧怕，龟缩城内。当他把目光下移，心中大吃一惊。城门外军旗蔽日，刀枪耀眼，军威严整，将军立马在前，等待挥师搏杀。眼前的明军，不再是土木堡时的不堪一击了，但他相信瓦剌骑兵天下无敌。

　　也先唤来大弟博罗茂洛海元帅，一起细察德胜门前地形军情。城门前是一道十里长的宽敞大街，东旁是一片白杨、榆树的密林，西旁是一座座的民居，汉人已撤入城内，人去楼空。林中和民房就算有伏兵，也藏不了多少人。这种开阔地形适合骑兵作战，不利守军防城。街上没有石头滚木、铁马路障，看得出明军等待决战。也先即命博罗茂洛海率军破门入城。

　　博罗茂洛海是位猛将，常年在战场上拼杀，粗中有细，命前锋千夫长合力哈巴率1000名骑兵，前往大道两旁侦察，是否有埋伏。合力哈巴派百夫长率200名铁骑展开东西两面搜索，到达民房中间地段，杀出一支千人的明军队伍，领军者骑着蹄眼白良马，此人是萧惟昌。

　　合力哈巴冲上前去，以为三五个回合可以杀死这位明军军官，谁知马刀就是砍不着，是他逃命快。跟在他身后的明军，很快溃逃入密林。瓦剌军散开搜查，明军已逃得无影无踪，地上丢下不计其数的军盔、军靴、刀枪、旗帜。

　　合力哈巴得意狂笑，草原的猎犬，追赶一群地鼠，钻洞去了。千夫长想不到，这是萧惟昌执行统帅部的计策，诈败引敌人上钩。摆脱强敌后，带着队伍，进入地沟回到西面民房。

　　博罗茂洛海听合力哈巴报告，哈哈大笑，明军是一群胆小的老鼠，落入猎犬爪中，难以逃生。他笑是笑，仍不敢轻敌，命合力哈巴率领2000名骑兵打前锋，自己领大部队跟进，攻破德胜门，冲入城内。

合力哈巴挥动军刀，策马在前，2000 名骑兵跟在马后，当望到德胜门城楼时，城旁的土山林带、陡坡草丛杂树中埋伏的 2000 名明军，冲出死死缠住瓦剌军。瓦剌军收刀放箭，明军看似渐渐不支，溃退散去。瓦剌兵放声大叫，招呼后面的主力跟上，破城抢头功。

博罗茂洛海见连胜两仗，明军应胆寒了。在土木堡作战，他那雪亮的马刀，砍死数不清的敌军将士，现在军刀又该饮血了。挥动马鞭，带领 8000 名骑兵冲向德胜门。

这位蒙古贵族将领想错了。明军两次引诱战术，让他上当。当瓦剌兵冲过密林陡坡的大道后，看似溃散的明军，快速集结跨上战马，在敌人退路后侧的山坡设伏，拦截敌人。

就在瓦剌骑兵冲到离城门半里路时，明军主帅兵部尚书于谦大人，环甲戎装带领一支 3000 人的军旅，冲上来应战。飞马奔在最前的是大将军石亨。两个月前，在大同阳和县北山与也先作战，全军覆灭，只身逃回京城。兵败逃跑，罪不可宥，被锁入兵部牢房。幸得于谦大人惜才，在北京保卫战中，把他从牢中救出，委以重任。此仇不报，难对死去的袍泽、砸碎头上败军之将的黑锅。石亨两眼喷火，脸色赤红，杀向瓦剌人。飞骑所到，敌人纷纷落马，头破腰折，脚断手残。俗话说，主将不要命，士兵豁出去。

明军在于谦率领下，扑向瓦剌人，为死在土木堡的同袍、亲友报仇。复仇之师，人人都是搏命三郎，打乱了瓦剌人的队形，狂奔的马匹，踩死众多倒地的瓦剌兵。

博罗茂洛海见势不妙，下令回撤，谁知身后又堵上一军，领队是副总兵官范广，有千人之众。令敌人前进难，后退难。那支刚才被打退的明军，在土山陡坡边，纷纷放箭，射倒众多瓦剌兵。三面受敌，瓦剌首领博罗茂洛海命部属在民房前集结，组织冲击队，杀出这片死亡大道。

此时，民房的墙壁现出一个个洞口，伸出一支支点燃的火炮、火枪、火铳，劈头盖脸射向瓦剌人，轰响如雷，火光冲天，弹丸似雨，倒下一批批的敌骑兵。未死的敌人，惊恐爬起来欲冲离火海时，射来弹雨如堵墙。不死的瓦剌兵愣头愣脑，不知如何还手。

半个时辰的枪炮火铳突击敌兵，硝烟渐渐散开，于谦大人挥动帅旗，明军从三面压缩包围强悍的敌军。此刻在推倒泥墙的民房中，冲出一彪人马，领头的是驸马都尉焦敬、萧惟昌，顿时对敌形成四面包围，到手的大鱼难破网逃逸。刚才在民房窗户、墙孔打出的火炮、火枪，同样是驸马都尉焦敬、萧惟昌指挥顺天府营官兵发射。

没有被轰死的合力哈巴千夫长，见队伍遭到明军轮番枪击、刀枪劈杀，又死了二三百名骑兵，心中慌乱，仍然垂死挣扎。见到一员骑着蹄眼白马的明军，认出是刚才被他打败的军官，即冲上前去，用瓦剌语大喊："逃命的老鼠，猎犬来了。"以为能把萧惟昌杀死，争回点颜面。他不知刚才萧惟昌的诈败，是引敌上钩的计谋。萧惟昌也用蒙古语喝道："鼠辈，本将不杀你，下马受缚。"七八个回合后，合力哈巴手软力乏，萧惟昌上挑一枪，把千夫长挑下马，士兵上前抓住他。

此役明军大胜，1万敌军逃出包围的只有五六百人。

虏寇合力哈巴，被驸马都尉焦敬统领押到于谦大人马前，于谦问他率军攻打德胜门的是谁？合力哈巴答是太师的大弟博罗茂洛海元帅。在他身旁的瓦剌人尸体中，千夫长抱起一位身着戎服、头戴冠冕的军官尸体大哭，元帅死了，我也不活了，从地上拾起一把利刀，捅向自己的胸口，被萧惟昌拦住，才没有"成仁"。

于谦对他说，"放你回去。告知也先太师，于谦在德胜门等他再战"。

也先正在自己的大营，做着攻破德胜门，打入京城占领皇宫的美梦时，前锋探马回报，攻打德胜门失利，元帅战死。他怎样也不相信事实：精锐的瓦剌骑兵，怎会败在明军手下。待到合力哈巴千夫长被放回，才欲哭无泪。

也先立即带领一支卫队，飞骑来到硝烟未散的战场。明军撤回德胜门前，满地是他的部属尸身。他找到博罗茂洛海的遗体，让侍卫抬走。远处的明军见了，也不追击，任他而去。

也先啃不动德胜门，转向攻击安定门。安定门同样是北京城的北门。

德胜门报捷后，于谦派石亨将军率兵加强安定门的防卫，也先此招又被于谦大人识破。守门的都督刘瑾将军，打得也先没有还手之力。

这两仗也先败得惨了，精锐骁勇之师，丧在德胜门。安定门再战，又死了2000人。别说打进皇城，现今连门都进不了。空手撤回草原，脸上无光。总想捡点便宜，也算"胜利"班师。

于是带兵攻打西直门，都督刘聚把守此门。兵力是薄点，于谦已有准备，命驸马都尉焦敬、萧惟昌的神机营协助抵抗，加强防卫，同样守住城门。

攻城失败，也先押出太上皇英宗为人质，索取金银珠宝，无人理睬，只好收兵回大漠。明军一路追击，令也先狼狈不堪，丢盔弃甲。风风光光出兵，垂头丧气撤回。

为期五天的北京保卫战胜利结束，打退敌人，保住都城，保住大明江山，朝野皆大欢喜。纷纷称赞于谦大人挽狂澜于潮头，正大厦于昂立。

北京战事平息，于谦并不轻视残元的军事势力，时刻提防也先太师突袭边关。下一个目标是河北宣府镇关？长城居庸关？两镇离京城路程较近，兵力雄厚，敌人不敢贸然进犯。大同镇关位于山西北部，远离京师，且与蒙古瓦剌边境相接壤，利于瓦剌军就近攻打。新任大同镇总兵官郭登，在大同守边多年，熟悉大同。自己在出任巡抚山西时，已知道他是位文韬武略的将军。他履新职之后，打垮瓦剌军的两次试探性进攻，相信更大的战争必然到来。于谦的判断是正确的，后来确是如此。

为稳操胜券，必须加强大同镇的领军人员力量。派谁去？萧惟昌最合适。在北京保卫战中表现出色。令人赏识，有意培养，让他到边境参战，艰苦磨砺，未来可以成为独当一面的关将。就让他先到大同，大同的总兵官郭登将军熟悉他。

于谦召来萧惟昌，命他到大同镇关出任司马参军，协助郭登将军守关。无战事提早归来，有战事获胜后回京。

萧惟昌回家告知妻子楚莽佳，她同样欣喜，说自己也想回大同游家营，探查姥爷游云方消息，方便时，惟昌哥来探我。若有战事，我作为郎中，可为军队救死治伤。得到夫君赞同。

萧惟昌赴大同镇效力，郭登将军高兴。

明军自土木堡之战惨败后，郭登没有丧失信心，挖战壕，筑堡垒，修城墙，增军械，抚爱士兵，官军与他同心战斗。景泰元年（1450）闰正月，在大同右玉县东北沙窝，打败也先瓦剌军。再败也先瓦剌军于平鲁县西北栲栳山下，守住大明北方最重要的门户，唤醒自土木堡大战失败后边关守将无畏的勇气，被皇上封为定襄伯。

在萧惟昌眼中，总兵官郭登将军是边关将领中的佼佼者，文武双全。他是武定侯郭英的孙子，并不依靠荫袭升职。永乐年间进入军界，正统六年（1441）、正统八年（1443），随从兵部尚书、大将军王骥，征讨云南边境麓川土著酋长思任发、思机发叛乱，卓有战功，成为高级将领。能在他手下效力，定能长进。

两个月后，怀着喜悦的心情，萧惟昌策马信步，领军巡逻，在大同城外察看地形。斜阳夕照，眼前辽阔的草场，霞光千缕万缕，洒在一棵棵槐树、柏树、油松身上，披上黄金色彩。桑干河的水，同样涌着金波，迈步进入草场。三月的牧草，长得尺多高了，青得醉人，香得沁心。一群牛羊在河边饮水，小孩在水边的沙碛地带采摘野生的豌豆花、黄芪花，在沙蒿、沙柳、芨芨草中奔跑玩耍。靠近村落，是一片成熟的小麦，似是一片金色的大地毯，悬在晚景中，引人入胜。

望着夕阳下金色的原野、金色的河流、金色的村落，萧惟昌赞美："我心抱流霞，牧笛吹晚归，美哉大同。"而边境战事不断，美景可能毁于战火，边民将受祸殃。

兵部尚书于谦料敌如神。也先回到大漠，并不甘心北京之战失败，心中常常涌起土木堡之战大胜的情景。把明军取得北京保卫战的胜利，看作是偶然的。目空一切的他，再次发起攻击大明的军事行动：攻下晋北大同镇，再下紫荆关，发兵京西。以大同、紫荆关两城作筹码，可与大明对峙，让他们用粮帛珠宝、钢铁军器赎城，是笔划算的买卖。

他知道一条密道，可从城外通入大同镇内，关内、关外同时进攻，易于得手，捞它一票。

萧惟昌已从探马的情报获知，瓦剌也先已集结5万兵马，分三路对大明侵扰：一路由阿拉知院（相当宰相）率领攻居庸关，一路由其弟伯颜帖木儿率领攻紫荆关，一路由太师也先率领攻大同镇。大同总兵官郭登将军已发布军令，时时刻刻，迎头痛击也先。

上到关楼，萧惟昌随郭登步上瞭望台，圆月慢慢升起，银光照山河。广袤的田野，笼在月光中，谁相信即将到来的密布战云，死亡的杀伐下，没有村庄的安宁，没有劳作的欢快。夏夜草场的远处，多见一座座瓦剌兵的蒙古包，战马奔驰，旗帜晃动。正是："胡笳断月色，画角震边塞。"

望着月亮，郭登将军预料，明月挂中天、银盘泻地时，战火必起，此是瓦剌人攻城的老例。经过战争的军人，不怕战争，而以战争平息战争。

站在郭登身边的卫士，捧着将军的一张硬弩，有四尺长，闪着紫檀色光泽，是把古弩，弩身上刻着四句诗："南岳之干，钟山之铜，应机命中，射隼高墉。"是三国时吴郡朱异的诗。

　　见萧惟昌盯着那把弩，郭登介绍说，这是他两次打退瓦刺人入侵大同被封为定襄伯，入朝谢恩时景泰皇帝在内库选出所赠的兵器，鼓舞守关将领杀敌。

　　弩上的诗，说明此物仿自三国时，孙权爱将扬威将军朱异的弩。据军中的弓弩制作工匠考察，此弩确是用南岳衡山富有弹性、经久耐用的楠木心材制成弩身、弩把。它的机括所用的铜料，同样选择著名的南京钟山所产的青铜，富有韧性，放射时发挥巨大的威力，杀伤敌人。"应机命中，射隼高墉"。平时倚在城墙（墉，为城墙），也能射落疾飞的猛禽。郭登要在月圆之战，引弩放箭，与也先分胜负。

　　萧惟昌道："将军说得对，'南岳之干，钟山之铜'组成的弩弓，难得。一般的弓箭，最怕雨水淋湿、浸泡，弓弦易松，箭羽易落。今夜虽有皓月，但天边发黑，怕有大雨，告诫将士，保持弓箭干爽，即是保持杀敌威力。"

　　说得对，郭登将军立即命侍从参军通知官兵，弓进包，箭入袋，防湿防雨，不准损伤杀敌利器。

　　大同关城，此时四门齐闭。郭登率萧惟昌和官佐、精锐军伍，在北门等候也先光临。

　　圆月升到天顶，关山、草场、田野、民居，已是一片雪白，洁净无瑕。也先领着瓦刺骑兵，万马奔腾，气焰嚣张，冲向大同关。大同官军见惯也先的剽悍，并未被吓慌，放宽心态迎敌。

　　敌人马队在奔跑中，逼近城门，打头前行的是十面尖角镶黑边的血红旗帜，用白缎缠着旗杆柄，旗杆尖是指天的长矛头，下垂散乱的牦牛黑色鬃毛为缨络，极像一颗披发的人头。显示瓦刺的野性，狠毒的杀戮。

　　大同官军没有战栗，更不恐惧。年初，他们与瓦刺人打了两仗，以少胜多。蒙古人盘马弯弓，纵横土木堡的日子已经消失；也先阴险策划攻占北京，不是吐气扬眉草原，是呕血大漠。

瓦剌人攻城的武器是云梯，轮番而上，刀光闪闪，鸣镝横飞。城上是箭矢横扫，礌石抛下，云梯被打折，敌军尸横遍野。

也先再度推出杀手锏，比城墙还高的箭楼，四周包着双层的带毛牦牛皮，只留出箭孔，推近城门，箭似飞蝗，向城上垛口倾泻。守城的明军，礌石打不着瓦剌兵，羽箭射不透牦牛皮，而中箭的明军不少，倒在战位，倒在城根。见守城官兵一时束手无策，也先得意狞笑。

郭登大怒："竖子，莫得意。"拿起那张仿古硬弩，张臂开弓，一连数箭，射透牦牛皮，戳穿箭楼上发箭的敌军。萧惟昌拿起铁胎弓，箭箭连发，射向箭楼，敌军一个个从高处摔下，命丧黄泉。

一招失败，二招折腰。云梯被打断，箭楼无力冲过郭登、萧惟昌的箭阵，只能动用攻城锤了。也先命令200名疯狂的士兵，抬起沉重的装着铁头的大树干，拼命飞奔，撞向城门。城上放箭，一批瓦剌兵倒下，又一批冲上，抬起大树撞击城门，没能撞开坚固的城门，而被城上的明军抛下石块、滚木，砸得头破血流，躯壳不全。重新又抬起沾满鲜血的攻城锤，已经滑得抬不起，难以接近尸积如山的城门。云梯、箭楼、攻城锤，都是扑向死亡。

攻守大战中，一个时辰过去，果如萧惟昌所料，黑云遮月，大雨滂沱，道路泥泞，处处水洼，逼得也先停止攻城。

这场雨很大，下足一个时辰，雨过天晴，迎来黎明。瓦剌人又轮批上来攻城，只在城门外大喊大叫，不动真刀真枪。是城池如铁，敌人啃不动？或是等大部队来，一起冲击城门？这令萧惟昌感到不可理解。猛然，他想到六年前在游家营栗子树下的凶杀案，三位黑衣凶手，欲杀刚回到家中的游幼历及两位护送的蒙古族青年。打斗中，两位凶手死亡，一位重伤。樊忠大人审问未死的凶犯，回答了三句话，第二句是"秘密从城内的炭道出城"，此案至今未破，不知谁人指使。又忆起初到大同，听长者说，城外有暗道通城内，有煤把头从城外偷运煤炭入城，骗过厘税关卡。想到此，萧惟昌有所醒悟。忙向郭登将军禀告，昨夜大雨如注，瓦剌人的弓和箭淋湿，胶松羽弛，如鸟折翼，失去远射的作用，无力攻城夺池，却不肯撤军回营，佯攻城门，似乎在等待战机。于是，把"炭道"的来龙去脉，告知郭登将军。

萧惟昌说他怀疑也先组织军队，通过暗道进入城中，内外夹击，打我军措手不及。欲带兵入城，找到炭道最好，封死道口，挡住敌人。即使找不到炭道，也有一支机动部队，打击渗入城内的敌军。

自古战事多变，郭登听了萧惟昌所言，合情合理，没有丝毫犹豫，命令他带上1000人马，在城中巡逻，相机行事。

萧惟昌下得关楼，见到守门的官军，挡住一位身穿长袍的妇人，不让靠近。说城上打仗，羽箭无眼，慎勿前走。当那妇人看到萧惟昌骑在蹄眼白马上，大声喊道："萧哥哥，我是楚莽佳。"

见是妻子楚莽佳找上城来，知有要事，萧惟昌跳下马走近她。楚莽佳悄悄说，她在一个称作炭场的地方见到奸贼黄谋臣。当时她为炭场的掌柜治病，黄谋臣没见到她。

黄谋臣的出现，楚莽佳惊讶，萧惟昌同样惊讶。当时抓住这名奸贼时，人证、物证俱全，由大同镇关郭登将军具文连人送兵部，报锦衣卫。后来得知，王振指令，将黄谋臣关入诏狱。诏狱是有进无出的死牢，他是被放的？逃出的？容不得多想，萧惟昌命侍卫找来一套军装，让楚莽佳穿上后，杂在军人中带路，与几位部属前去抓捕黄谋臣，并命后续队伍跟进。

来到炭场，炭场就是煤场。辽金时期，大同地下煤藏丰富，当地人把煤称作炭，用它烧饭、煮水、取暖。北地寒冷，需求量多，很早已在地下开采。炭场一带，地上多堆着煤，有役夫装包，扛上马车；有役夫从炭道挑出煤块，堆在地上。煤粉在风中飞扬，雨后地湿，到处脏兮兮的。

场中有座颇大的洞口，显得安静，没有役夫出入，奇怪的是关着铁门，还有十多名着装整洁的汉子，散在铁门周边，似是在闲聊，实是在把守道口，役夫杂人，没人敢靠近。

萧惟昌暗示随来的部属散开，守住路口，不让场中可疑的人走出炭场。自己来到洞口，在怀中掏出在游家营搜到的两枚永乐铜钱，交给守在洞口的一位大汉。那人看了铜钱，又打量他一番道："军爷是自己人。"萧惟昌道："是黄大人派我来接应的，快把黄大人请出来，分派任务，误了大事，担当不起。"

一位像小头目似的瘦个子，拿着铜钱飞跑而去，楚莽佳悄悄随后，见那瘦汉进入一间栈房，几盏茶工夫，也不出来。怕有变化，挥手招呼萧哥哥，一起冲进房内，见黄谋臣正欲逃跑，被萧惟昌抓个正着。余下把守洞口的帮凶，同时被楚莽佳和官军捉住。萧惟昌即命随后到达的几位百夫长分兵封锁炭道洞口，增设外围岗哨，守住出入路口，只准进，不准出。

见到大队的明军，黄谋臣已知通敌之事再次败露，惊出一身冷汗。萧惟昌手持利刀，对黄谋臣道："回本大人的话，若说谎，立即斩首。"即进行审问。

"黄尘扬在何处？"

答道："在炭道那头的出口，接应瓦剌人入城。"

"炭道那头出口在何处？"

答道："在城外北门北侧游家营村外，云水寺内。"

"炭道有几里长，能藏多少人？"

答道："有六里长，可藏二三千人。"

"有多少瓦剌人进入炭道？"

答道："不清楚。"

萧惟昌做事心细，再询问守炭道口的凶徒，皆言黄谋臣说的是实话。即命千夫长李实德，带领军队搬土填实道口，排好弓箭手，不让瓦剌人走出洞口半步。自己带领 30 名官军，押上黄谋臣回营，报告郭登将军已找到城内的炭道口，应到城外的炭道口截杀瓦剌骑兵。

郭登听了萧惟昌的禀报，说萧惟昌做得好，自己也应去见见也先太师了。带上 2000 名骑兵，由楚莽佳带路，悄悄直扑游家营云水寺。

现在须向读者介绍原来的工部侍郎黄尘扬了。他是山西蔚州人，与司礼太监王振是同乡，又是姑表兄弟。王振进宫前在家乡执教，他在大同挖煤，做经纪人，渐渐当上掌柜，赚了大桶大桶的金银，并不满足。他的为人之道，见了孝衣都想要。

不久，被他找到一条更易于生财致富之道。利用改造废旧的炭场地下窑道，作秘密通道，向城外走私盐茶。炭道中连着多个天然的大山洞，可藏纳大量的货物人员，继而向大漠的蒙古贵族走私他们紧缺的铜铁、刀枪、弓箭，这是大明朝廷严禁出口蒙古的军用物资。他昧了良心，乐得在铜钱眼里翻筋斗。

在深深埋藏于黄土高原的秘道走私，蒙蔽了大同府衙、县衙缉私捕快的眼睛，蒙不了瓦剌太师也先的双目。以向大明朝廷工部揭露黄尘扬走私盐铁、军火为恐吓，以金银珠宝引诱，使黄尘扬成为他手中驯服的叛国工具。黄尘扬既怕死，又贪财，源源不断向蒙古走私兵器，提供明军的军事情报。

黄尘扬自知走私物品，蚁行多了，也会有痕迹，必须找寻靠山。当老表王振任上司礼太监红得发紫时，给他献上 30 万两银票，换来了工部侍郎的高官，管理易州伐木采薪的大权，高价出卖山头，造成乱砍滥伐，剃光一片片密林，自己也捞得盆满钵满。他腹内诗书不多，知识有限，被才华横溢的萧惟昌用两句诗镇住。

内奸黄谋臣在大同被抓获，黄尘扬平安无事，又是花了大钱，求得王振大人保护。为避言官御史弹劾，王振让他以户部侍郎三品衔巡抚山西。身穿高官大红朝服，更方便在大同组织党羽，走私更多的盐茶、兵器给瓦剌，制造刀枪剑戟，杀戮大明边民、守土官军。

紫荆关西门前伐木，也先太师拟袭紫荆关情报，是他命黄谋臣入草原报告瓦剌头人领取奖金。

土木堡之战后，黄尘扬的靠山司礼太监王振死了，按理他应该收手了。不，没了这个王振，可在朝中找到第二个王振，金钱是万能的。开设冶铸坊，自有炼铁匠来。这次也先入侵大同，明修栈道，暗度陈仓，炭道运兵，关内、关外同时攻打，轻易获胜。

已被捉入锦衣卫诏狱的黄谋臣，在这里出现，是王振在随驾北征前放出来的？不错。收了黄尘扬3万两白银，放出了该杀的表侄。由此可知，黄尘扬派人暗杀从大漠归来的游幼历、护送的两位蒙古族青年，为的是挑起民族仇杀。没了滚滚的战火，谁还要大量的铜铁？没了走私，怎能赚大笔大笔的金银？够了，不再说黄尘扬这伙奸贼。

炭道存在多年，没到最后关头，也先不愿利用它进攻大同。如若守军得知，走私军用品没了门路，掌握大明奸细谍网也会被破获。时至今日，已是背水一战，无鱼可捕，留网何用，才开启秘密炭道，进攻大同。

郭登将军率领的骑兵，很快到了游家营云水寺外。寺前已有2000多名瓦剌官兵在四周集结，或游动放哨。

郭登、萧惟昌带头，纵骑扬刀挥枪放箭冲杀。士兵受到鼓舞，争先向前。瓦剌人张弓放箭抵挡，被大雨长时间浸湿的弓箭粘胶松弛，射程不远，杀伤力弱。明军弓弩羽箭干燥，射得准，穿透力大，射倒一排排的瓦剌官兵。不死的敌人，不敢恋战，惊慌失措逃回大营报信。

明军杀入筑有宽阔结实围墙的云水寺内，见到打开的炭道口，瓦剌兵鱼贯进入。听到寺外的喧天杀声，寺内杂乱的马蹄声、吆喝声，未进入炭道的瓦剌兵惊呆了，不知所措，被明军一一擒拿。

萧惟昌出手极快，抓住一位正欲进入炭道的瓦剌军百夫长，用蒙古语问他，黄尘扬在何处？说了饶你不死。

惶恐中的瓦剌人，指点炭道口旁的一间厢房。萧惟昌破门而入，见到瑟瑟发抖的黄尘扬，像抓小鸡一样，把他抓起摔在郭登将军的脚旁，侍卫把黄尘扬按住。怕死的黄尘扬，跪在郭登将军面前，乞求饶命。

郭登将军让他站起，萧惟昌上前道："巡察山西御史黄侍郎大人，想不到我们又见面了。老实回答我的问话，否则让你粉身碎骨。

"皇上率六军北征，回师怀来县被瓦剌人尾追，在雷家站、在鹞儿岭，王师出重兵阻击，皆中埋伏，是谁把情报传给也先？"

黄尘扬答道："是司礼太监王振和锦衣卫指挥使马顺的亲信，百夫长杨善理飞鸽传我，我传给也先太师。"

"有多少瓦剌人进入炭道？他们的马匹在何处？"

"已有500多名瓦剌人进入，马匹拴在寺外大片的密林中，也有马匹进入炭道。"

黄尘扬被押下后，郭登将军命官军到寺外砍树，堆在炭道口，放火熏死这帮钻地的耗子。不无幽默地说，让瓦剌人烤干淋湿的军衣上路吧。

见到明军把柴火堆在炭道口，有位瓦剌军官已知用意。走到郭登将军面前，右手张开放在胸前，点头躬身作礼，用生硬的汉语说："将军大人，炭道里的500名瓦剌官兵是赛汗塔拉草原穷苦牧民的儿子，我是他们的千夫长蒙马尔，让他们放下刀枪，走出炭道，将军再作处置，杀也好，剐也好，先拿我开刀。"

郭登将军听懂了他的话，想不到这位瓦剌军官竟是位爱护士兵的汉子。

楚莽佳穿着明军军服，蒙马尔认不出她，她认出了蒙马尔。这位千夫长，就是自己儿时的友人绥奔顺的父亲，是他派绥奔顺和格列沙一起护送自己母亲从草原回到大同游家营。此时有意开脱这支与自己息息相关的草原牧民队伍，对郭登将军道："将军，我是郎中，从防病治病、护体健身的角度看，几百人和马匹一起死在炭道中，通风不畅，尸身皮肉腐烂，发臭生蛆，会给大同军民带来可怕的瘟疫。"

郭登将军道："楚大夫所说，言之有理，不可不慎。"

萧惟昌听出妻子言外之意，她在赛汗塔拉草原生活多年，母亲由那里的蒙古人作为亲女儿抚养长大。被两位部落首领派儿子送回大同，才保住母亲性命。于是，计上心来，顺着妻子的意思，走近郭登将军身旁，对他如此如此，说出自己的想法。

郭登将军听了，高兴地说，就这样办。下令道："蒙马尔千夫长，命你的士兵牵着马匹，一个个走出炭道，放下武器，脱下军装，寺内有25间房，每间安置20名士兵，你进入25号房间。我派人看守，敢走出房间者，杀无赦。待我打败也先后，回来再做处置。"

这厢安排官军，把守进入禅房的瓦剌军人。那厢萧惟昌已从明军中挑出500名精锐官军，穿上瓦剌人的军服，骑上瓦剌人的悍马，手持瓦剌人的军刀，打着瓦剌人的旗帜，由他率领，装作战败向大同北门逃跑。郭登将军率大队明军，在后飞骑追赶。

也先太师此刻正在大同城北门外中军帐内等着内击外攻破城的信号，忽见探马来报，明军已攻破云水寺，未进入炭道的2000名官兵，大部被歼。这一惊非同小可，不派兵救援，搁在云水寺的部队怕难生还。正在焦急时，见到自己的一支五六百人的军队，兵败撤回，后面有支明军在追杀。

容不得太师也先多想，即命打开中军营棚，让自己的军队进入。又命中军分作左右两队，包围在后追来的明军，杀他个片甲不留。

也先这一着，正中萧惟昌下怀。他率军冲进敌人军营后，与士兵一起放声大喊"活捉也先恶贼""活捉也先恶贼"，边喊边举刀劈杀，把懵头懵脑的瓦剌军打得大乱，不知谁是自己人，谁是杀来的明军，也不知来了多少敌军，慌乱中官找不着兵，兵找不着官，四面楚歌，难以组织抵抗。

大同城上的守军，已看到总兵官郭登大人命令他们下城杀敌的旗号，一支支军马似从天上飞越下来，全部收拾佯攻城门的瓦剌军队。会合总兵官郭登的部队，声势浩大，如水击沙堤，如风扫落叶，协助郭登打败瓦剌两翼扑出的中军，杀向瓦剌军的大本营，配合正在厮杀的萧惟昌，打得瓦剌人没有还手之力，也无抵抗之力，纷纷溃散逃命。

看到大败的局面难以挽回，军无斗志，也先带着几百人的卫队向北逃亡，很快被萧惟昌率队赶上。也先的卫队长古魁铁力，大声呼喝散乱的卫队及士兵，结队斗明军，护卫太师大人。立时组成六七百人的队伍，掉转马头，扑向明军。明军的一轮羽箭，射倒一批瓦剌骑兵，趁着余威，萧惟昌率军横扫残敌，也先的卫队死的死，伤的伤，逃的逃，剩下 100 多名瓦剌官兵，围在他身边。那歹毒的也先，趁着护卫的遮掩，张弓搭箭，使出他父亲脱欢传授射伤游云方的手法，欲射倒萧惟昌，来个反败为胜。萧惟昌察知也先意图，执着一支羽箭顺手一掷，把也先射来的毒箭扫落地上。这招撒手飞花的本领，令也先大惊。

像输掉所有家财的赌棍一样，把自己押上赌台，也先双眼发红，持刀扑来。萧惟昌则是两目发光，没等也先冲近，迎上恶战十个回合，挥枪把这位恶人打下马。李通、楚莽佳正欲上前擒拿，他的卫队长古魁铁力冲了上来，高声大喊："勿伤我主！"用刀死死格开萧惟昌的长枪，他手下的十多名卫兵急急把也先扶起，架上骏马，向北逃出战场。

古魁铁力，名如其人，束着长头发，脸上布满虬须，如刺猬张扬尖刺，面色紫红，额堂突起，眉骨扁平，双目闪烁发光。骑着一匹白马，白马驮着他沉重的躯体，如背上无物，轻快疾跑，看得出是匹良马。他能在数万官军中被太师也先选为贴身卫队长，是在大汗举办的"那达慕"大会上获得头号摔跤手称号，力可只手挡猛牛，弓能张300斤。

勒马收刀，古魁铁力打量眼前这位击倒太师的明军军官：年约四旬，身材并不魁伟，眉目修阔，脸无愠色，仪态儒雅。如不在战场上，会把他当作文弱书生。腰间的箭袋内插着红杆铁镞灰羽箭，足有四尺长，箭尾是三茎灰紫色发亮的硬羽，没有很大的力气，是不能放射此种长箭的。背上的弓，他虽没看到，直觉感到，对付此人不能掉以轻心。

没等萧惟昌出手，新来的校尉李通扑上前去欲把古魁铁力拿下。这位李通，山西人，是在北京保卫战中出榜招聘的义士。当时考官试其武艺，十八般武器皆能玩转，在聘试中无人能敌，成为首选（明学者谢在杭在《五杂俎》书中记载此事），入神机营效力。在德胜门保卫战中，杀死瓦剌骑兵七人。萧惟昌这次赴大同，让他跟随。在刚才突破也先中军营时，也砍死瓦剌一名百夫长、三名瓦剌骑兵。

然而，这次李通战不到五个回合，就败下阵来。古魁铁力发出狼嚎般的狂笑，大言不惭对萧惟昌吹嘘，在土木堡的围攻战斗中，砍断五把马刀，杀死明军千夫长三人，士兵100多人，获得太师奖励黄金十两。

听他这么一说，萧惟昌压住怒火，拍马上前，一枪慢一枪紧，让对手不知如何抵挡。古魁铁力自恃个重力大，一刀刀砍向萧惟昌的脸面。萧惟昌轻功了得，回旋如飞，敌人的刀总是砍不着他。斗了40个回合，这位也先的卫队长已累得上气不接下气，而萧惟昌的长枪如银龙出海，在他身上缠绕。正在苦思如何逃离萧惟昌的枪影，对方又一枪迎面刺来，古魁铁力只能向后倒下，才能活命。当他倒到地面时，就有几位亲兵扑上，救起自己的卫队长，扶起他逃出十丈外。萧惟昌也不追赶，取弓搭箭，射透古魁铁力的后背，倒在地上死去。

古魁铁力所骑的那匹白马，见主人死了，惊得不敢放步奔跑。那几位古魁铁力的卫兵，上前抢马、抢卫队长的尸体。

萧惟昌已立马横枪挡在前面，吓得瓦剌人丢下卫队长的尸体、马匹，抱头鼠窜。

萧惟昌命李通牵上白马，一众人等回到北门的战场，见郭登将军正在指挥官兵打扫战场，仅是战马就缴获 5000 多匹，刀枪剑戟不计其数。即跳下马，跑到郭登将军前报告："末将不力，擒不住也先，杀死他的卫队长古魁铁力，夺下他的白马。"

郭登大喜："萧将军杀死也先的卫队长古魁铁力，了不起。此人自恃力大马快，在边境作恶多端，杀我军民，除此恶贼，为黎民报仇，为同袍雪恨。他的白马作为战利品，归萧将军所有。"

此时，楚莽佳牵着蹄眼白栗色马，站在郭登将军面前。郭将军又赞道："萧将军一言九鼎，实现夺取敌人良马的诺言，蹄眼白马，我就收回啰！"

萧惟昌有点不舍那匹与他共同战斗多年的良马。抚摸马的脸面，说："马儿啊，跟着郭将军，继续效力沙场吧。"那良马似是听懂了，抖动鬃毛，拂起尾鞭。硝烟不息，战祸频起，战马同样高鸣思战斗，伫立向苍天。

第十四章

郭登义释蒙马尔　游家团聚五台山

打垮瓦剌也先入侵，大同反击战获得胜利。郭登总兵官扬眉吐气，对楚莽佳说："郎中弟妹此战功不可没，协助你萧哥哥，擒拿奸贼黄尘扬、黄谋臣。找到炭道，识破也先内外夹击大同的阴谋。你萧哥哥巧设妙计，突破也先大营，杀其卫队长蒙古头号大力士，同样功劳巨大。

"烽火暂熄，现在我们应回到云水寺，看看赛汗塔拉草原那伙牧民弟子，还有他们的千夫长蒙马尔。你关心他们，你萧哥哥关心他们，我郭登同样关心他们。"即命官军，把准备好的 500 套蓝布蒙古长袍，500人的饭食、饮水带去。

见郭登将军如此关照赛汗塔拉草原牧民、战败的瓦剌官兵，萧惟昌、楚莽佳颇为不解，一时难以猜透郭登葫芦里卖的是什么药？郭登接着为他们详细释疑。

郭登在大同镇守关护城多年，到过关内、关外众多镇甸村庄，游家营是条大村，不会少去。身为武将，酷爱功夫。得知少林寺高僧释安同是游家营村人，俗名游云方，武功高强，乐意求教。游云方知道郭登是将门后人，守关尽责，待人诚恳，两人意气相投，结成忘年之交。游云方每次回到游家营村，都请来郭登，切磋武艺，取长补短，相互得益。

游云方作为少林寺的僧人，难得回到大同。唯一的爱女游幼历在游

224

家营村外失踪，托郭登将军代为打听音讯。只是当时没有留下蛛丝马迹，多年打探没结果。郭登不放弃，时时在意，处处留心。

正统九年（1444），游幼历从草原回到大同游家营村，时隔 40 多年，汉女从大漠草原回乡，差点在家中被恶人杀害，幸得其儿子楚莽原及同僚相救，才相安无事。沸沸扬扬的传闻，传到郭登将军的耳里，他大喜过望。游幼历不就是游云方爱女？她儿子楚莽原，不就在大同马市任监督使？

于是飞骑直奔马市，找到楚莽原，得知游幼历在赛汗塔拉草原悲欢离合的故事。对善良的牧民关爱一位汉人弱女子，有了深切的感受。故宽大处理这帮牧民子弟瓦剌兵。

听到此，萧惟昌夫妇才明白过来。

站在郭登身旁的王元副将道："放走 500 名瓦剌敌军，是否妥当？会不会对总兵官大人产生不利的后果？"

郭登将军解释道："宽大处理这帮牧民子弟兵，事出有因。瓦剌的千夫长阿里帖木，救下边境的汉人弱女子，收养教育，成为师长，在草原传授汉蒙友好文化。游幼历的养父千夫长死了，草原上后继的千夫长、百夫长派自己的儿子护送汉女归汉。凭他们这种仁爱做法，我们理应关照赛汗塔拉的牧民子弟。"

郭登将军继续道："牧民护送汉女回乡，而藏在边境的内奸欲杀人嫁祸，挑起边民打斗，敌人没把此事看作小事。分化他们，瓦解他们，多一位朋友，边境就多一分安全。没有赛汗塔拉草原牧民的 500 套瓦剌军服、500 匹战马、500 把军刀，我们也不容易突破也先的中军大营，他们也为保卫大同之战立下功劳。有功则奖，有罪则罚，应宽大处理。此事，我会奏报兵部尚书于谦大人，相信会得到理解。"

王元副将听后道："总兵官大人说得有理，卑职拥护将军大人的决策，义释瓦剌蒙马尔千夫长和他的士兵。"

一行人来到云水寺，郭登将军命守军将瓦剌千夫长蒙马尔带来。见他只穿内衣，拿来一件蒙古长袍让他套上，蒙马尔行礼道谢，站在一旁。

郭登再命属官，把所有的长袍分发给寺内的瓦剌兵换装。此刻，楚莽佳已脱下军服，换上天蓝色的蒙古长袍，扎着宽边腰带，穿着长统牛皮黑靴。

蒙马尔一眼就认出她——塞汗依依的女儿莽佳，但不敢相认。只说感谢总兵官郭大人给500名牧民子弟一条生路，赛汗塔拉草原的牧民以后再不与大明军队作战。

郭登将军告知千夫长蒙马尔，也先太师的部队已被打垮，他带领剩下不到300名的残卒逃离大同战场。指着萧惟昌说："他的贴身卫队长古魁铁力，已被我们这位萧惟昌将军射死。惨败后的也先，很难组织军力与大明对抗，也不敢欺压草原各地的首领、贵族。大同重开马市，欢迎来交换盐茶、米粮。在寺外已备好500马匹，500把军刀，500人几天的干粮和水。骑上自己的马，早日回到草原，与家人团聚；挎上自己的军刀，劈杀挡路的也先余孽，保护自己。"

听到郭登将军如此周到的安排，硬汉蒙马尔不禁热泪盈眶。楚莽佳上前道："蒙马尔大叔爷，我是莽佳啊！""早知道了。"蒙马尔高兴地指着萧惟昌道，"你的夫君萧将军，杀死助纣为虐的古魁铁力，是大英雄！"

楚莽佳再问及草原的亲人、友人，蒙马尔粗略告知，布哈哈千夫长不愿和明军作战，被也先指使古魁铁力杀死。他的儿子格列沙和自己的儿子绥奔顺，带领草原众多的青年逃到远处的牧场放马、放羊，不跟随也先攻打大明边境。你叔爷哈汗多被称为活佛，施医舍药，治好众多苦难的牧民。

蒙马尔见郭登总兵官身边站着众多的将军，问道："哪位是樊忠将军？那年格列沙、绥奔顺送塞汗依依回大同，他和萧惟昌将军，各送一驮粮帛、盐茶给我们牧民，是个大好人。"

萧惟昌告知他，樊忠将军已战死，死在土木堡的战斗中，被也先的骑兵射杀。

蒙马尔深深叹息："好人不应早死啊！"过了一会儿才对楚莽佳道："回家告知你额吉，草原的亲人想念塞汗依依。"说完，向郭登将军行礼作别，大步走出寺外，带领他的500名牧民子弟，上马扬鞭，踏上回归草原的路程。

大同反击战，也先差点被活捉，侥幸逃得快。侵略居庸关、紫荆关的战争，阿拉知院、伯颜帖木儿元帅，同样损兵过半，灰溜溜打马回府。

边境无战事，难得空闲。萧惟昌携手楚莽佳，回到城外游家营村母亲的旧居，见到庭院中那棵栗子树，枝挺叶秀，生机盎然。

村中的长者老屯公公，认识楚莽佳是游幼历的女儿，见她和夫君访寻姥爷游云方，多方打探，有刚从晋北五台山习武回来的青年，告知两人，叔爷释安同在五台山清凉寺挂单传功，从春至夏，深秋即回少林寺闭关。

两人得到姥爷的消息，高兴得急急回到大同镇关上，萧惟昌禀报郭登将军，欲到五台山探望阔别十多年的恩师释安同姥爷。

郭登将军得知释安同的近况，开心道："大同反击战打胜了，批你半月假期，探访大禅师，然后回土木堡一家团聚，再回京复令。我给兵部报告大同反击战胜利的呈文，附上批假文书，安心去吧。见到释安同大师，请代我请安、叩头，徒弟在战争中立功，师父也有一半功劳。"这里的徒弟，可指萧惟昌，可指自己，或两者都是。体现郭登的文才，尊师敬长的品格。

郭登接着道："郎中大妹，你在大同醉仙楼识奸擒贼，当时没有给你奖赏，现在一起奖白银50两。"

萧惟昌夫妇只接请假文书，不肯要银两。

郭登将军道："萧兄弟，路上要花销、拜见长辈要买手信，入庙朝佛要布施啊。你打算让郎中大妹一边行医治病，一边解决吃住费用吗？"

话说得如此关照，萧惟昌只好收下银子，告别郭将军，与妻子赶赴五台山。

萧惟昌骑的是蒙古大白马，四蹄有力，放步轻快。此马夺自也先卫队长的良马，经大同镇总兵官郭登大人批准，作为自己的坐骑。楚莽佳骑的是紫红马，个头小，跑得不是很快，萧惟昌时不时收缰等妻子赶上来。楚莽佳见他等了多次，娇嗔道："不用等我啦！"

"不等你，能赶上大白马？"萧惟昌道。

"没有别的方法解决？""有啊。"萧惟昌跳下白马，把缰绳放在妻子手上，自己骑上紫红马，放步缓行。

楚莽佳放马在前，乐得哈哈大笑。怎不高兴？萧哥哥事事处处为自己着想。两人一路看风光，赏山水，自得其乐，悠然前行。

四天后，才来到五台山（也称清凉山）清凉寺，等待拜见姥爷释安同大师。

夏日，阳光高照，清凉山名不虚传，凉快舒服。年过八旬的释安同大禅师，刚从寺中练功房走出来，在庭院栗子树下站立，运气吐纳，缓缓放松躯体。两人多年不见姥爷了，仍是一身僧衣，脚踩麻鞋，身板结实，两道白眉下的双目，闪着慈爱和关心。

夫妻迎向老人，上前叩头。

楚莽佳道："姥爷，莽佳给您叩头请安！"萧惟昌道："恩师姥爷，弟子萧惟昌给您叩头问好！也代郭登将军给您叩头。"

释安同俯身扶起两位晚辈，说："见到郭大人，也代我向他叩头，来而不往非礼也。"三人就在树下的石板上就座，随意聊天。

楚莽佳告知姥爷，随夫君萧惟昌在大同参战，总兵官郭登将军率领众军打垮了瓦剌敌军入侵。

大禅师开心道："莽佳娃儿，背着药箱，在刀枪砍杀中为负伤官军治伤，了不起！"

楚莽佳道："姥爷，别以为我惊刀怕枪，问问您的爱徒、我的萧哥哥，我是真刀真枪与敌人拼杀的。"萧惟昌道："大妹子，姥爷是逗着你玩。谁不知楚家女郎中能救死扶伤，也能征战杀敌。"

大禅师笑道："莽佳娃儿，你萧哥哥处处护着你，高兴了吧。你在大同醉仙楼施妙计擒内奸外贼，今次大同破炭道，伴萧哥哥设奇谋，败凶敌，早在三晋传开了。老衲有你这位巾帼英雄外孙女，幸哉！善哉！你萧哥哥去年在土木堡大战护皇上，回京报信，还有北京保卫战，我都知道。"

楚莽佳执着姥爷的手道："姥爷，佛门六根清净，不闻世事，怎么会知道这么多大事？"

释安同大师道："说得对。出家人不闻红尘之事，可对自己的外孙女、自己的爱徒，总得知道啊。"

"是应该知道。"楚莽佳问，"姥爷，是谁告知您老人家？"释安同道："是你母亲游幼历、父亲楚敬先告知老衲。"

释安同的话音刚落，在庭院一侧绿树遮掩的浓荫中闪出楚敬先、游幼历。楚莽佳大为惊喜，上前抱住母亲，又抱住父亲。待萧惟昌向岳父、岳母行礼后，楚莽佳急急问母亲，何时来到五台山姥爷处。

游幼历道："大同开战前，我和你爹刚好回到游家营探亲，找寻拜见你姥爷的线索，亦为老屯叔公治病。战争打响，你爹背上药箱，在大同镇关城下的医疗所协助关内的大夫抢救治疗伤兵。我在医疗所烧水煮饭，让伤兵喝上热水、吃上热饭。虽然牵挂你和惟昌，人忙心也忙，没心思打听乖女和女婿消息。

"战争结束，大同镇总兵官郭登大人来医疗所探望负伤的官军，把士兵当作兄弟，关爱备至，不是那种鼻孔朝天的大官。我向他问及你俩，郭将军知我是你母亲，开心极了，说幼历大姑，我寻你 30 多年，今日才得见真容，失而复得，你爹高兴，我也高兴，完成你爹托我寻找你的任务。想不到不用找，而是送上门来。又夸我和你爹有善心，参与边境战事，救死治伤。大赞惟昌和你，多谋善战，杀敌立功。

"得知我想见你俩时，郭将军让我们上五台山清凉寺寻找，这令我失望，寻亲见不到亲人。郭将军劝我别心急，会给我一个惊喜，到五台山会见到女儿、女婿，还会见到多年见不着的慈父。

"他派出一辆马车，送我和你爹来到五台山清凉寺，今早刚到，见了你姥爷后，他入室练功，我俩在对面的林中闲游。"

一家三代人团聚，自有说不完的话。游幼历跪在父亲膝前，泪流满面，说自己自小流落草原，长大了，从大漠回到大明土木堡，九年间，两次和夫君上少林寺寻找父亲，都见不到父亲大人。向寺中知客僧人打听，说父亲外出云游，连住持大师也不知父亲挂单何地佛寺。我只好在佛寺留下信息，说我活着，是被草原的军人收养，长大成家，生儿育女，随当郎中的夫君生活。希望父亲看到信后，来塞外的怀来县土木堡相会。几年过去，不见父亲到来，也不知父亲踪迹，整日以泪洗面。

释安同没有回答爱女的话，口念佛语，阿弥陀佛。

游幼历继续央求父亲，说："一家三代人在五台山相聚，完了女儿几十年的心愿。您外孙楚莽原在怀来县样边长城守关，没能前来。我和夫君，您外孙女楚莽佳，外孙女婿、您的爱徒萧惟昌，恳请父亲随我们回到土木堡家中，住上一年半载，吃上女儿烧的饭，喝上女儿端的水，穿上女儿缝的衣，让女儿、女婿及孙辈，尽尽孝道，共享天年。"

楚敬先、萧惟昌、楚莽佳，齐齐跪求老人家回到土木堡。释安同一一扶起众人。对围在身边的女儿等人道："身入佛门，已没有世外之恋，数十年闲云野鹤惯了，天南地北的佛寺，就是我的家。吃百家的饭食，喝千山泉水，在释子眼中，只有佛祖。"

楚莽佳拉着姥爷的手说："要不就近到我北京家中住上三五天，让我和萧哥哥尽孝道，聊慰慈亲。可以见到我大嫂、我女儿萧怀北。我来大同参加反击战，把女儿寄放在哥嫂家中。到时我父母、大哥同回京城共聚，我爹娘开心，姥爷高兴，其乐融融。我嫂会诗善画，为姥爷画幅丹青，留在父母家中，姥爷回佛寺，我们留住思念。"众人齐声道好。

楚莽佳更来劲了。"姥爷，您那玄外孙娃娃，承袭父业，刚学会走路，就会挥竹枝作枪，撕纸板作刀，练武打斗。姥爷指点数招，孩子兴致更浓。"听得游云方姥爷高兴道："玄外孙喜欢武术，承传父辈家风，小小年纪，当作玩乐。我佛教导：'有即无，无即有。'何需写真，照样留住贫僧。"

萧惟昌接着央求："请恩师到北京住上几天，指点武功，或是我陪姥爷看燕山长城。"

大禅师转移话题，对萧惟昌道："贤徒，你在战场显露身手，不负老衲重托。战火暂时停息，应抽空读书习文，如若考取举人、进士，出任文官，以法治国，廉政待民，实现在家乡大寨村立下的报国宏愿。"萧惟昌叩头应允："恩师所教，小徒一定照办。"

众人见说服不了释大师享受人间烟火，就留在禅寺中，多住七八日。一起吃斋念佛，陪伴老人家，逗他开心。

临别时，萧惟昌把郭登将军奖赏的 50 两白银，让妻子捧给姥爷。释安同接过，没留下半个角儿，投入佛寺的功德箱。双手合十，响亮道："多谢众位檀越布施，我佛慈悲，保佑居士一生平安。"又作偈诗，云：

白云当卧席，弯月是帘钩。

莲花权作被，块石为枕头。

不朝皇宫阙，岂恋锦绣楼。

人生何牵挂，释子乐春秋。

诵完，头也不回，快步走入禅房，不顾爱女游幼历哭成泪人。

楚莽佳帮母亲擦干泪水，大家心中一片怅然，她诵起唐代诗人李商隐的《无题》诗中的句子：

相见时难别亦难，东风无力百花残……

确是如此，浪迹大漠数十年的女儿，回乡九年，好不容易与慈父见上一面，又要分离，再难相见。那绵绵的父女感情，萦绕一生。释门大师的老父，来日会在蓬莱山上立地成佛，可仙人相隔，路在何方？只能像李商隐另一首《无题》诗中说的："身无彩凤双飞翼，心有灵犀一点通。"

游幼历一家怀着悲伤的心情，离开佛寺。萧惟昌雇来马车，载上岳父、岳母，自己与妻子骑马相伴，向怀来县进发。路过样边长城，邀约楚莽原一起回到土木堡家中相聚。

在土木堡家中住了两天，萧惟昌与妻子携女儿回北京，安顿妻子后，回到兵部，拜见尚书于谦大人交令。萧惟昌在大同击败瓦剌之战，勇敢善谋的出色表现，于谦大人已在战报得悉，传令嘉奖萧惟昌。

第十五章

袁校尉护卫龙颜　日月奴劝放英宗

大同反击战胜利结束，萧惟昌回到兵部。

七月中旬，兵部尚书于谦命萧惟昌带领本部卫队的将士100人，进驻坝下的关隘。准备迎接太上皇英宗入关后，护送回朝廷，并保护好同时抵达的一名"死士"。给他一封以漆封口的信件，说见到太上皇时，打开自知分晓。

萧惟昌带队来到坝下的关隘住下。隘口的北面是一片面积很大的集市，称为中间集，是草原与大明边境的分界地，建有一排排的商铺，人来客往，买卖兴旺。部队驻下，他即派出密探，打听太上皇回朝的消息。

于谦大人说的"死士"是什么人？属于何种组织？这就得从明成祖年间说起了。

永乐元年（1403）癸未春正月，洪武帝朱元璋的第四子燕王朱棣在南京登位，成为明朝第三位皇帝。人在江南心在燕，改北平为北京，设北京留守。建立"使刺外事"机构（《明鉴》语），诏令萧从道回到北京，肩负就近收集境外军事情报。

萧从道在御营亲军中挑选300名河北、山西籍的千夫长、百夫长、校尉，带回北京，由熟悉蒙语、敌情的军官教授培训。这批生长在边塞内外和晋北的军人，他们多数有蒙古语基础，军事知识。学习三个月后，又经两个月野外实习，经教官挑选、萧从道将军审查，选出200名优秀人员，分作两条路线，从河北的坝下，进入坝上的多伦；从山西的大同，进入草原，以经营牛羊、皮毛、药材、贩卖米面、丝帛、茶盐，或是打铁制刀、钉修马蹄为职业，刺探瓦剌人军情。同时发展下属人员，多数作长期的潜伏，不惜肝脑涂地，故有"死士"之称。

经过多年的努力，这支"死士"队伍，初出成果，为明成祖朱棣皇帝从永乐七年（1409）至二十一年（1423）的七次亲征大漠提供了击败残元势力的可靠军情。

大明有"死士"组织，敌方也有"死士"组织，如何防范？萧从道将军时时放在心上，但防不胜防。

永乐二十一年冬十二月的月圆夜，大同镇北山隘口军队换防，蒙古瓦剌的首领脱欢冒着纷飞的大雪，突然率重兵袭击隘口，新任的指挥使吴天因将军奋力反击，寡不敌众，中箭殉国，部属皆战死。脱欢把他的妻子掳走（《明鉴》有载）。

当大同镇关的援兵赶来救援时，敌已撤走。

萧从道后来与大同镇总兵官来到隘口，寻找敌军是如何获知隘口换防的军事机密施行长途突袭的。

隘口的居民大部分被掳去，逃到山中幸存者回家后，也说不出子丑寅卯。

萧从道沿着瓦剌人北撤的路线，仔细检查，在车辙旁的草丛中寻到一支雕刻着精美龙凤配的银发钗，上有姑苏平江符吉制作的文字。再没找到别的物品，只好作罢。

战死将军吴天因的妻子江月明被掳走时披发脏脸，夹在众多的被掳民众中，到达大漠草原，成为奴仆，干苦役，拾牛粪，刨草根，到几里外的溪中挑水，累得直不起腰，寒风刮破脸颊。

江月明是江苏姑苏府平江境人，生长在书香之家，父亲是举人儒学教谕，母亲是绣娘，她是家中长女，下有小弟江星明，家庭富有，随父读书，伴母习绣。后与同在境坊的武举人吴天因订婚。

吴天因在大同镇关服军役，从把总做起，多立战功。升为千总，至参将。三年前休假回乡，与江月明成亲，送她一支当地银匠符吉制作的龙凤配银发钗，亲自别在娇妻的美发上。两人家中的青砖黛瓦古宅建在小河畔，走过一道道小桥，就是平江热闹的墟场。不想走路，可摇着家中自备的小船，同样可到墟边的码头，坐在茶肆听姑苏评弹。琵琶声中，吴侬软语唱的是唐代诗人杜荀鹤的《送人游吴》诗："君到姑苏见，人家尽枕河。古宫闲地少，水港小桥多。夜市卖菱藕，春船载绮罗。遥知未眠月，乡思在渔歌。"

江月明从回忆中醒过来，听到的是风吼狼嘶，作歌唱道："朔风吹雪满破帐，夜夜梦中见故乡。人在大漠望江南，苦无双翅学飞翔。"

在江月明悲痛欲绝，欲以死为夫殉节时，被潜伏在草原的大明"死士"得知她的境况，发展她为成员。

半年后，脱欢发现江月明是位年轻貌美的少妇，收为己有。她想趁机杀死这位仇人，她的上司不同意，说杀死脱欢是小事，应为朝廷做件大事，死才有价值。

又过了三个月，脱欢问起这位收来奴仆的名字，说是叫江月明。脱欢道："不用汉名，叫敏答失力。"想了想又道，"称为日月奴。"用这侮辱性的名字，让人得知是从大明掳掠来的仆人，奴仆就得听主人的话。

草黄草绿，江月明的汉人名字无人知道，蒙古名敏答失力知者也不多。日月奴的名字叫开了，她觉得这称呼好，奴是奴仆，也是女人的称呼，两者兼而有之。

日月奴来到草原后的第二年，生了一个儿子，脱欢可高兴了。他的福晋生的是女孩，二夫人、三夫人生的也是女孩，便把出生的男孩取名也先。日月奴不做苦役了，还可带着儿子在牙帐周边随意走动。

无意间她发现，一处蒙古包中存着众多的汉文书籍，有《四书》《五经》《道德经》《孙子兵法》《贞观政要》，也有蒙古文的古典文集，佛教经书贝叶，于是搬回一大箱，在自己的帐篷习读。

这些书籍，是脱欢攻下大明边关的据点抢掠回来的。他对汉文知之不多。但晓得兵书可以教会用兵布阵，名人的言行，可以驯服牧民，笼络汉人民心。于是，在自己的军队中找来一位识汉字的军官，为他讲解《孙子兵法》，学了一些肤浅的知识，再无心向学。命保管好这些书籍，日后自有作用。

当管理书籍的军官向他报告日月奴拿走一箱书籍时，他答道："让她拿去，以后可以教也先读汉人的书，写汉人的字，可以其人之道还治其人之身。"

日月奴聪明好学，常读这些子曰诗云，也读蒙文书籍，两年后会说蒙语，三年后会写蒙文。这为她教育儿子也先创造了有利条件，获得蒙古牧民的尊重。

也先长到三四岁时，就随额吉学汉语、读汉文、写汉字。脱欢极为高兴，自己看不懂汉人的军情报告，以后儿子能看懂，读出其深奥的文字，对自己是很好的帮助。

待也先长到十三四岁时，脱欢的众多夫人已为他生下几个儿子，他便冷眼看待日月奴，生怕灌输太多汉人文化令也先成为弱势的书生，于是命也先离开日月奴，到大汗营帐所在的牧场习马术、练刀枪，学攻城，破关隘，一学四五年，不准与额吉相见。并命日月奴放牧牛羊，挤牛奶，打酥油，做奴仆，阻隔她和儿子的联系，斩断思念大明故乡的感情。

英宗正统五年（1440），萧从道役期已满。他从永乐四年（1406）

到京城代替老父军务，经历 35 年军旅生涯。同袍祝他功成身退。他有两个儿子，大儿希祁，从小跟他学武，在北京南郊丰台驿站任驿使；小儿希祇是宛平县礼房主事。随在自己身边的老妻王亚美是家乡人，得知能回吴川，甚是高兴，说北方什么都好，就是冬天太冷，雪飘冰封，受不了。

萧从道将军把自己掌握的"使刺外事"组织，向兵部侍郎邝埜大人移交，自己就可以轻松回乡。

当他到兵部请见时，邝埜大人道："王骥尚书同意我的意见，你可脱下军装留在北京，继续协助我统领这个组织。20 多年，'使刺外事'发挥了极大作用，不说为永乐帝亲征大漠提供极多的有效歼敌军情，宣德朝宣宗皇帝出关入草原打垮瓦剌铁骑，同样提供准确的敌军行动路线，功不可没。残元势力正在寻找你这个'使刺外事'统领将军，脱下军服更易隐藏自己。"

遵照邝埜大人的安排，萧从道以平民的身份与妻子一起住进北京宛平县香山乡，靠近两个儿子，易得到他们的照顾。

到了正统十年（1445），已是 70 多岁的萧从道，常年征战，老病多发，再难以挑起"使刺外事"的重担，向已升为兵部尚书的邝埜大人请辞，建议另找高人接任。

在他病重时，侄孙萧惟昌来探望他。说起大同北山隘口被脱欢攻破，来得快，去得速，应是为瓦剌效力的内部奸细提供了情报，但破不了此案，遗恨终生。

正统十一年（1446），萧从道卒于住所，葬于宛平县香山乡后背岭（《吴川大寨萧氏族谱》清道光二十七年版载）。

到了正统十二年（1447），兵部尚书邝埜把"使刺外事"组织交给本部侍郎于谦领导。

侵略成性、杀人如麻的脱欢，不管是在草原争权夺牛羊，还是在大明边境烧杀抢掠，都命儿子也先做急先锋，承传他狂野的兽性。连年征战，士兵死伤惨重，牧民叫苦连天。

脱欢来不及发动对大明的大规模战事，在英宗正统九年（1444）死去。

瓦剌人死后，有个不人道的习俗。死者的妻奴，可作为兄弟及儿子的财产，任由分配。日月奴便成为脱欢兄弟相争的物品。此时也先不愿戴上耻辱的帽子，放出声来，谁敢动他的额吉，刀枪相见，才使日月奴没有掉入火坑。

也先自老父死后，枭横的作风有所收敛，晋升太师后，又被明英宗封赐为宁顺王，高兴地告知额吉。日月奴期望他和大明修好。

母子在一起，日月奴对也先说起辽、金、元三朝兴亡的故事，以古鉴今，启迪也先。

辽代的皇帝耶律阿保机，于907年建立辽国，也称契丹，野心勃勃，他的后人也一样。道宗耶律洪基的皇后萧观音作诗，有句道："威风万里压南邦，东去能翻鸭绿江。"只要齐心协力，可以朝清漠北，夕枕燕云。而现在辽国已消亡。

金朝的完颜阿骨打建立金国，征服辽国，把都城设在燕京，攻占北宋的都城汴梁，说"圣皇震怒下天兵，掳获两帝入金廷"。可是在百年后的天兴二年（1233），为我太宗窝阔台打垮，金帝哀宗缢死于汴梁宫内。

也先听到此高兴地说："辽金两国也罢，南宋也罢，经不起漠北蒙古十万控弦儿，闻筲齐上马的打击。"

日月奴说："战事不断，萧萧斑马，猎猎旌旗，是将军的威风。流不尽的溪水大河，是民众的苦泪。只有不打仗，牧民才会过上欢乐的日子。"

听到此，也先道："额吉说得没错。但不打仗，我们如何获取兵器、粮帛盐茶，还有奴仆。草原上赫赫战功的将军，皆是英雄，我们的太祖成吉思汗，靠一年年的征战，扩大瓦剌人的大片疆土。世祖忽必烈统领骑兵冲破南宋一道道防线，建立大元帝国。现在谁人能把大元帝国的大旗插回大都城上，他们就是大漠的英雄，不做暴君，做像唐朝李世民那样爱民的皇帝。"

也先的野心比辽阔的草原还大，让日月奴吃惊。她接过话题道："唐太宗确是爱护子民的明君。唐代史学家吴兢所著的《贞观政要》，是一部治国齐家平天下的史书，记录了贞观年间唐太宗李世民与臣下魏征、房玄龄等大臣关于施政问题的对话。我儿也读过，记得他评论战争的章节否？"

也先回答："小时候额吉教我，怎能不记住。唐太宗有言：'兵者凶器，不得已而用之。故汉光武帝云：每一发兵，不觉头须为白。'问我有何感想，唐太宗一生打仗太多，当上天下之君，统领世上之民，只想安安乐乐做太平皇帝。"

日月奴道："唐太宗在《贞观政要》中又言：'自古以来穷兵黩武，未有不亡者也。苻坚自恃兵强，欲必吞晋室，兴兵百万，一举而亡。隋主亦必欲取高丽，频年劳役，人不胜怨，遂死于匹夫之手。'

"隋炀帝的故事，不说了。苻坚是临渭（今甘肃秦安）氏族人，前秦景明帝苻健的侄子，初为东海王。寿光二年（356），在大臣武将的支持下，杀死暴政的国君苻生，自立为'大秦天王'，改元永兴。任用汉人王猛主政，打击专横不法的贪官污吏、凶残的贵族，大力发展农业生产，先后灭了前燕、前凉、代国。统一北方之后，南下攻打东晋，不听王猛临终前的忠告、群臣的良言规劝，于建元十九年（383）七月在全国强征步兵 60 万，骑兵 27 万，大举进攻东晋（《晋书》有载）。

"苻坚率军亲征，来到中原安徽合肥的淝水，东晋大将谢玄率兵隔河相抗。他派信使过江传言谢玄，放下武器投降。大言不惭宣扬，'我有百万军马，把马鞭投入江水中，可以把江河阻断，跨过大江，如履平地。你们晋军无险可守，投诚可得优待'。

"谢玄面对这位无视战争艰险的君主，不与他血战，以智谋取胜。对来使说：'我只有五万弱兵，与大秦军队相抗，无疑是以卵击石。贵使回去转告国君，退军五里，我率部过河来降。'

"苻坚得讯大喜，命令大军向后移寨。谢玄率军过河，上岸时命众军大呼'前秦兵败，赶快逃命！'苻坚的兵将，听到这如雷的呐喊，信以为真，乱了阵脚，纷纷弃甲亡命逃走，苻坚被夹在军中狼狈败北。谢玄挥军追杀，大获全胜，前秦随后灭亡。"

也先听后久久无语，半晌才说："苻坚是愚才，定会亡国。若我有十万铁骑，敌军千重只当无。"

日月奴知道难以改变儿子的称霸之心，是不撞南墙不回头的草原悍马。

凶狠专横嗜血的也先太师，不听从额吉日月奴的劝告，与大明化刀枪为玉帛。不断地扩军黩武，不断地苦练精兵，联系东北的胡族、西北的鞑靼头领，在大明土木堡打败 50 万明军，更令他想不到的是，活捉大明年轻的皇帝明英宗朱祁镇。

当他班师回漠北草原，从未见过皇帝的牧民沸腾了，一队接一队涌来观看，想不到 20 出头的汉人朱祁镇，已坐在皇位 14 年了，于是学着汉人传统的礼节，纷纷跪下朝拜。被也先太师的卫队长古魁铁力喝令站起来，说朱祁镇现在不是皇帝，是瓦剌的俘虏，他是生是死，任由太师主宰。

牧民们这时才留意到，皇帝双手被丝巾缠住，跟随他的 20 名侍卫，个个被羊毛绳缚住，连成一串，军衣破碎，满身鲜血。伤重的被同伴扶持着，才没有倒下。押守俘虏的是千夫长布达及 30 名骑兵。

也先太师骑在火红色的龙马上，神采飞扬。他的大弟博罗茂洛海元帅，高扬马鞭，大喊道："如何处理这位大明皇帝？"

古魁铁力大声回应："杀死他，为在土木堡战死的瓦剌勇士偿命。"

"好啊！好啊！"应声如浪潮。

红光挂脸，充满喜悦的也先在马上道："年轻的大明皇帝，现在是瓦剌打开大明边城关隘、皇城金玉珠宝库门的钥匙，要善待他啊。"

众牧民听后大呼："为我所用，献地献宝。"

站在也先身旁的阿拉知院，本想在大庭广众之处，借众人之口，杀死英宗，今见形势不同，改口道："警告大明皇帝，必须听从太师的命令，否则的话……"做了个砍头的手势。

此时身上血迹斑斑的袁彬校尉，大声高呼："不许侮辱皇帝！"同他一起被掳的官军同声大喊："不许侮辱皇帝！"

古魁铁力赶来用马鞭抽打大明军人。也先命他住手，对袁彬说："放心吧，我不会伤害皇帝，但他必须听从我的安排，否则，我的宝刀无情。"

说完，命千夫长布达关押这批俘虏，不许任何人靠近，违令者，杀！

经不起也先的恐吓勒索，大明朝廷，尤其英宗的钱皇后为了赎回皇帝，给也先送去几车金银、玉石、珠宝，但难以填满也先心中的无底洞。

大明朝廷的软弱，助长了也先的跋扈张扬。在正统十四年（1449）冬十月，押着英宗，发兵攻打大明京城，被打败。其弟博罗茂洛海被打死，3万骑兵丧生，率领残兵败将押着明英宗这把已失去开关入城作用的钥匙，回到草原。

来年的景泰元年（1450），也先再次统兵攻打大同镇关，同样损兵折将，他的爱将古魁铁力卫队长被萧惟昌杀死，他侥幸逃回草原。怒火在胸的也先，真想一刀砍死没有利用价值的明英宗。但想到自己的王位是这位年轻皇帝封赠的，又冷静下来。

入秋的草原，从阴山以北刮来的寒风，如刀一样割得脸上生疼。从小长在深宫的英宗，如何受过这样的苦，夜里冻得睡不着，袁彬就和他睡在一起，用自己的躯体暖和皇上，度过一个个寒夜。有袁彬在身边侍卫，使朱祁镇躲过一次次的毒杀、暗杀。

看守英宗的千夫长布达，严格执行也先太师的命令。欲害英宗的凶手，皆不轻饶。保护朱祁镇的生命，是他的职责。

以阿拉知院为首欲杀英宗的大臣贵族，他们无法说服也先，便求大汗出面。

大汗托克托布哈，嗜酒成性，一生喜欢杀戮。现在被自己的福晋之弟也先架空，甚是不满。他想借杀掉这位大明的皇帝，炫耀自己的权力。放言说，中原宋代的徽宗、钦宗两位皇帝，被前朝的金国掳获，皆在边远的大漠五国城（今黑龙江省依兰县）毙命。明朝的皇帝英宗，也应死在大漠。有样学样，这是汉人说的。

就在此时，大明朝廷派遣右都副御史杨善为使者，来到草原，协商迎回太上皇英宗。

大汗要杀明英宗，大明要迎回太上皇，但皇帝的敕书没有明确意旨。

也先一时没了主意，询问知书识礼的额吉。日月奴说："你小时我曾给你说过的故事，臣子弑君，天下敌人。我儿是英宗封赠的宁顺王，这不忠不孝、不仁不义的事，留下万年的臭名，世世代代的儿孙也脱不了被唾骂。

"草原的牧民和头人，也不想斩断与大明互市的往来，粮米茶盐、布帛铁器没了，如何生活？草原的马牛羊和皮毛、药材销到何方去？

我儿要成就一番事业，得有方方面面的支持，蒙古俗语说，'一人撑不起一座蒙古包'。要想撑起，得靠全家的合作。汉人也重视家庭，他们有俗话说，'父母在，人生尚有来处；父母去，人生只剩归途'。我们与大明王朝的关系和好了，也像一家人似的，可以套用这句话：英宗在，瓦剌自有去处；英宗薨，瓦剌没有出路。若说为瓦剌死去的铁骑杀明英宗报仇，大明土木堡的 50 万军人，找谁雪冤？恩恩怨怨何时休，和睦友好大家欢。"

停了片刻，日月奴又道："我儿在土木堡大败明军，是因统军的英宗无能。我儿在北京、大同两战失利，是他们的兵部尚书、总兵官、将军善战。朱祁镇已经不是皇帝，是太上皇，没有多大价值，放他回朝。草原霜冻来得早，别冷坏他、饿瘦他。神马就是神马，不是病驹，不能丢瓦剌人的脸。"

也先说到景泰皇帝的敕书没提及迎皇兄回朝的事。日月奴道："那是兄弟相斗，看来皇弟不会把皇位交回其兄，更应及早送太上皇回大明。"

这番话，听得也先醍醐灌顶。

当得知日月奴额吉力排众议，说服也先，放自己回朝，太上皇对袁彬说："想不到瓦剌妇人，如此明道识礼。"

袁彬答道："这位额吉是汉人。"

太上皇更为高兴："朕能回朝了。"

送别太上皇出境的前两天，也先太师考虑到朱祁镇的安全。大汗托克托布哈提出要杀死他，自有不少的首领、贵族、将军附和，如果太上皇路上有不测，大明朝廷定会记在自己账上，宁顺王的王位定会被褫夺，有人欢喜有人愁。主意拿不定，又找额吉商量。

日月奴说："我儿放心，朱祁镇出境由我代儿相送，既体面也安全。有位慈祥的额吉一路伴随二十出头的他，能不开心？我能不能镇住千夫长布达，能否顺利通过一道道关卡，得到路上驿站的接待，就看太师下达的军令了。我也想到草原观光、到边关览景，多年没离开过家中的帐篷，烦闷啊！"

"就按照额吉所说的办。"也先道。

八月初五，也先在牙帐旁筑坛设宴，弹响琵琶，欢送太上皇及他的侍卫回朝。也先安排了多辆马车，可卧可坐，派两名侍女，专门照料额吉。布达率30名瓦剌官军护送，带着御寒衣被、食品饮水，向着东南方向的坝上而去。

太上皇英宗离开草原的当天，大明的兵部尚书于谦接到潜伏草原密探的飞鸽传书。他掐算五天才能回到多伦坝上，于是派出信使，命萧惟昌做好接驾的准备。并告知有迎驾使者右副都御史杨善大人一起回朝。

八月初十，英宗的御驾到了坝上关隘，当夜在那里的驿站歇息。对方关守派人传话大明关守，明天早饭后，英宗进入坝下回大明。

萧惟昌得信，极为高兴，率关隘的关使、自己带来的官军，放哨戒备，隆重迎接太上皇入境。

过了辰时，御驾的车队留在坝上，御营校尉袁彬率20名侍卫走在前，迎驾使者随后，中间坐在御辇中的是太上皇。瓦剌的千夫长布达、日月奴、坝上隘口的指挥使在后相送。经过中间集，进入大明关隘的广场，萧惟昌领众人上前迎驾，行三跪九叩大礼，三呼我皇千岁。太上皇命众人平身。太上皇回到自己的国土，高高兴兴放眼仔细观赏风光。

萧惟昌抽空打开于谦大人的密信，内有一支雕着精美龙凤的银发钗，上有姑苏符吉制字样。信中说，伴随太上皇回朝、打着日月小黄旗的蒙古妇人是本部招募的"死士"，银钗代我送还她，保护好她的安全。

萧惟昌知道，死士的使命，多年潜伏，甚至数十年不露面，一旦动用，多为献身之日，不死也得隐姓埋名。他放眼打量，举着绣有日月字样小黄旗者，是位年过半百、身材高挑的端庄妇人，令他动容起敬。

袁彬对萧惟昌道："这位额吉名日月奴，是也先太师欢送太上皇出境的尊使。多亏她，我们顺利通过一座座关隘，进入沿路的驿站休息过夜，加水添食品，备马料。"

杨善大人道："确是如此。"

萧惟昌道："是也先太师给太上皇发了出关通行证。"说罢，两人向日月奴行汉人礼、蒙古礼。也向布达和对方关隘指挥行礼道谢。

日月奴回汉人礼道："奴家有礼。"萧、袁两人已很久听不到"奴家"的称呼，觉得特别亲切。

年轻的太上皇朱祁镇也靠拢过来，听属下说话。

日月奴对萧惟昌道："如果我没猜错，你是土木堡护驾将军萧惟昌?"

"尊使何以知道?"

"袁彬将军每天都在叨念你这位师弟。"

正在高兴说话时，萧惟昌听到丝丝微弱的弓弦声，对袁彬说："大哥，保护好太上皇。"就在此刻两支利箭向着日月奴、朱祁镇射来，带着凌厉的风声，萧惟昌、袁彬飞身跃起，同时把两支利箭拨落在地。

师兄弟两人飞奔上大街，见那放箭的两名凶手皆服毒死去，两支硬弓丢在一旁。检查他们身上没有任何物品。

萧惟昌命人抬走尸体，将两把硬弓拿回，递给布达辨别。他说似蒙古高级侍卫所用的利器。也请日月奴察看，也看不出哪个部落人员所用。

萧惟昌此时拿出那支银钗递给日月奴，问道："尊使，大明姑苏有位著名的银匠符吉，认不认识此人?"

日月奴随口答道："小时就认识他。成亲时我夫吴天因找他打了一支刻有龙凤配的银发钗，插在我的发髻上。后来丢失了，难道被萧将军捡到？"

萧惟昌道："不是我捡到，是我的上司大人，让我代他送还给尊使。"

日月奴把银钗捧在手上，久久凝视，低声道："夫君，可惜你看不到了。"泪水涌出，湿了衣襟，但她忍住不哭出声。那随在身后的侍女，用丝巾为她擦干眼泪。

千夫长布达怕久留此地会发生不测，对日月奴说："额吉，我们回到坝上去，歇息一天，然后回草原，我也好向太师交令。"

日月奴道："布达大人，我不回草原了，我要到姑苏去。你回去禀告也先，他不会怪罪于你。"

此话一出，众人愕然。

日月奴道："我不是名日月奴吗？日月拼起，就是明字；奴，妇人俗称奴家。我是大明的妇人啊。"她问随来的两位侍女，"你俩回草原，还是陪我到姑苏？"侍女同声答道："我俩是日月女孩，愿随额吉回姑苏。"

日月奴听后，高兴道："不叫额吉了，称娘亲。""是，娘亲。"侍女响亮回答。

就在此时，一匹黑色骏马飞奔而来，骑手跳下马，向日月奴躬身行礼道："额吉，太师知您送走太上皇后，定会到大明姑苏探望父母。命我送上百两银子，给额吉做路资、买礼品。代他向姥爷、姥姥问好，报平安。"

众人又一次愕然。日月奴是也先的生母？

骑手说完，托着一袋银子给日月奴，就在她接到银子时，那穿黄色长袍的骑手在银袋下掏出一把尖刀，刺向日月奴，她不惊慌也不躲闪。作为"死士"，自己已经完成上司分派潜伏的重大任务：促使儿子也先让自己做使者，护送太上皇出境回朝。

日月奴死不了，不用萧惟昌出手相救，两位武功高强的侍女，护在她身前，把凶手踢倒在地。凶手倒地时，咬破口中的毒胶丸死去。

日月奴回过神来，对布达道："千夫长大人，你和侍卫一路辛苦，这百两银子奖给你们。谁指派凶手杀我，无须追查。告知我儿也先（《明鉴》有此说，也先母，苏州人，随夫戍边，被脱欢所掳，后生也先），父母在，儿女自有归路。"

太上皇和护驾、接驾的众人，见到这惊险而多变的一幕幕凶杀，感慨万分。朱祁镇对布达道："回去告知宁顺王也先太师，大明与草原刀枪归库，黎民共享安乐生活。"

布达作礼答道："遵太上皇圣谕，回去定会禀告太师。"即与坝上的关守一起离去。

日月奴跪在太上皇跟前，道："奴家教子无方，祸害朝野，请太上皇治罪。"

太上皇道："卿无罪，护驾有功。"又道："爱卿，回到大明了，该恢复原来的名字。"日月奴道："回禀太上皇，我原名江月明。"太上皇道："这名字好。"从颈上解下一块小玉佩，让袁彬递给江月明。说这是御用物品，谁为难卿，亮出玉佩，可平安无事。

江月明接过玉佩，挂在颈上，向太上皇行三跪九叩大礼，谢过赏赐。

太上皇命她平身，谕旨关使送江月明三人离关，再回姑苏。

几人离开不久，关使匆匆回来，跪禀太上皇道："尊使出了关门，言身体疲倦，坐在一棵大树下休憩，似睡着一样，等了一会儿不见醒来，我和她身旁的侍女，才发现尊使已死去。"

太上皇命萧惟昌、袁彬随关使去察看。两人赶到树下，见侍女抱着江月明的尸体痛哭，大呼娘亲醒来。

萧惟昌、袁彬两人俯身仔细查验，得出是自己服毒死亡。在外衣的口袋中，有意露出一页写有遗书的黄纸，两锭银子。于是劝侍女莫哭，好好守护娘亲的尸体，待禀太上皇后，听从处置。

太上皇接过袁彬呈上的江月明遗书，见褶痕很深，看来是在离开草原前写的，是四首诗。

第一首《敬报使刺外事统领》，云：

步入国门终身愿，麦香黍熟艳阳天。

将军遥指灭胡尘，天上知晓熄烽烟。

第二首《致弟江星明》，云：

双姝传信姑苏远，认姐义女为甥眷。

雪夜狼凶守帐外，弱女思乡好梦圆。

第三首《念天因君》，云：

龙凤银钗巧匠锻，新婚为奴插发尖。

夫君战亡卧何处，惜奴不能哭坟前。

第四首《大漠牧歌》，云：

身负使命留草原，仰慕北海牧羊鞭。

今侍至尊归汉土，雪耻洗辱心安然。

日月奴绝笔

景泰元年仲秋八月朔日

太上皇朱祁镇读罢，道："弱女可敬，朕敕封江月明为'节烈使者'。所赠玉佩、封诰，由两位义女，代娘亲送回姑苏夫家珍藏。四首绝命诗，带回其娘家保管。身上银两留其女儿作路费，圆'节烈使者'江月明心愿。"命关使厚葬江月明，立碑祀念。命左副都御史杨善，书写御赠玉佩证书及封诰。令路过驿站给予两女安排食宿。两女跪谢太上皇恩典，关使送两人出关。

见太上皇如此关爱殉国的江月明，在场官员极为感动。

萧惟昌跪下奏道："御驾备好，大臣在河北宣府恭候，一起回朝。"

太上皇大喜道："起驾回朝。"

太上皇朱祁镇回到大明京城，景泰皇帝谕旨皇兄幽居于南宫。

萧惟昌与袁彬回到兵部，拜见尚书于谦大人。禀报在坝上接驾，归还江月明（日月奴）银钗，瓦剌间谍欲刺杀太上皇、江月明没得逞。江月明入关后，舍身成仁，受到太上皇敕封的经过。并把抄下的四首绝命诗，呈给于谦大人。于大人读后道："弱女舍身报国，令我动容。"随后，命袁彬留在兵部效力。

第十六章

萧惟昌联捷进士　太上皇夺门复位

景泰元年（1450）的仲冬，登上龙位一年的代宗朱祁钰，喜事重重，龙颜大悦——得地利、人和，北京保卫战、大同反击战，均大获全胜。九月乡试顺利举行，全国选出举人近3000名，举国欢腾。又得天事眷爱，春雨秋霖，适时而降，九州麦熟禾稔，四季果蔬丰茂，黎民百姓衣食无忧，国泰民乐。番邦来朝，俯伏称臣，代代献贡，珠宝美玉。

皇帝重视治国人才选拔，出于人才的更迭。一大批良臣武将在土木堡大战中殉国，文臣有兵部尚书邝垫、户部尚书王佐、吏部侍郎兼翰林院学士曹鼐、刑部右侍郎丁铉、工部侍郎王永华、右副都御史邓棨，还有内阁、六部、诸司高官，他们多是进士出身，是管理朝廷各级机构的优秀人员。新生的接替故去的，王朝才会昌盛强大。

朱祁钰是英宗的唯一皇弟，但不是一母所生，母是贵妃，他被封为郕王。皇兄是皇后所出，被宣宗皇帝立为太子，幼年成为皇帝。英宗亲率六军征讨瓦剌入侵时，朝廷不可一日无君，被皇帝立为监国。当皇帝战败"北狩"，太皇太后册封他为景泰皇帝，英宗成为太上皇。

秋八月，太上皇英宗被瓦剌人送回朝廷。景泰帝理应退位，把皇权交回朱祁镇。朱祁钰的母后、部分大臣将军，对此提出异议：当了一年俘虏的太上皇，重掌江山，有损大明威望，有伤民众感情。

朱祁钰虽然性情软弱，但当上皇帝后，威风八面，言重九鼎，君临天下，退位也难。

下朝后，景泰帝自个儿到御花园散心。

见太监曹吉祥跪在御道旁，双手捧着一本黄裱纸册。他接过后，打开见到两段大字："《孙子兵法》曰：'兵者，国之大事，死生之地，存亡之道，不可不察。'又曰：'克敌在勇，全胜在谋。'"

景泰帝问曹吉祥："黄册从何而得？"答道："天上掉下，奴才捡到，不敢打开，今遇皇上，大胆呈上。"

皇帝道："平身，此事不准外传。"于是带上黄册，回到文华殿御书房，仔细琢磨。

这两段文字，似是对皇兄土木堡惨败的指责：轻举妄动，任由不知兵事的司礼太监王振统领数十万大军，既无勇，也无谋，还以为不学自知将兵，不问自可退敌。

朕自登上皇位，依靠将领的勇猛和智谋，打败瓦剌强敌入侵，保住大明江山。先帝有知，也会赞赏皇弟胜于皇兄。看来皇天有意，让我继承大统。

高兴之余，在书橱中找出《资治通鉴》，查找治国理政的篇章，跳出一段人主之责的话。编纂者北宋司马光在书中道："夫为国家者，任官以才，立政以礼，怀民以仁，交邻以信。是以官得其人，政得其节，百姓怀其德，四邻亲其义。夫如是，则国家安如磐石，炽如焱火。触之者碎，犯之者焦，虽有强暴之国，尚何足畏哉！"

景泰皇帝怀着喜悦的心情，命太监金英召来李贤（后任英宗天顺朝大学士），讲经论史，解说策谋，多听则明。《明史》有载，李贤上《中兴正本策》。

李贤是进士出身，时任吏部郎中，善于讲演，通经博学。顺着眼前新帝登位，会试取才，启发皇帝把好政局，顺应民意。从唐朝太宗皇帝李世民接受大臣魏征的"水可载舟，亦可覆舟"说起，飞越盛唐、晚唐、北宋、南宋，说到元朝施行暴政，罄竹难书，不得人心，失去载舟之水。我太祖洪武帝揭竿而起，统领仁义之师，中流击楫反元，一股股洪流汇成滔天巨浪，飞越江南江北，狂卷大都上都，气吞九州。元顺帝山穷水尽，仓皇失措，逃回大漠深处。吾皇越古超今，敬贤礼士，神州安宁，胡虏归服。

景泰帝听到此，说："水断路绝，蒙古瓦剌军怎能不败北。爱卿说得对、说得好。"见皇上高兴，李贤跪下，把写好的《中兴正本策·十目》，恭恭敬敬呈给皇上。太监金英接过，捧给皇帝御阅。皇帝赐李贤平身，细阅十策，是"勤圣学、顾箴警、戒嗜欲、绝玩好、慎举措、崇节俭、畏天变、勉贵近、振士风、结民心"。道："十策是理政良谋，验之于古，今之于心，朕牢记焉。"命将《十目》悬挂在御书房。

景泰帝坐稳皇位，于是宣诏全国庆除夕，贺新春，办庙会，喜迎来年仲春二月的礼部会试。金銮殿钦点状元，选出良才，助力朝廷理政。一个月后，丹墀下文武大臣齐行三跪九叩大礼，高声同呼吾皇万岁！万岁！万万岁！

除岁迎新春，皇帝召来群臣，金銮殿前赐宴，举觞同乐。

萧惟昌一家同样辞岁贺新年。天还未亮，楚莽佳已包好饺子，捏好汤圆。全家人互相拜年，新春大吉，事事如意。吃北方人喜欢的水饺，饱满清香；食南方人爱好的汤圆，甜润滑口。南北美食配搭，自然开心。

门外传来阵阵鞭炮声、锣鼓声，令小怀北坐不住了，要父母与她上街看热闹。

楚莽佳提议道："京城新春确是热闹，我们一起去逛庙会，见识古都的文化风俗，对萧哥哥参加会试有益，定会登上金榜。也让女儿开阔眼界，知晓庙会古朴的民风，对读书有好处。"

"到哪里趁新年墟？"萧惟昌用家乡话问。

楚莽佳说："到琉璃厂。元朝时皇帝在那里建成琉璃厂，烧制琉璃产品供皇宫使用，成为北京有名的镇甸。"

萧惟昌来到北京多年，没逛过庙会，既是皇帝诏旨举国同庆，又是自己难得的空闲，于是携妻带女赴庙会，凑凑热闹。

琉璃厂在北京郊外，一家人乘坐马车，到达时已是午前。逛庙会的民众，从各地赶来，摩肩接踵，喜形于色。萧惟昌放慢脚步，仔细观赏。大街两旁，挂着彩灯，有走马灯、鲤鱼灯、龙虾灯、凤灯……

萧怀北道："娘亲，我喜欢走马灯，祝贺父亲今年会试马到功成。我也喜欢鱼灯，粘在灯内的纸剪鱼头、鱼身、鱼尾、鱼鳍，由线连接，在烛光中闪烁如在水中游动，活像一尾鲤鱼，年年有余。"又添一句："天天有鱼吃。"听得萧惟昌、楚莽佳哈哈大笑。

一家家的商铺，贴着崭新的对联、门神，门前摆着耐寒花木，店伙计热情端茶迎客，入铺购物。

街上有众多的大摊小档，摆卖手工制作的日用品、玩具、饰物。冬日的暖炉、夏天的扇子、小泥人、抖空竹、鸟笼、蝈蝈罐、风筝、风车、五色绒花。楚莽佳买了两朵绒花，淡红的一朵，别在女儿胸前；深紫的一朵，插在自己的发上。女儿道："娘亲真漂亮啊。"

萧惟昌买了一把空竹，送给常玩此物的女儿。小怀北接过，即兴抖起来，舞了"鹞子翻身""飞燕入云"等花样，发出柔和悦耳的美妙之声。问父亲好不好看。父亲和母亲齐说："好看。"

大街的树荫下，小吃摊颇多，散发香甜的美味，引人食欲。粘着麦芽糖的红葫芦，孩子爱吃。还有年糕、炸糕、豆汁、豆腐脑、炸灌肠、春卷、烧肉、羊肉串，品种繁多。赶庙会的人饿了，买来充饥；

肚子不饿的人买来尝美味。

广场上正在舞龙斗狮，跑旱船、踩高跷，耍戏法、抖空竹、叠罗汉……围观者众，喝彩声此起彼伏。

古老的石柱木板戏台上，弦韵悠扬，小鼓声张，伴着戏中人物的表演，时而高腔，时而低吟，上演的是科场夺冠的戏曲，宣扬皇帝点状元游金街，万人空巷观看。

再过一个月，就是礼部会试的大喜日子，全国有四五千名举人，拥到京城会试，他们中那些首次来京城者，在新春佳节时，怀着美好的心愿到琉璃厂庙会观光，多姿多彩的民间风俗，也是吟诗作赋的题材。谒道观、礼禅林、拜神求佛，保佑应试时挥毫流畅，应对自如。站在戏台前，观看古戏唱新调，自是美事。

高兴之余，有士子当场赋诗，围绕"十载寒窗苦，一朝题名乐"的好意头，一首首诗章脱口吟咏，诗目多为《月中摘桂》《喜登鳌头》《琼林宴》《释褐换锦歌》。此起彼伏，互相逗乐，俨然诗中的冀望已变为事实，成果已捧在手上。

萧惟昌受到感染，怀着高兴而复杂的心情，作《都城口占》七律一首，诗云：

> 来戍皇都好几时，寒霜朝暮湿征衣。
> 可亲灯火宁甘苦，能咬菜根得更稀。
> 一日名登龙虎榜，十年身到凤凰池。
> 许多妙处无人识，惟有皇天为我知。

诗中的"登龙虎榜"，指乡试考取举人；"到凤凰池"，指殿试考取进士。

他是儒生，更是军人。这一年多时间参加了三次大战。他在诗中吐露心声：考取举人、进士，作为文官出任，依律理政，惩治腐败。

萧惟昌热衷科举考试，是从小立下的大志，也是家人和师父释安同大师的寄望。到达京城代叔公萧从道服军役，进入御营任校尉，保卫皇帝责任如山重。漠北瓦剌骑兵常在边境掠夺，时刻准备上战场。急需提高军事本领和技能，日夜精读大明军旅阵法、孙子兵典，设伏擒拿，布防御敌，施计破阵，固守城垒，皆是他这位新兵的功课。但他牢记初心，有空就读儒书，习时文，练诗章，等待机会迈向科场。

在御营效力时，萧惟昌知晓朝廷任用文官的法则，"非进士不入翰林，非翰林不入内阁"，要发挥自己最大的潜能，服务社稷，必须登上甲榜进士，现在迎来机遇，自是高兴。他也不忽视迫在眉睫的边境战事，紧握手中刀枪，带领部属练兵，护卫兵部尚书于谦大人安全。

于谦关心萧惟昌参加会试，也关心本部符合条件的官佐参加考试。信步来到侍卫营，听听萧惟昌他们的意见。

萧惟昌道："会试是考生大事，也是家国大事。选出优秀人才，为朝廷效力，顺民心，得民意。不像元朝的帝主，以武力治理国家，以专制统治黎民百姓，群分四类，人分十等，不重视科举选拔人才。"

于谦兴致来了，让萧惟昌继续说。

萧惟昌道："群分四类，蒙古人高居上层，色目人次之，压在底层是汉人，南方汉民。人分十类，官吏僧道排在前，儒生乞丐列在最后。在蒙古贵族眼中，读书明理者是讨乞者。

"僧人地位上升，理应大做善事，料想不到，却有违背佛门清规戒律，行为无端，私娶妇者。

"当时任元朝翰林应奉、国史馆编修的著名诗书画家朱德润，作有《外宅妇》诗，揭露这种丑恶而真实的现象。

"朱德润在诗中道，地位高高骑在汉人头上的'僧人田多差役少，十年积蓄多财资。寺旁买地作外宅，别有旁门通巷陌。朱楼四面管弦声，黄金剩买娇姝色''绿鬓轻盈珠翠妆，金钏红裳肌体素'。那位攀上僧人的老丈人，不知人间羞耻，对外吹嘘：'小女嫁僧今两秋，金珠翠玉堆满头。又有肥膻充口腹，我家破屋改作楼'。"

萧惟昌接着道："高高在上的贪官污吏，祸害黎民百姓，简直是谈虎色变。"

听得众人唏嘘无语。

"元世祖忽必烈在至元十六年（1279），打败南宋王朝后，定都北京，称为大都。不像唐朝、宋朝，每隔一年、二年或三年，举行一次会试，取士治国。

"从元世祖经成宗、武宗三个王朝之后，到仁宗延祐二年（1315）才开科考试，此是元帝统治中国的第36年。但在惠宗顺帝至元元年（1335）十一月，圣谕全国罢三级科举考试。延到至正二年（1342），才恢复三年一次的科举考试选才。好景不长，惠宗顺帝至正二十八年（1368），元朝被我朝大军攻破大都，顺帝逃回大漠草原。

"元朝统治中国90多年，只设立会试16科，取录进士1139人。平均五年多才举行一次会试，每科取录80人。进士中选出右榜状元，以蒙古人为主，左榜状元才选汉人。

"科举考试，在当时是汉民士子的主要出路。秀才难考，举人断链，进士无望。连那些考中举人、进士的官员，也为他们抱不平，在诗词中流露出来。

"蒙古籍著名诗人萨都剌，是元朝泰定四年（1327）丁卯科进士，官至应奉翰林文字、淮西江北道经历。作有吟福建福州名胜南台月的七言古风，全诗描景绚丽，意境深远。从南台秋月兴起，吟越王钓龙的古迹，为怀才不遇的儒生叹息。科举考试取才的独木桥，迟迟未建成，铺好不久又拆掉，久久不接拢，路在何方？诗中有句说：'昔龙已去江悠悠，今龙虽在人未求。怀珠岂立此台下，要上黄金台上钩。'

'龙'与'怀珠',均指有才华的儒生,却得不到元帝的重视。"

于谦接过话题道:"萧惟昌统领说的是事实。重压就有反抗,元朝是一个短命的王朝。我大明立国后,太祖洪武四年(1371),就为读书人开设科举考试,在金銮殿钦点进士状元。到正统十三年(1448),仅是77年,已开设礼部会试25科,三年一科,每科取录进士平均在百人以上。本部符合考试条件的官佐,允许赴考。"

代宗景泰元年(1450)九月,萧惟昌在顺天府考中举人。来年(1451)二月,岁次辛未,二月初九、十二、十五,萧惟昌以举人身份参加礼部会试。因在礼部举行,有礼闱之称。会试是比乡试高一级的考试,皇帝更为重视,考官全为高官大员。萧惟昌中式,称为贡士。

到了三月初一,萧惟昌参加三级考试中的殿试,此为最高级的考试。考场设在紫禁城的奉天殿。殿试是"天子策于廷",又有廷试称谓。这科取录进士210人,称状元柯潜榜,萧惟昌被皇帝钦点二甲进士及第,时年45岁(清乾隆版《吴川县志·选举》载)。

科举场上有句行话,"五十少进士",可知年过五旬考取进士的士子很多。北宋文豪苏轼父亲苏洵,也发出叹息:"莫道登科易,老夫如登天。"萧惟昌是从战场逆向文场,能高中二甲进士更是艰难。

从皇恩浩荡,萧惟昌想到家中的祖父、叔公、父母、恩师释安同大师、沈皓今主事,教授自己习文练武。走上仕途,得到郭登、韩青、樊忠、袁彬等将军的呵护,兵部尚书邝埜大人、于谦大人的看重,自己的成就是众人给予的,作《念恩》诗,云:

> 父生师教沐君恩,男子患身不患贫。
> 先祖有缘灵似佛,儿孙幸获德荣身。
> 蓝田种玉多余泽,合浦还珠洵有神。
> 今立玉阶方寸地,后人千卷本前人。

畅饮在礼部开设的皇帝钦赐琼林宴后，新科进士萧惟昌被景泰皇帝封为户部顺天府主事，只因边境的战场形势紧张，仍回兵部效力，兼顾户部顺天府主事工作。职务还和原来一样，这是正常的。兵部尚书于谦大人，在保卫北京大战打败瓦剌5万大军，保住大明江山。景泰皇帝要给他封公赏侯，奖给他大量金银，给他儿子于冕赏赐爵位，于谦大人都不肯领受。推辞不了，只领受太子少保的虚衔。于谦大人的"谦"，就是萧惟昌的榜样。直到英宗复位的天顺八年（1464），皇帝才命他辞去军职，专理户部山东清吏司主事公务。

萧惟昌考取进士，喜报传回家乡吴川，读经作文的学子，欢呼雀跃，励志求进。吴川板桥河边东岸村人易莘，永乐年间进士易璘的孙子，作有《赠进士萧惟昌》七律一首，诗中有句道："君向清时腾骥足，余甘末路傲烟霞。"祝贺友人科场折桂，自己过田园生活也有乐趣。

家乡的族老贤达，特意在村中建起砖木结构的"联捷桥"，庆贺村中子弟萧惟昌连中举人、进士，给宗族乡邑带来荣耀。须知当时赴京考试极为艰难，吴川至京城有8800里（清光绪版《吴川县志》载），考生或走路、或坐车、或搭船、或骑马，要四五个月才能抵达。萧惟昌乡试中式后，来年参加会试榜上有名，比多次赴京考进士者省去很多时间、费用，但很不容易做到。

"联捷桥"建成，树立科举考试出仕榜样，鼓励大寨村及吴川县众多学子，科场拼搏，也方便水乡大寨村民下田入垌耕作，一举两得。

景泰二年（1451）仲冬，也先怒其姐夫托克托布哈大汗不立其大姐所生的儿子为储君，将大汗杀死，收其妻子为己有。冬十二月，派遣使臣向大明皇帝上表陈情，说出兵攻打大明边境及皇都、大同镇关均是奉好战的托克托布哈大汗之令，现在大汗已死，为赎自身之罪，现向皇帝进贡良马2000匹、畜皮5000张，求与大明和好，臣服拜赐。

请求开设大同边境互市，让蒙民与汉民交换物品。

兵部尚书于谦见战机到来，上奏景泰皇帝云，也先没有悔意，对大明的侵略战争仍然存在，罪大恶极，终不可赦。今其弑主，引发内乱，是上天授以吾皇复仇之机。应效法汉武帝刘彻，派出卫青、霍去病两位将军统领大军，奔袭千里，横扫大漠的策略，派出一支精锐之师，深入草原，扑灭残元势力，确保大明恒久安宁。今年大漠遇上夏秋干旱，很多牛羊缺草而死。我朝稻麦丰收，粮足兵精。皇帝洪福齐天，定操胜券。臣请缨出征，利用北京保卫战、大同反击战胜利的军威，高昂的斗志，出宣府、进大同，深入草原，长缨在手，定能擒获也先，捣其巢穴。景泰皇帝没有接受于谦的安边大策。原因是稳定朝政，忙于王储的改弦易辙。

代宗景泰三年（1452）五月，以臣子和御史上奏为由，颁旨废止上一年所立皇兄朱祁镇长子朱见深皇太子，改赐沂王；增赐封皇侄朱见清为荣王、朱见淳为许王；立己子朱见济为皇太子。群臣虽有异议，迫于皇帝的威严，齐齐贺喜。一年半后的景泰四年（1453）十一月，皇太子朱见济急病身亡。大臣建言，应立新的皇太子，代宗不从。

草原那边同样忙于废立。景泰四年八月，也先太师自立为大元特克汗。景泰五年（1454）十月，也先被阿拉知院杀死，一代枭雄，草原落幕。鞑靼人保喇又杀死阿拉知院，复立黄金家族托克托布哈的儿子穆尔格尔为汗。一幕幕的王帐火拼，一位位的可汗登场，这些弑主"草头王"，为拉拢靠山，向大明王朝俯首称臣，争取支持，巩固霸业。

边境平静，大同马市兴旺。

景泰皇帝丧失唯一的儿子皇太子，悲切心痛，渐渐懒理朝政，疏远臣子。对被置于南宫的皇兄太上皇英宗刻薄相待，朝臣多有怨言，皇帝不理不问。认为朝臣多管闲事，转向偏信大太监曹吉祥。

曹吉祥就是那位在御花园向景泰帝跪送黄裱册的太监。他看出太上皇回朝，皇弟不会把龙位交回皇兄，诡称上天谴责英宗无能，丧师辱国，使景泰帝心安理得坐在金銮殿上。自此，受到皇帝的信任和重用。

代宗景泰八年（1457）春，皇帝身患重症，无法临朝，居于深宫，重要的政务由曹吉祥转达，甚至代为批红。蛇蝎心肠的曹吉祥，见势头不对，掉过刀口，卖主求荣。密告徐有贞、石亨，拥立英宗太上皇为帝，攫取封侯拜相。

正月十七，由曹吉祥开路，石亨拥兵，徐有贞压阵，砸开南宫围墙，骗开皇宫大门，跪迎太上皇英宗登基，年号天顺。

景泰帝得知宫廷急变，病痛悲苦中咽下最后一口气（有说是被曹吉祥指使太监蒋英勒死）。被英宗剥夺皇帝身份，改封郕王，复立己子沂王朱见深为皇太子。曹吉祥为锦衣卫世袭职，其养子曹钦为昭武伯，石亨升为忠国公，其侄子石彪为定远伯，徐有贞为兵部尚书，一顶顶公侯伯爵的官帽抛向这伙"夺门之变"的功臣。

徐有贞到兵部赴任，对于谦怒斥他"敢言首都南迁者，斩！"耿耿于怀。要掩住自己贪生怕死的丑事，必须杀死于谦，警告同僚部下。于是向英宗皇帝启奏："于谦欲拥立藩王为储君，是谋逆罪，该杀。"英宗念于谦保卫京师大战时立下功勋，犹豫不决。但经不起这三位扶他重上皇位的大功臣再三敦促，在登位后的第五天，杀害于谦，同时被处死的有大学士王文，国人哗然。

萧惟昌作七律《于是冤》诗，道：

> 于是遭冤为帝君，斥庸反腐产灾根。
>
> 灭胡雪耻宣威气，辅主匡时陷野心。
>
> 刚直将军强敌畏，清廉臣子叹民钦。
>
> 冤魂霭霭谁呼散，众口声声有日申。

新任吏部尚书、翰林院学士、参加内阁机务的李贤，目睹被宦官奸臣利用皇帝权力，引发弟不恭、兄不仁之争，于谦、王文枉死，令他痛心。更可怕的是朝臣不敢主持公道。他深思熟虑之后，挺身而出，向英宗上奏，揭露徐有贞等的所谓"有功之臣"的奸诈之心——

皇位是吾皇固有，监国郕王没把皇位交回吾皇，是他不恭。郕王病故，没有子嗣，群臣自会奏请太皇太后懿旨，推举吾皇复位，君临天下，国泰民安。夺门，是曹吉祥、石亨、徐有贞多余之举，借此陷我皇于不仁。欺骗君王授予高官厚禄，膨胀贪婪之心，不会收敛。夺门之称，有损乾坤正气，应是"迎驾复位"，光明正大，万世流传。

李贤这番话，如打开天窗，一片光亮，英宗明白过来了。得知徐有贞就是徐珵，曾在正统王朝效力。畏惧瓦剌骑兵如虎，北京保卫战前夕，妄言"莫若且幸南京"（迁都南京），被太监金英赶出金殿。后改名不改姓，骗取官位，任都察院左副都御史，可知是位投机取巧的伪君子。他沉默片刻，对李贤道："卿言合朕心意。"

没过多久边境战事频发，让英宗烦心。天顺元年（1457）三月，鞑靼首领保喇侵犯大明西部边境延绥，都督李懋出战败亡。入侵宁夏，参将种兴杀敌战死。保喇又率千骑屯山西大同关外，皇帝命石亨大将军讨伐，石亨无功而返。对保喇强大的军事势力，英宗担心。侍卫皇帝身边的侯爵吴瑾将军进言说，如果保卫京城大战的精英仍在，敌人不敢如此猖狂。

这位吴瑾，是恭顺侯吴克忠儿子、都督吴克勤侄儿。土木堡大战前夕，吴氏兄弟奉英宗之令，率军2万在怀来县雷家站阻击瓦剌军队入侵时，双双战至最后一兵一卒而殉国。难怪吴瑾将军敢于在皇帝面前说人话。

英宗听后，心中自然明白这位精英是谁，沉思半刻道："卿说得对，北京保卫战有的精英死了，有的仍在，驸马都尉焦敬在，御营校尉、顺天府户部清吏司主事萧惟昌在，侍朕的锦衣卫御营校尉袁彬在。萧、袁两卿家在抗击瓦剌军入侵的土木堡大战中，勇猛杀敌，护驾有功，朝野皆知。诏旨萧惟昌、袁彬任平虏将军，秩官四品，率御营骑兵 1000 名，到大同镇会合总兵官王元，一同打败鞑靼敌人，保卫边境安宁。"

吴瑾跪下道："遵旨。吾皇英明，思虑周密，萧惟昌、袁彬两位将军，定会打得鞑靼首领保喇有来无回。"

大同镇关总兵官王元，欢迎奉旨而来的萧惟昌、袁彬两位将军。他与萧惟昌相识于景泰元年（1450），受郭登总兵官的统领，萧惟昌巧设妙计，带领 500 名骑兵，攻破入侵大同的瓦剌也先太师中军营，为后续部队做开路先锋，打败强敌。深知这两人，武功高强，足智多谋，敢打敢拼，忠心护驾，得到英宗皇帝的看重。道："大同镇的官兵，任由两位将军调动，消灭入侵的敌军。"

萧惟昌道："我们一起肩负皇帝重托，不辱使命。先摸清敌情，再做出击。"

袁彬道："应该这样，知己知彼，胜券自多。"

王元总兵官领着萧惟昌、袁彬以及属下周副将、李参将，登上关城高高的瞭望台，放眼远眺，在城外西北方向的草地上有 300 多座蒙古包，排列成斜四角形状，前营在角尖，左右营分别在侧旁两角，后营在后角，中间是主将营，一排排的旗帜在翻飞，画戟在闪亮。

萧惟昌道："这种布阵进可攻，退可守，看得出敌酋保喇是经验丰富的战将。前营攻击为刀锋，左右营为两翼，后营担任增援。若我军从前营或后营进攻，他们的两翼施行包抄对方。若从左右两翼突入，他们的前营、后营则会支援，发挥军队的强大战斗力。左右两翼的蒙古包多，敌军也多，自为保喇倚重。大营设在中间，易于主将调动军队应对自如。"

袁彬听了，想到上次的大同反击战至今，时隔八年，萧贤弟仍对敌情说得如此透彻，佩服地说："萧将军料敌如指掌。"

袁彬处事细致，问起上次忠国公石亨大将军无功而返的战斗经过，欲找出值得借鉴的端倪。

王元答道："石亨大将军对鞑靼人作战，是两个多月前的事，他率3000名骑兵到大同，我与属官出迎拜见。告知他经大同镇关探子查实，鞑靼人只有1500人，在关外扎营掳掠。我问他要不要大同镇关协助作战，他说不用。以二敌一攻击鞑靼人，怕他们逃得比草原上的兔子还快。八年前的首都保卫战，说他率300名骑兵，打垮主攻德胜门的瓦剌骑兵1000人。要我为他准备好汾酒美食，到时一起欢庆胜利。后来石大将军未能破敌，自行率兵回京城。当时鞑靼人的军营也是摆成现在的样子，但兵力已增至3000人。"

众人听完，唏嘘无语。

细看众多蒙古包的四周，一群群战马在吃草，饮溪水，有士兵在一旁看守照料，只要一声令下，骑兵即可出击。

萧惟昌道："保喇率兵再次攻打大同，实为在城外抢掠人口和物资。他能击败兵力多他一倍的对手，确是不可小看鞑靼人。《汉书·匈奴传》载：'南有大汉，北有强胡，胡者，天之骄子也。'保喇能战胜石大将军，也骄不了几天，从骄子变为竖子。"

众人的目光，再向蒙古包两旁搜索，见到数十个大木栅，圈着众多的汉人、牛羊。应是鞑靼人在大同周边乡村抢掠来的。

下到城楼，有探子向王元总兵官报告，鞑靼人强掳800多名大同民众，4000多头牲畜，正在准备撤退。

王元说知道，命探子再探军情。

听到探子的报告，萧惟昌道："今天是七月十五，晚上月亮最圆，是鞑靼人最疯狂、最嗜战的白夜，料到我们不敢袭击他们。若是明天撤离大同，今夜当会杀牛宰羊欢庆，这是我们最好的战机。"

萧惟昌所料不错，保喇没有约束部属吃喝狂欢。但他并不放松对大明军队偷袭的警戒，命前营 500 名骑兵，时刻准备向前推进；命后营对掳来的人员、物资加强防守。

萧惟昌道："是否可以这样出击，我们就以 3000 名骑兵对付鞑靼人 3000 名骑兵。总兵官是这次战斗的主将，指挥参战军队。王元将军率 800 名骑兵，攻打他们的前营。我和袁将军各率御营 500 名骑兵，攻击敌人最强的左营、右营。周副将、李参将各率 600 名骑兵，夺回被掳的人员和牛羊，得手后，留下 400 名官兵看守，防止敌人抢夺，余下的 800 名骑兵，合成一支队伍，向他们的后营进攻，击溃敌人后，留在原地，快速挖掘战壕，阻挡敌人的退路，等待会合大部队，歼灭敌人。"

王元听后，道："萧将军进攻方案，合我心意。"袁彬、周副将、李参将均说可行。

王元又问："哪支部队先出击？"

袁彬道："由周副将、李参将首先攻击敌人的后营，让敌酋错误认为我军此战目的是夺回人口与牲畜，把我们的前锋进攻，作为佯攻。待他们前营出动时，我和萧将军分别向保喇的左营、右营进攻，使其后营、前营得不到两翼的支援，易于被我突破。"

见众人没有异议，王元总兵官发布军令："按此方案出击，踏着月色，奋勇向前，歼灭胡虏。"

周副将、李参将两队人马攻击顺利，杀死看守人口、牲畜的敌军120 人，夺回被掳的民众及牛羊。打退大股敌军的反击，留下 400 名骑兵看守，其余官兵大挖战壕，阻击后撤的敌人。

月光如银盘，草原浴在银光中，鞑靼首领保喇心情兴奋，在中军营内品美酒，嚼羊腿，再过两个时辰，天亮即可押解掳获的汉人、牛羊，胜利回师草原。

突然，听到马蹄叩响大地，喊杀之声如雷贯耳。保喇丢下美酒、羊腿，正欲率军队去前营督战。后营的百夫长前来报告，遭到明军袭击，敌人有千人以上。又见前营的百夫长报告，遭明军强攻，羽箭如飞蝗射来。

保喇听了，镇定道："顶住明军的冲杀，他们是前面佯攻，后面欲夺回被我们掳来的人口、牛羊。"正在这时，左右两营的百夫长也前来报告，遭到明军御营军队的突袭，冲在前面的两位将军，我们难以阻挡。几位报告军情的百夫长，均未敢说出"伤亡惨重"的实情。

保喇命令各营守住阵地，打退明军。命中军集结到前营支援时，见到四路的明军，已突破自己前、后、左、右各营的防线，会合成一个重锤，砸向中军营来。

幸好，这时败退的各营人马集结在中军营前，他命令向后营撤退。后营的千夫长报告，后退的大路，明军已挖成长长的阻马宽壕，拦截我军退路。

此时，骑着白马、手执银枪的萧惟昌冲到中军营前，向保喇挑战。两位鞑靼百夫长扬刀放马上前迎战。萧惟昌那杆银枪，如蛟龙游大海，没几个回合，把两位百夫长刺死。

保喇见自己的溃军已被明军包围，明军的几位统军将领挡在前面，料到前冲越不过明军的防线，后退还可有路。命令中营、前营的两位千夫长，率领集结的 300 名骑兵，放箭开路，向后冲杀。命令集结的左、右营两位千夫长，率领退下的 250 名骑兵，向前冲击，掩护后退的部队杀出重围，回到草原去。

月光如昼，后路的阻马壕填满了鞑靼军人的尸体、断腰折腿的死伤战马。保喇领头冲杀，带领剩下的不到百骑人马，冲出重围，落荒而逃。而掩护保喇后撤的 250 名骑兵，被明军全部歼灭。

此役明军大胜，清理战场后，总兵官王元宣布战绩，歼灭敌军2650名，获取敌军战马2320匹、军械2000多件；救回汉民824人，牛羊4026头，还有大量的布帛、盐茶、铁器。

七月十六的凌晨，天上的圆月照亮战场，照亮明军胜利回营的大路。

打败鞑靼军队入侵大同的第二天，萧惟昌、袁彬告别总兵官王元及参战的同袍，率领御营官兵回到京城，向英宗皇帝交令报捷。

英宗大喜，问侍卫身旁的吴瑾将军："石亨大将军兵员超过敌人一倍，为何打不过鞑靼酋长保喇，而萧惟昌、袁彬率兵力一对一，能把自命为'骄子'的保喇打成'竖子'。"

吴瑾道："臣不知是否可以这样回答，石大将军现在已不是往日的战将，是忠国公。萧、袁两位将军，富有谋略，骁勇善战，皇命在身，胜利在握。"

两人听到此言，忙跪下道："吾皇洪福齐天，臣才打败入侵敌寇。"

英宗命两人平身，又问："石亨大将军在北京保卫战中是位所向披靡的大将军？"吴瑾、萧惟昌、袁彬没作声。英宗继续道："朕知道了，正统十四年（1449）瓦剌军入侵大同时，他在外围战中惨败，只身逃离战场。在京城的保卫战中，没有别的选择，只能拼命杀敌，才能挽回自己的声誉。"

三人齐道："陛下英明，确是这样。"几人心里明白，石亨作威作福的日子看来不会长了。

英宗随后宣旨，萧惟昌回御营效力，与袁彬一起保护圣安。萧惟昌跪下叩头谢恩。

第十七章

文武兼资扫邪恶　敕封清吏振山东

徐有贞诡取兵部尚书的桂冠，又获武将侯爵封赐，渐渐不把一起发难的"三家店"同伙石亨、曹吉祥放在眼中，恼怒的石亨联手曹吉祥进行反击。

曹吉祥利用身在皇宫，亲近皇帝的机会，知道英宗不喜听"夺门之变"的说法，于是添油加醋说徐有贞在朝内、朝外，吹嘘自己是"夺门之变"的大功臣，惹得英宗不满，于天顺元年（1457）九月，把徐有贞革职，流放金齿卫（金齿卫，在云南省保山县）。三年期满，被赐归里为民，总比"三家店"的大掌柜曹吉祥、大将军石亨的命运好得多。

曹吉祥借皇帝之力，赶走新任的兵部尚书徐有贞，自己把手伸向边关的军权；排斥异己，安插亲信，谋求养子曹钦出任大同镇总兵官。向英宗皇帝上奏说，景泰元年（1450）的大同反击战，大同镇总兵官郭登私放500名瓦剌军人，是收受他们的大量财物。现已停职，居家半载，未做处置。英宗不问青红皂白，革免郭登定襄伯爵位、总兵官职务，谪戍西北甘肃守边。

萧惟昌深为郭登将军抱不平，将军正直豪爽，作战英勇。义释赛汗塔拉草原瓦剌千夫长蒙马尔及其所率军队，是分化瓦解敌人，维护边境安全。没有私心，更没受贿。自己当时在场，足可证明郭登将军清白。此事经当时的兵部尚书于谦大人批准。

又见曹吉祥以夺门之变功臣自居，骗得皇帝封官赐爵，养子曹钦也戴上昭武伯的大帽。于是萧惟昌作《吉祥》诗道：

> 世上当今避吉祥，吉祥如现若豺狼。
> 吉祥一到灾殃降，逝去吉祥来凤凰。

古语说，吉者积善之事；祥者，嘉庆之祯。为何把它说成"灾殃""豺狼"，明眼者看出是规劝皇帝，提醒朝野，警惕大太监曹吉祥，是宦官王振式的害群之马。曹吉祥读到此诗后，暴跳如雷。刚好在御道，遇上奉诏入宫陪皇帝品酒出来的袁彬，听到曹吉祥恶狠狠大骂："我不会放过这南蛮小子！"袁彬问道："谁狗胆生毛，惹公公怒气？"

曹吉祥把《吉祥》诗递给袁彬看，心想自己是皇帝的红人，谁敢不买账。

英宗从草原回朝复位后，常忆袁彬在大漠舍生忘死护驾，长达300多个日夜，晋升袁彬为锦衣卫指挥同知（正职为指挥使）。常召袁彬入宫饮酒，细叙大漠的苦难，高兴时发出笑声。把袁彬看作皇族亲眷，多有奖赐。

袁彬正气凛然道："曹公公，是想让我打压萧惟昌？知否？知否？萧将军在土木堡大战，有救驾之功；迎接皇帝回朝，有护驾之劳。近日在大同清剿鞑靼兵入侵时，设奇谋打败敌人，被皇帝嘉奖。谁敢动萧将军一根毫毛，我上奏皇上把他投入诏狱。什么'夺门之变'，是迎驾复位。"

曹吉祥碰了一鼻子灰，无言而退。尤其"迎驾复位"的话，令他惊出一身冷汗，不敢再提此诗，也不敢安插养子曹钦出任大同镇总兵官。

边境战事平息，英宗忘却"北狩"大漠的囚徒生涯，眷念王振先生之恩，于"冬十月，诏为故太监王振立祠"，刻香木为振形，招魂以葬，赐名"旌忠"。司礼太监王振进不了"显忠祠"，就进"旌忠祠"。

天顺四年（1460）的清明节，京城黎民百姓看重上山扫墓，有折柳插柳枝的风俗。萧惟昌适逢放假一天，与妻子楚莽佳租了两匹良马，到郊外登山赏花踏青。此时天气回暖，春光明媚，万物复苏，柳丝绿，杏花白，桃李笑，棠梨绽放映白杨。从南方飞回的春燕，含泥筑巢，欢唱悦耳。

原本寂寞的山野，行走着众多肩挑祭品的青年，跟在手执长香的长者身后，上山扫墓。也有坐轿坐马车的官员富绅，夹在人群中。他们上到山坡大岭，找到祖坟，除草培土，修好被风雨冲刷的坟堆、坟首、后土，在坟前插上柳枝香烛，摆好"三牲"糕点果品，在小杯内斟酒置茶，上香燃烛拜祭，三跪九叩，烧纸钱，燃鞭炮。寄望能唤醒九泉之下的先人，牵手结队回阳间同享美食。所烧的纸钱，能在阴间使用，过上与后人一样无忧的生活。

萧惟昌和楚莽佳，徐徐放马，看山上扫墓和游春者，见路上的青年多在头上插小柳枝，姑娘则头戴柳枝做成的圆环，微风吹动柳叶，别有一种山野风采。

来到一处长满柳树的坡边，萧惟昌跳下马，攀低青青的柳枝，折下几条嫩枝，绕成柳环，戴在楚莽佳头上。此时柳叶嫩绿，春风轻拂。头上的柳环，为楚莽佳添上几分妩媚。

她问道："萧哥哥，家乡南方的粤西人，好像不戴柳环，不插柳枝，为何给我戴柳环？"

萧惟昌答道:"说得对,家乡确是没此习俗,柳树也不多。我在北方生活多年,知道这是唐朝传下来的风俗。

"大唐盛世,永徽年间(650—684),高宗皇帝李治,在清明时,于长安渭水旁边,举行曲水流觞,与臣子游乐品酒。觞,是椭圆形带把手的浅木盘,当觞流到谁面前,这人就得捞起它,饮尽觞中之酒。渭水岸边柳树成行成林,高宗皇帝酒气上头,兴致更浓,命太监把柳枝折下,绕成环圈,赐给在座的臣子每人一个,说戴在头上可辟邪。《荆楚岁时记》有载,此风也就代代相传了。"

"确是如此,京城有此习惯。"楚莽佳道,"大慈大悲的观音菩萨,以柳枝沾水,普度众生。你是习武人,不插柳枝、不戴柳环,但喜欢射柳枝柳叶。"

萧惟昌道:"射柳穿杨是军中训练的项目。永乐大帝喜武功,在任燕王时善射,军中常常举行折柳之戏,即射柳比赛,柳枝柳叶比杨枝杨叶小巧。我从道叔公说过,当日百步外的柳枝上悬挂着一串铜钱,比赛时射中者,钱归他所有。连中三箭另有奖赏。叔公获三连中,被燕王任为侍卫长。"

"萧哥哥,我曾见你三箭皆射中百步外的柳叶,太谦虚就是不诚实了。"楚莽佳道。

"那是战争年代的事。"萧惟昌回答。

夫妻俩说说笑笑,打马回城。路过城外的土坡,见到立着一座祠,门额写着"旌忠祠"三个大字,是为原来的司礼太监王振立的祠。今日有暇,何不进去看看。

两人下马,拴好马匹,见大门洞开,方便黎民百姓进入拜祭。祠内神位上立着香木雕刻的王振之像,脸上现出得意的笑容,在萧惟昌眼中,是狡猾险诈的奸笑。看到神座前的拜台,布满尘埃,可知很久没有祭拜。再看墙壁屋顶,多为蜘蛛网所布,从大门刮入的阵阵寒风,冷气逼人。对这位辱帝丧师的宦官，萧惟昌觉得他最好的归宿是钉在耻辱柱上，而不是放在什么"旌忠祠"享受人间烟火。

走出祠门，萧惟昌想到，宦官祸国，王振死了，家被抄了，而他的"鬼魂"，仍在作祟，游戏英宗皇上。

萧惟昌作《旌忠祠》诗，云：

> 非忠阉宦倒旌忠，异口同声斥腐庸。
>
> 滥费民财成铁证，祠中寂寞冷香供。

诗浅白，直指作茧者，胆大生毛，显示诗人的性格，诗如其人。这篇逆行诗，传播很快。在河北磁州府任同知的龙约，与老友罗绮说起此诗。即将赴任广西布政司参政的罗绮叹息道："朝政如此，我等未能劝阻，自应降职。"他的仇家将此言上奏皇上，英宗发怒，罗绮遭抄家入狱。七年后，宪宗成化皇帝登位元年，罗绮才从狱中获释。

萧惟昌的诗，英宗没怪罪他，应是皇上对"旌忠"王振有新的认识。慢慢想起自己被掳耻辱，是宦官王振祸国丧军所致，差点命丧大漠，愧对先帝。皇帝说错做错的事，留给后代帝王纠正，受害的皇亲国戚、将相公侯、文武臣子、平民百姓，都是最好的结局了，同样"三呼万岁"。

石亨被封为忠国公，剥去画皮，现出贪婪本性，奏请皇上给同伙晋官加禄。重登皇位的英宗心情特好，照批不误。尝到甜头的石亨，把"夺门之变"的有功人员增加到3000多名，这让皇帝傻了眼，官位供不应求，官帽更难做成，将就批了一些，余下的拖而不批。

英宗拖，石亨催。早朝促，下朝缠。皇帝不召，也以重要之事晋见。出了皇宫，大吹大擂，授意手下传播于官场，抬高威望。那些想得到高升者，争先恐后送厚礼，生怕失去门路。时有"朱三千，龙八百"之言，说郎中朱铨、龙文以重金行贿石亨而得高官。

石亨自恃功高，乱闯宫禁，引起英宗不满，所请之事渐有所不从。石亨还不醒悟，横蛮如故。他是忠国公，侄子石彪是定远伯，家中私蓄猛士兵甲数万。又养众多无赖，专门打探朝廷动向，不轨异志已露。袁彬向皇帝上奏，大臣多有进言，不可放纵石亨。萧惟昌有感而发，作《石公鉴》诗，云：

> 飞黄腾达走皇宫，甲第荣华誉上公。
>
> 下压上欺无日间，贪王娄帝莫时松。
>
> 闲居享乐谋孤业，坐狱知惩哭辅功。
>
> 铁榜若违同彼鉴，百官儆戒以明通。

天顺四年（1460）春，石亨、石彪被以谋反罪逮捕，投入锦衣卫的诏狱，抄没家产，未几石亨死于狱中，石彪被判死。

在这首七律诗中，萧惟昌寄语"百官儆戒以明通"。太监曹吉祥既不明，也不通，没从石亨之死吸取教训。

英宗天顺五年（1461）七月，曹吉祥狗胆包天，与养子昭武伯曹钦谋反。此为曹吉祥早有的预谋，他在英宗正统年间任监军，收拢一批有勇无谋的武将，回师时蓄于家中。石亨事败，曹吉祥自知末日不远。于是拿出大量金银珠宝，犒赏私贮家中的武将，与他们结为死党。

时有曹吉祥的党羽指挥官马亮，原在大同镇关效力，后投靠曹吉祥。恐怕事败自己被诛，密告他在大同反击战时熟悉的萧惟昌，说曹钦在两日前询问身旁的军师："有宦官子弟为天子者乎？"答曰："君家曹武（曹操）其人也。"看似寻根问祖，追本溯源，实为野心毕露。

萧惟昌与袁彬向英宗皇帝启奏，英宗命他俩关押曹吉祥。

曹钦得不到养父曹吉祥的消息，知道反叛之事败露，于是率死党

2000 人攻打皇宫大门，被早有准备的萧惟昌、袁彬率御营官兵打败。曹钦的叛军撤到大街，遇上怀宁伯孙镗率 2000 名西征军路过，听到从后面追赶来的袁彬喊杀反贼之声，挡住曹钦去路，曹钦败走至东安门，遭恭顺侯吴瑾将军阻击，吴瑾被杀害。曹钦又转到安定门诸门，均打不开城门外逃，退回家中投井而死。曹吉祥伏诛。

天顺八年（1464）春二月，英宗皇帝御诏，萧惟昌任户部山东清吏司主事。萧惟昌在京城御营为官多年，到齐鲁效力，同样为国为民，高兴携妻楚莽佳赴任。

据清康熙版《吴川县志·封赠》载，七月十二日，英宗颁旨敕奖萧惟昌，曰：

户部司养民之政，其任匪轻，故置属详于诸部。苟非其人，曷称厥职。尔户部山东清吏司主事萧惟昌，发身贤科，擢任斯职，历年既久，式著公勤。是用进尔阶承德郎，锡之敕命，以为尔荣。夫朕正治官以贵庶务之实，尔懋廉慎，用臻来效，毋怠朕命，其往钦哉。

表彰萧惟昌抗击瓦剌、鞑靼贵族入侵建功。联捷举人、进士后，出任顺天府户部主事，效力朝野兢兢业业，晋升户部承德郎，即郎中，秩位四品，寄意户部山东清吏司任上大有作为。一个月后，英宗皇帝驾崩，由太子朱见深接位，为宪宗成化皇帝。

英宗临危时，命太子朱见深遵嘱：罢妃嫔殉葬陋规。自太祖洪武帝设此制后，皇帝崩天，宫人从死，多者数十人。英宗罢此制，体现他的人性。《明史》赞是"盛德之事，可发后世者矣"。

英宗的人性，也体现在救驾、护驾的御营将军萧惟昌身上。

萧惟昌作有《随征见闻》《于是冤》《旌忠祠》等逆行诗，皇帝没有追究他。天顺八年，萧惟昌京官外放，获英宗敕封晋升，关爱之情，溢于言表。

山东济南，是北方的名城，山东户部清吏司衙门设在济南。黄河绕城而过，大明湖在城内，湖水扬起亮丽的清波，城内、城外还有很多山泉，故济南素有泉城之称。生长在粤西水乡的萧惟昌，爱上绕河、环湖、涌泉、绿柳遍布的济南。

上任伊始，萧惟昌查阅属下历城县县令戴企欢审理的案件，盗窃县衙钱库 1 万两银子大案未侦破、兄弟为百亩土地诉讼案，多年不做裁决。经调卷查察，阅到两人的讼书，均有一首七言诗。

弟廪生沈里义状告兄沈里仁，诗云：

余家历代苦周尝，惟有我兄独占强。
田产称为他自置，地基全不肯分将。
旬年租税他收取，屡岁钱粮我担当。
若不告知吾太守，暗中无处去投光。

兄贡生沈里仁状告弟沈里义，诗云：

弟年七岁父先亡，养育成人教义方。
经文随他虚岁月，家门由我历风霜。
田园续置平均分，娶妻纳小任主张。
今日忘恩诬告陷，迫作诗句诉明堂。

萧惟昌读后，即挥毫作文批示道："鹁鸪呼雏、乌鸦反哺，仁也；蜂采花而成群、鹿得草而呼伴，义也；鸿雁群行、羔羊跪乳，礼也；豹能制兽、獭能制鱼，智也；鸡及时则鸣、燕非社不至，信也。凡物之类则有五常。人为万物之灵，岂无一德？

"沈里仁，仁而不仁。沈里义，义而不义。无兄无弟，绝人伦之大道，不仁不义非良善之所为。兄通万卷之书，宁无待弟之才。弟习孔孟之道，岂无让兄之德。兄不是，弟当承顺。弟不是，兄当含忍。因田地之小事，伤手足之大情。各存天性，骨肉相亲。"

萧惟昌用仁义礼智信相劝，人是万物之灵，何况是读书获取功名者，教育兄弟俩撤讼罢诉。

萧惟昌调查后得知，诉讼者竟是永乐年间在吴川县衙任礼房主事沈皓今的两个孙子。

他找到故人的孙子沈里仁、沈里义调解，原本富裕的家庭，因花钱贿赂县令、师爷，以求胜诉而变得捉襟见肘。得知兄弟俩均花300亩地价钱诉讼，谁也赢不了这场持久相斗的官司。说你们祖父沈皓今沈大人，在广东吴川县衙效劳，是我的师长，沉稳老练，想不到他的孙子如此糊涂。兄弟如手足，你们祖父得知，九泉不安。再告下去，田地家产，全部输掉。听得兄弟抱头大哭，和好如初。萧惟昌作了《劝沈氏兄弟不须争祖业》诗，记录此事，云：

> 兄弟同胞一脉流，祖宗遗业不须谋。
> 夷齐居国曾相让，千古芳名传万秋。

诗中运用商朝末期，伯夷、叔齐兄弟相让，不做小国君主的典故，教育沈氏兄弟，相亲相敬。

萧大人一纸和解告状的趣事，在官场及民间传开后，历城县民众作歌赞扬道：

> 萧公判案爱作诗，笔墨意浓说仁义。
> 弟兄互诉四岁月，县官未断一字书。

原告失去块块田，被告丧尽袋袋钱。

手足情长黄河水，三让王位泰伯贤。

萧惟昌随后到了历城县衙，训诫县令戴企欢大人，四年判不了一件诉讼地产案，四年破不了钱库被盗银锭大案，是失职不作为，要呈本吏部、户部查办这位县令大人。

旁边的县丞悄悄告知萧主事大人，朝中司礼太监怀恩大人是戴县令的族叔，请大人谨慎行事。萧惟昌在御营、在顺天府效力多年，对太监怀恩了解颇多。

怀恩是山东历城县人，本姓戴，是官宦家中弟子，自小读儒书，衣食无忧。宣德年间，因父亲涉罪抄家，他被迫成为太监，皇帝为他改名怀恩。或许他的命运像多数太监一样，为求活下来，被驱被役，死后埋在冷落的太监坟场。怀恩脱颖而出，用自己的聪明才智活下来，用自己的忠诚坦荡，伺候皇帝、皇太子，成为权倾朝野的司礼太监。他鄙视万贵妃的亲信太监汪直的卑劣、残酷、恶毒，而心存善良、忠厚，富有卓越远见。为太子朱祐樘的确立、继位、开创弘治朝盛世，无疑是撕破郁闷长空的一道亮光。

怀恩为清除山东弊政，支持进士出身的清吏司主事萧惟昌，扳倒不作为的族人、历城县令戴企欢。新任的历城县令黄大志，支持萧惟昌破案。

萧惟昌在任上，五六个月过去，对全省府县钱粮监督到位，政声卓著。但历城县被盗1万两库银大案，四年没有破获，心中不快。他询查历城县衙的官吏，找不到线索；访问黎民百姓，没有蛛丝马迹。他告诫自己，留意寻访，案情定会浮出水面。

新年过去，迎来元宵节。楚莽佳提出到历城县赏元宵，萧哥哥可解解闷，或许能找到破案的眉目。萧惟昌高兴道："难得大妹子有此雅兴，历城是齐鲁名县，民众生活富庶，民俗风情浓郁。衙门放假两天，我们全家一起去看热闹吧。"

楚莽佳习惯背上药箱，带着十四五岁的女儿萧怀北，随着一身微服的萧哥哥，坐上雇来的马车，一个多时辰，就到了历城县的明湖大街，在客舍住下，方便晚上观灯、赏夜色。

入夜，路旁的绿树、商铺的门前，挂上各种彩灯，闪闪烁烁，甚是好看。月亮渐渐升起，红颜绿女结伴，姗姗出游；白发翁媪随着儿女上街，东张西望；也有书生墨客，指指点点，作诗联对，得意时发出笑声；也有双双幼童，牵着父母的衣角，或是蹦蹦跳跳，好不高兴。

楚莽佳开心道："眼前的景观，如南宋诗词名家辛弃疾在《青玉案》词中，描写赏元宵的景致一样。"然后轻声吟道：

东风夜放花千树，更吹落、星如雨。宝马雕车香满路。凤箫声动，玉壶光转，一夜鱼龙舞。

蛾儿雪柳黄金缕，笑语盈盈暗香去。众里寻他千百度。蓦然回首，那人却在，灯火阑珊处。

萧惟昌听后，道："辛弃疾是历城县人，喜欢家乡的元宵游春活动，少年时参加游灯舞龙，有切身体会，此词才写得如此震撼人心。"

小怀北道："娘亲，此词我也读过。"随后流畅背诵，得到父母拍手称好。

云淡风轻月明，街上游客人头攒动，楚莽佳与夫君、女儿，看火树银花，赏春夜美景。在大明湖边的林带，见一群街坊民众，围着一位手握光溜溜枣木短棍，身负重伤的中年人。那人身材高大，卧倒在地上，口吐鲜血，染红衣襟，脸色蜡黄，昏死过去。有人惊恐大喊："快告知里甲，派人抬去救治。"

楚莽佳挤上前道："不要抬走伤者，我是郎中，看看能不能救治他。"围观者嚷道："救人一命，胜造七级浮屠。"

楚郎中放下柳条编织的药箱，蹲下为伤者把脉，察觉气息尚存，解开外衣，多为外伤，兼有内伤。即取出水瓶，喂伤者饮了水，又喂几粒药丸后，拿出银针为伤者扎针。几盏茶的时间，伤者吐出一大摊污血，微微张开双目。楚郎中扶他坐起，继续拿水喂给他。

围在一旁的街坊说："杜十二，若不是女郎中出手相救，定会因失血过多，回老家小清河村了。还不快感谢救命恩人，付诊金药费。"

杜十二丢开棍子，爬起叩谢女郎中，断断续续道："各位街坊说得对，我是为庄主外出收债，收到一些银子，却被贼人抢走，打伤吐血，现在身上只有几十枚铜钱。"

又有街坊道："你身旁那支留下岁月的短棍，也值半两银子，别丢在这里。"

站在一旁的萧惟昌，见到杜十二高大健壮，似是会武功的人，在热闹的大街广衢被打成重伤，钱财被抢走，对其产生好奇之心，想弄清事情的来龙去脉。示意妻子，街上人多人杂，说话不便。

楚莽佳会意，对围着的街坊道："这位大哥伤势严重，奴家和官人、女儿就住在路边的客舍，我们扶他回客舍治疗服药，伤势若好转，明天午时前我和官人护送他回家。救死扶伤是医者职责，诊金药费均不要。"

听到此话，街坊纷纷道："杜十二遇到女神医一家，好人自有好报。"

见萧惟昌扶着杜十二，女郎中一手牵着女儿，一手拿着短棍，进入路边的一家客舍，众人才散去。

楚莽佳到街上买回面食，让杜十二吃后，又给他服了几颗药丸，脸色逐渐红润。杜十二见女郎中夫妻围在身旁，他相信救命的女郎中，自然也相信她的夫君。更觉萧惟昌气度非凡，似是官府中的官员，于是把事情的经过道出来。

杜十二住在城区黑豹泉古巷，对面有家泉涌庄，实为赌馆。因自己力大会一点功夫，又不嗜赌，被庄主丁铁头、戴无忧聘为赌馆主管。今夜奉命出来催收赌债，收到50两银子，放在布袋搭在肩上回庄。

回到大明湖街口，见到有辆马车，车上有六个银箱，这时有两支舞鱼、舞龙队伍，在街上相聚，互相竞彩，锣鼓喧天，吸引众多游人观看，马车上的四位官兵也离开马车，站在人群中引颈观看热闹。突然一位蒙面的汉子，跳上马车，手法极快，打开两道铜锁，用布袋装满银锭，下车逃走。我见状大喊捉贼，可四周的锣鼓声淹没了我的呼喊声。他逃到我面前，用短棍向我头上砸来，欲取我性命，我向后一仰，被打中前胸。一棍不解恨，两棍、三棍向我扫来，我也不示弱，丢下收银袋，向他脸上、胸前猛击。他欲逃跑，我紧紧扯着他的黑头罩，他慌了，丢下短棍，回手死死护住被我扯下一角的头罩，我的手指已抓破他的脸，鲜血溅了出来。他不敢再和我相斗，抢走我的收银袋，背上从马车上偷来的银锭，夹在拥挤的游人中逃去。斗鱼斗龙结束，"游神"的队伍走向别的街道，那护银的官差回到马车上查看银箱的铜锁，见完好无缺，放心鞭马驱车而去。我本想告知官差，车上的银锭被盗，但体力不支，倒在街旁。

萧惟昌拿起那枣木短棍，让杜十二细看，认不认得此棍是谁人的。他说好像多次见过，但想不起是何人的。他因伤痛体弱，慢慢睡着了。

萧惟昌让楚莽佳守护好杜十二，安排女儿睡觉，然后向账房问清黑豹泉古巷的位置，不一会儿就来到了古巷。巷口有座圆形的大水池，池中的黑豹泉，喷出雪白的水帘，众多游人坐在水池边的石凳上，细赏泉水飞花。

步入巷口，是间酒肆，酒旗飘风，写着黄色宋体字：泉涌酒楼。

食客不多，萧惟昌在边角找个座位坐下，品茶尝历城小吃，枣仁糯米糕、素心油煎大饼。待店小二提壶加水时，给他几枚铜钱，问起杜十二的住处和为人。

店小二热情告知，杜十二住在泉涌庄斜对面的泥屋，门前有棵老枣树。为人忠厚，关爱街坊老弱贫苦之人。有一身牛力，会弄几套拳脚功夫，因不爱赌博，被泉涌庄庄主丁铁头、戴无忧雇为赌馆主管。

问及丁铁头为人，店小二说他是本县黄河边旺水庄人，又名丁巧手，会武功、会开锁拆锁。原在家乡设馆授徒，后被黑豹赌馆的馆主岳度友聘为赌馆护场武师，镇住在赌馆闹事的恶棍和赌徒。两年后，他与馆主发生争吵，岳度友说他偷走白银300多两，要他赔偿，将他诉讼至县衙门。

戴县令大人在三个月后开审，判丁铁头无罪，判岳度友诬陷好人，罚银300两，没收赌馆。岳度友遭此打击，气愤难平，抑郁死去。赌馆封闭半年后，丁铁头不知从何处弄来2000两银子，上交县衙，获得赌馆使用权，将它改名为泉涌庄。前两年，赌馆的庄主仅是丁铁头，去年10月后，县衙的师爷戴无忧被新上任的王县令革职后当上了二庄主。

店小二的话，萧惟昌大感兴趣。走出酒肆，经过三家商铺，是一座大平房，灯光如昼，墙上挂着泉涌庄的大招牌。大门内外有几位穿着紫衣的庄丁在守场。

萧惟昌从大铁门进入赌场，在阴暗的角落处，见地上有一件黑色衣物，他走近细看，是件撕破的头罩，上面有斑斑血污，他趁庄丁不留意，捡起塞进袖笼内。再穿过一扇小铁门，才远远见到众多的赌友在下注，呼三喝四。戴无忧在庄台摇珠，身旁坐着一位年过40的彪形大汉，一脸凶相，脸上的两处皮外伤，贴着膏药。问及看场的庄丁，告知是庄主丁铁头。

步出侧门，萧惟昌看到对面的小巷有间泥房，几位长者坐在枣树下聊天。杜十二被人行凶打至重伤之事，已传回黑豹泉古巷，老人为他叹息，说他是位厚道之人，赌场发生争执、打架，都能及时处置，常给赌友一些便宜，化解争斗，得到赌友的认可。

萧惟昌回到客舍，见楚莽佳仍在观察杜十二的伤情。杜十二听到萧惟昌声音，睁大眼睛，表示问候。当萧惟昌拿出在赌馆捡来的破头罩时，杜十二也在衣袋中掏出撕下的破片。楚莽佳把两者合在一起，见是一个完整的血污头罩。

见此情景，杜十二坐起来道："难道真的是他?"

萧惟昌道："一点不假，就是丁铁头。他脸上还留着被你抓伤的血斑，贴着膏药呢。"

杜十二又道："我想起来了，那枣木短棍是他的。"

萧惟昌向杜十二表明身份，是户部山东清吏司主事。负责查处四年前历城县衙被盗 1 万两白银的大案，现在线索已露出水面。

听此一说，杜十二连忙从床上爬起，欲跪下叩头，被楚莽佳阻止，扶他坐回床上。杜十二道："想不到有幸见到萧大人，我少年时就听说大人在土木堡大战中，杀敌保卫皇帝的事迹，令我敬慕。我的伤不重，经尊夫人治疗已好转，我愿服从大人差遣，破解这宗大案。"

萧惟昌道："好，杜壮士，我们一起破案，揪出恶贼，为社稷、为黎民百姓除害。"让楚莽佳明日午时送杜十二回黑豹泉古巷，自己到历城县衙，命县令王大志派出捕头差役一起行动。

第二天午时前，楚莽佳背着药箱，牵着女儿萧怀北，跟随已能行走的杜十二，来到黑豹泉古巷杜家。

整夜难以入眠的丁铁头，又惊又恐。天亮后，找到死党戴无忧，把昨夜发生的事情经过告知他，请他出谋划策，渡过难关。诡计多端的戴无忧，教他如此如此，即可金蝉脱壳。

当庄丁向丁铁头报告，女郎中带着女儿护送杜十二回到家中时，他疑虑的心情稍稍放下。身藏短刀，手托放着药碗的盘子，入到杜家。他嬉笑着问了杜十二的伤情后，道："我昨夜知你受伤，今晨找了历城著名的郎中，给你开了药，熬成了药汤，服下就体健身壮了。"即走到杜十二跟前，把药碗放在他唇边。

楚莽佳道："你是丁庄主，难得好心为自己的管家着想，请医抓药熬汤。我是郎中，要先让我看看药汤，是哪几味药物配成，是不是适合伤者服食。"

丁铁头道："哪几味药物，我也说不清，总之，服下伤痛全无。"

能说会道的女郎中讥讽道："喝下你的药汤，两脚一伸，自然全无伤痛，世事也不知了。"

阴毒的杀人灭口恶计被揭穿，丁铁头把药碗递给楚莽佳，要她让杜十二服下。楚莽佳接过药碗，放在桌上。丁铁头趁她不防备，一把抓住萧怀北，道："你不让杜十二喝下药汤，我就杀了你女儿。"杜十二见状，赶紧站起来道："药可治伤，难得庄主关心，我喝就是。"边说边拿出枣木短棍架住丁铁头的短刀，大喝道："庄主，不许伤害救我性命女神医的女儿。"可他伤势未痊愈，持棍的双手慢慢垂下。

楚莽佳此时已在药箱中拿出短刀，掷向丁铁头，他被迫放开小怀北，回手用刀挡住飞来的兵器。楚莽佳在掷刀的同时，手上又握着另一把刀，扑向丁铁头。杜十二紧紧护住小怀北，正欲冲向门外求救，萧惟昌已踢开大门，一个跳跃敏捷擒住了丁铁头。

楚莽佳道："萧哥哥，来得正是时候。丁铁头送来一碗毒药，以为我看不出，逼我劝杜十二服下，让我当杀人的凶手。我才不上他的当呢。"

萧惟昌道："此毒药是为除掉丁铁头盗取马车银锭的见证人杜十二，一箭双雕，定是戴无忧设的杀人计。"

楚莽佳捧着那碗毒药走出大门，王大志县令已率领县衙差役站在枣树旁，他大声宣布："官军在捉盗窃杀人犯，谁反抗，就砍谁的头。"并向萧惟昌报告，赌庄的四门已派人看守，只准进，不准出。

萧惟昌问女儿道："你娘亲和杜叔叔与恶人相斗，怕不怕？"小怀北道："我娘亲武功高强，我要跟娘亲学武功、学医术，斗恶人，救善人。"听得双亲都点头说："好啊！"

丁铁头被押到赌庄大门，见门上挂着一把大铜锁，萧惟昌道："丁庄主，还不赶快打开大门，请我和王县令进去喝茶！"丁铁头答道："是应请各位大人及郎中进去喝茶。"命看门的庄丁拿出锁匙开锁，可开不了锁。无奈，丁铁头只好自己动手，拿出一根尖而带钩的小铁丝，拨弄两下，锁就开了。

萧惟昌对王县令道："'丁巧手'果然名不虚传。难怪县衙银库四把大铁锁，打开没留痕迹。昨天元宵夜打开两把大锁，同样未被押银的官军察觉。"听到此话，丁铁头自知中计，跌坐地上。

萧惟昌命王大志押丁铁头和庄丁入赌场，搜查赌庄人员和赌资。杜十二随官军行动，甄别歹徒和赌徒，可疑之人押到前厅审问。半个时辰，王大志县令押着戴无忧和21位可疑人员回到大厅，向萧惟昌报告："搜出赌资白银10200两，还有刀枪凶器。银两兵器已查封，命差役看守。赌庄已关闭，不准再营业。"

杜十二也禀报道："21名可疑人员中，5名是庄丁，留下问话。16名是赌徒，本县人，没恶行，可否放回家？"萧惟昌命令放赌徒回家，规劝他们不要再赌，赌徒跪下叩谢。

楚莽佳在大厅的桌上，摆出丁铁头被撕破后复原的黑头罩、枣木短棍、一碗毒药汤。丁铁头、戴无忧见了，知道罪证已被查获，难以再抵赖。

丁铁头供述，他是历城县旺水乡人，武馆教头，收徒授功，收益不大，后被黑豹赌馆馆主岳度友聘为护场武师，利益大增。常见赌徒赢到一锭锭的银子，心痒痒的，经不起引诱，起初是赢了小钱，后来输了大钱。每月初一拿到的护场费，不到十五就输光了。于是打起了馆主让他守护的银箱主意。

丁铁头有个绰号"丁巧手"，这"巧手"不是会弄十八般兵器，而是会开各种锁器：铁锁、铜锁、门锁、柜锁、明锁、暗锁、连环锁、子母锁……于是馆主银箱中的银子流入他的荷包。起初数量不大，馆主不察；次数多了，数量大了，岳度友发觉，留心设伏，竟是护场武师所为，要他赔偿损失的300两银子。丁铁头无钱可赔，被馆主羞辱一番。

岳度友为追回银两，找到常来赌馆博彩的历城县衙师爷戴无忧，花钱请他代写状纸，状告丁铁头盗窃他300两银子，要求如数归还。

这位戴师爷是鼠眼狼心之人，当他在原告口中得知丁铁头是位"巧手"，一条毒计在心中涌出，吃了原告，再吃衙门银库。

县令戴企欢，是师爷戴无忧的族侄，也是朝中太监怀恩的亲属，大树底下好乘凉。当上县令，一心只为发财，大小案件由戴师爷主宰。

岳度友被戴县令以诬陷良民盗窃罪为由，被罚300两银子，赔偿丁铁头的名誉损失，没收赌馆，以2000两银子开标，银子到位，才能开业。

丁铁头没敢要赔偿的银子，自是落入戴师爷的口袋。他想接过赌馆经营，却拿不出2000两银子。

戴无忧道："丁铁头，你不是有'丁巧手'之称吗，利用自己的特长，银子不就来了？"

"好啊。二一添作五，何处动手？"

"历城县衙钱库。"

"有师爷大人指点，肯定安全。"

县衙的银库、粮库设在黄河边，方便钱粮上下船，也方便丁铁头、戴无忧作案。

英宗天顺四年（1460）的元宵夜，丁铁头、戴无忧租来一艘有篷的木船，趁着看守不严的时机，打开四重门锁，进入银库。戴师爷把风，丁铁头力气大、行动快，盗出 10000 两银子，运回同在黄河边的戴无忧家中的地洞收藏。

元宵节后的清晨，历城县衙主簿带领差役，例行到银库、粮库检查，发现昨夜被盗银子 10 箱 10000 两。急报县令戴企欢，他大吃一惊，带上县丞、捕头、属吏到银库查看，见入库房的四重明暗铁锁均是完好无缺。进入库内，查对数量，确有 10 箱 10000 两银子被盗。

捕头细心检查盗窃现场后，向县令报告，盗贼是开锁高手，是惯犯，是两人驾船作案，知道库内的情况，掐断报警的响铃。趁着元宵夜街上人多看灯，水上船多赏景，县衙差役欢庆，防范不严之际，盗出的银两，夹在众多的游船中逃去。

戴县令对捕头说："今天开始，派出差人日夜严守库房，再有失窃，砍你狗头。"命戴无忧书写公文，向上司报告，所失的万两银子，正在派出捕头追查贼人，争取早日破案云云。

丁铁头有了几千两银子，上交 2000 两给戴县令，获得赌场开业权，也有了赌本资金。他把黑豹赌馆改为泉涌庄，承诺赌场的盈利给戴无忧三成。

丁铁头做了庄主，赢了大钱，但他不让"巧手"空闲，玩得刀多也会割破手，元宵夜在马车上盗银，碰见杜十二。萧惟昌夫妇沿着线索追查，终将丁铁头、戴无忧抓获。

萧惟昌问戴无忧："丁铁头的供述，是否如此?"戴无忧答道："是事实。"刑案录下两人口供，让丁铁头、戴无忧画押盖上手印，呈给萧惟昌大人过目。萧大人看后，命令收监两名盗贼，严加看守。

案件侦破，萧惟昌高兴，说王县令协助破案功劳不小。问王县令历城衙门需不需增加衙役。王大志已知萧大人心意，答道："杜十二守正义，勇武有智，熟悉历城县风土人脉，县衙捕头需要这种人。"

萧惟昌道："人选合适，我支持。"

杜十二跪下，叩谢两位大人。

回到济南清吏司衙门，萧惟昌向户部及山东省布政使司报告，历城县衙原师爷戴无忧，勾结赌庄庄主丁铁头，盗窃县衙银库银子10000两，现已破案，抓获案犯。在赌馆查获赌资10205两，在戴无忧家中查获赃银4500两，在丁铁头家中查获赃银4105两（内含元宵夜盗窃官府马车上银子500两），3项获银18810两，一起收归国库所有。原历城县令戴企欢，对银库及部属管理不严，严重失职，已被吏部革职，不再作追究。案犯戴无忧、丁铁头，由历城县令王大志审理判决后，再作上报。王县令及民间壮士杜十二，协助破案有功，行文表彰。

这宗沉积四年的大案，被萧惟昌在短期内破案，抓获案犯，追回银两，受到户部尚书嘉奖。呈本上奏皇帝，新登基的成化皇帝，敕赏萧惟昌，使他名动齐鲁官场。

成化元年（1465）二月，宪宗皇帝降旨洗雪于谦大人冤案，复其子于冕官职，派大臣前往杭州祭祀于谦墓。皇帝在祭辞中说：

当国家之多难，保社稷以无虞。为公道之独持，为权奸所并嫉。在先帝已知其枉，而朕心实怜其忠。天下传诵焉。

郭登将军的冤案，皇上同时昭雪。恢复定襄伯爵位，任甘州总兵官。

新君新政，曙光灿烂。缧绁之中，尽释贤者之冤。朝野之内，自有理国之策，良臣持政，国泰民安。

萧惟昌于是作《献方》诗，云：

> 国脉知衰书快培，填精补髓御医推。
>
> 招贤纳圣安天下，反腐平冤骏马追。

成化元年初秋，千佛山吹来轻柔的凉风，大明湖的荷花仍在吐艳，萧惟昌收到甘州总兵官郭登将军寄来的一首古风诗——《送岳季方还京》，让萧惟昌从诗中知道他的近况、心境。

郭登诗中说的岳季方大人，是正统十三年（1448）进士，官至翰林院修撰。天顺元年（1457），因得罪曹吉祥、石亨，被贬大西北甘肃，与郭登共事。

成化元年，两人同时官复原职。岳季方调回翰林院履新，郭登任甘州总兵官。八年相处，同甘共苦。

秋风刮起，黄云万里，把酒饯行，送别甘州。"登高楼，望明月，明月秋来几圆缺？"岳季方大人回京与家人团圆，而诗人在江南的亲人等来的是一弯眉月。

郭登继续写道："天涯行客离家久，见月思乡搔白首。年年长自送行人，折尽边城路旁柳。"

读到此，萧惟昌心痛了。古人送别，有折柳相赠的习俗。一树的柳枝折光了，送别多少同僚入京、诗友回乡？郭将军仍在西北戍边、为国效力。萧惟昌继续读着郭将军的诗句，"甘州城西黑水流，甘州城北黄云愁。玉关人老貂裘敝，苦忆平生马少游"。

甘州干旱贫瘠，边境战事频发。作为军人，责任重大。萧惟昌似乎见到，郭登将军一年年的征战，巡逻途中，厚实的军装，难挡扑面的黄沙。追杀敌军，皮毛的大衣，难御盖头的霜雪，夜踏冰，晨晓回。

猎猎的旗帜，朔风中飞扬。

马少游是汉代名将马援将军的堂弟，常叹马援慷慨多大志，劝马援知足常乐，别遭权臣妒忌。萧惟昌读出郭登将军借用此典故，表达自己对几个王朝太监横行霸道，祸乱朝政而担心。忧郁之感，含而不露。

太监为患，树倒根仍在，王振死了，曹吉祥死了，成化朝的大太监汪直，已露出丑恶的面目。

萧惟昌读了全诗，为郭登将军苦守甘州建功业而自豪，对宦官乱政的担心两人相同。成化八年（1472），郭登总兵官病逝于甘州任上。萧惟昌得悉，在大明湖边，遥祭这位良师益友。

成化朝的太监汪直，广西大藤峡人，瑶族。先是侍奉皇帝最宠爱的万贵妃，得到主子的赏识，官至御马监太监，其位仅次于司礼太监。

在土木堡之战后，宪宗朱见深年幼，被皇叔景泰皇帝立为太子，可不到一年废为沂王，长达八年之久，过着胆战心惊的日子。待父皇英宗恢复皇位，他重新成为太子而继承大统。

边境少战事，国内少灾害。宪宗皇帝乐得快乐逍遥。他听信妖人、太监的蛊惑，宫中炼丹，求仙延寿，服食春药，懒理朝政。不想朝臣干扰自己见不得光的私生活，就任用太监汪直组织私党，探听臣民的消息、摸查军伍的举动，人心惶惶，谈蚊变虎。

成化十三年（1477）春，代宗皇帝设立西厂，由汪直主管，称督公，他的权力更在东厂之上，助长汪直作恶气焰。把阵阵阴风，当作得意的狂笑；把鬼哭狼嚎，当作敲打的乐歌。关押朝臣，不经审理而杀害。擅自调动边关军队，杀死外夷向大明朝廷贡礼的使节，挑起鞑靼势力入侵大明边境，引发朝野怨声载道：为国除暴，震动紫宸。

以三元及第状元、内阁首辅商辂为主的大臣，纷纷向成化皇帝上书、御史弹劾、谏官进言。泰山之高，乐接坯土；河海之广，欢迎细流。能成其大，能明其德。不罢汪直，朝纲何在。若任汪直放肆，天下必乱。

萧惟昌特作《灾祸》诗，痛斥汪直是毒瘤恶疮，及早割去，肌体才安康，诗云：

> 三王称霸庶民殃，十目连横乱朝纲。
> 日月无光天地冻，重中心上寓阴疮。

这是一首拆字诗，每句一个字，组成"汪直明患"四字。用心良苦，智斗恶人。心存打虎胆量，不怕夜过景阳冈。

第十八章

重回古堡祀忠烈　致仕泉城归故乡

　　宪宗成化十三年（1477）秋八月，萧惟昌携妻楚莽佳回京师户部述职。古稀的习武之人，身体健壮，步伐有力，显得比实际年纪轻。他知道这是最后一次回京机会，述职之后，向分管的部中侍郎，告假回土木堡，拜祀显忠祠里死难的上司和同袍，获得上峰同意。即和妻子到京城楚莽原住处，邀妻兄一起回土木堡楚氏医馆，再到显忠祠拜祭。

　　楚莽原多年没回土木堡的家，本想伴妹夫同往，因接到任务，两天内须统兵千人，到大同马市接回3000匹军马，难以抽身。让在家休假的儿子楚成衣陪同。

　　正统十四年（1449），瓦剌军队南侵，大同马市停摆。楚莽原调任样边长城都司，与官军守住了阵地。土木堡大战后，他上调兵部任马监司主事，管理各地马市，有条不紊，赞好之声如潮。

　　景泰二年（1451），大同马市重新开放。楚莽原升任兵部大同马场总管，秩五品衔。大同马市也归马场管辖。他精心培育众多相马、医马的官员，受到兵部尚书于谦大人赞赏。

　　楚莽原这位善相马、会医马、会多种胡人语言文字的人才，是不容易找到的。不管是景泰朝、天顺朝、成化朝的兵部尚书，都需要他这种特殊管马官员。楚莽原有两个儿子，大儿子楚成衣，从小随祖父、祖母读书习医，考中举人后，会试两次不第，放下子云诗曰，精读医籍，念汤头歌诀，学把脉针灸，后任御营随军大夫。这是楚门家风——"书香继世，杏林传家"。小儿子楚成冠，考上举人，会试落榜，被史部选为河北蔚县儒学教谕。

萧惟昌、楚莽佳、楚成衣策马向北，出京郊朱家角村，转至冀北最大的淡水湖官厅湖，傍湖信步，波涌银浪，芦苇摇曳，景色秀美。天上排成人字形、一字形，从北方飞去南方的雁群，纷纷降落在湖水上，戏弄清波，觅食鱼虾，呷呷呱呱地高唱，呼朋唤友，露出来到久别塞外大湖的欢乐。路上多见车马，也有挑担夫役，荷锄夫妇下田劳作。时至日午，三人下马拴好，进入临湖酒肆，店小二殷勤接待，领入厅中的雅座坐下，抹台奉茶。

这是一间规模颇大的酒肆，台椅干净，店小二待客有礼，20多张方台，大多坐有食客。大厅上设有说书台，说书人是位年长的汉子，身穿黄色长衫，脚蹬玄色布鞋，说的是30年前土木堡大战的故事。座中的食客多是怀来县人，说家乡的故事，他们爱听。

楚成衣安排好酒饭，与姑父、姑母边吃喝边听说书，他虽是土木堡大战后出生，也喜欢听父辈、祖辈经历的战火纷飞逝去岁月的故事。

说书人声音洪亮，吐字清晰，抑扬顿挫，字字传入食客耳中。他先说司礼太监王振专横弄权，率军出征不是打仗，似是游山玩水。再说到土木堡大战，大军溃败，千夫长勇将樊忠率御营官兵几千人，护在皇帝身边保驾，手挥双锤和官军一起与敌血战，一排排的瓦剌骑兵倒在御营官兵的阵前。敌众我寡，樊忠英勇战死。

说书人转过话题道："说了辱主害国的阉宦王振，说了视死如归的英雄樊忠，再说御营百夫长萧惟昌。"接着，有板有眼道：

星宿降世萧惟昌，英风飒爽上战场。

手拨敌箭护英宗，帝主无损他无伤。

回京报信闯敌阵，识破内奸清祸殃。

朝廷闻讯君臣乱，于谦领旨勇担当。

保卫北京战瓦剌，惟昌受命布火网。

枪炮齐轰弹如雨，敌人纷纷倒地亡。

再度转战守大同，协助郭登把敌防。

识破内外夹攻计，将计就计败恶狼。

手握枪杆念诗篇，会试殿试创辉煌。

联捷举人与进士，能文能武旷代扬。

　　说书人做了暂时停顿，喝了口茶水，然后拖长声音道："今日讲古暂到此，明天再来听新章。"

　　听众报以热烈的掌声，待他走下讲台来到食座时，食客给他几枚铜钱。楚莽佳也给他一串铜钱，然后悄悄说："萧哥哥，说书人赞扬你呢。"

　　萧惟昌道："就怕越说越玄，越说越神。"

　　楚成衣道："说书人说的是事实，不是虚构。战事不说，说科场折桂。我和弟弟成冠，考中举人，均是两次会试失利。三年一次会试，每科都有数千士子在试场上拼搏。姑父联捷举人、进士，说是文曲星之助，也不过分。说书人没有误导视听。"

　　萧惟昌道："科场联捷登科，那是偶然。可喜的是土木堡大战已过30年，黎民百姓没有忘记这场悲惨的国耻。期盼皇帝用贤臣，疏宦官，社稷风调雨顺，民间欢乐。"

　　第三天辰时，萧惟昌三人回到土木堡楚氏医馆，进入庭院，20多年前种的栗子树，躯干已有海碗般粗，绽放的花朵飘出兰花似香味，招来蜂蝶围着飞舞。这树是岳母游幼历从草原回来后种植，它同样喜欢土木堡的水土，树干长出地面时，分作两株相依相伴向上生长，一大一小，颇有意思。

步入中厅，两边的墙上，挂着镶在玻璃框架内的楚敬先诗并书的条幅。右边的是：

清清妫水浇新花，粼粼泥舍披朝霞；
破垒残墙警后世，汉蒙辽金是一家。

道明自己身上流着胡族血脉，民族和平相处，才能共享太平盛世。左边的条幅是：

悬壶治疾吾心愿，翻山采药苦作甜；
求得黎民身体健，畅饮山泉过大年。

民众身健体壮，医馆病人稀少，收入自减，以水当酒，心中也欢畅。

萧惟昌坐下后，对妻子和外侄道："岳父大人这两幅作品，诗，胸怀国事之心不变；书，有元人赵孟𫖯笔法，顺畅自然。可我没见过此作品啊。"

此时，有位站在一旁，穿着蒙古长袍的年近花甲汉子，双手捧着茶托给三人敬茶。萧惟昌接过茶杯，认出此人，道："你是木音那？"

奉茶者回答道："萧大人真好眼力，认得当日在土木堡集训的大兵。"见萧惟昌用疑惑的眼神望着自己，木音那道："土木堡大战时，我在樊忠千夫长大人的队伍，与瓦剌骑兵作战，我劈死三名敌军后，被敌兵射倒，又被敌人的马蹄踏断胸骨，昏死过去。瓦剌人撤兵的第二日，楚郎中夫妻从逃难的样边长城下的山神庙村回到土木堡，即到战场抢救伤兵，见我还有气息，把我和另外两位伤兵，抬回医馆救治。两个多月后，我们三人痊愈。那两位山东大兵回齐鲁去了。我是土木堡人，房子被烧，家人被杀，只剩一个七岁的女儿，藏身土坑内，没被万恶的敌人发现，才活下来。楚大夫见我父女无家可归，让我俩留在医馆，扫地擦窗，烧水做饭，帮着接送病人上下骡车，扶患者出入大门。女儿跟着楚大夫、游师母读书习字，背汤头歌诀，把脉问病，推拿按摩。过了10年，成为楚大夫的门徒，诊症治病。"

"怎么不见你女儿？"萧惟昌问。

"我女儿布森珍，到鸡鸣驿一带村庄出诊，要二三日后才回来。"木音那说，"萧大人，您没见过墙上悬挂的楚大夫诗书镜框，是他活着时不愿挂出，待他和师母过世后，我才挂起。让来此看病的人，虽见不到楚大夫，但读了他的诗，会知道他的一片仁心，仍留在世间。"

萧惟昌夸赞道："木音那，做得好啊！"

楚成衣道："木音那老伯说的是事实。他的女儿取名布森珍，谐音是报深恩。"

"这一片深厚真挚的情感，让我这位袍泽高兴。"萧惟昌继续道，"好好守住楚氏医馆济世为民，仁术治病，救死扶伤的医风啊。"

木音那向着三人作礼——右手按着左胸口，行蒙古民族礼节道："40年前，在土木堡军营集训时，楚大姑郎中治好我的腿骨折，后来楚馆主救了我的小命，深恩难以回报。"

楚莽佳听后，对木音那行蒙古礼回谢，道："木音那大叔，施恩不望回报。你父女留在医馆，照顾我父亲、娘亲多年，盛情难忘。我萧哥哥回过二三次土木堡，碰巧你外出办事，所以不知你留在医馆的详情，勿见怪。"

一宿无话，萧惟昌、楚莽佳早起出门，门外不远的妫河水向西流去，水清如镜。太阳渐渐升起，商户开门营业，马驮骡载的山货，农友肩挑的稻米麦面，妇人手挽的鸡鸭、禽蛋、水果，摆在街旁，赶集的乡人渐多，好不热闹。

回到家中，木音那已备好祭品，由楚成衣陪着姑父去显忠祠拜祭。来到祠门，天气骤变，下起毛毛细雨。

显忠祠建在土木堡驿站旁边，大门坐南，高旷宏大，宽敞威严，让忠烈面南远望大明皇城，生是大明臣子，死是大明忠魂。萧惟昌怀着沉重的心情，一步一步迈上一级级台阶，有14级之多，让后人记住英宗皇帝正统十四年（1449），在此兵败受辱；也让到此祭拜的文臣武将、黎民百姓，不忘国耻。

上到平台，映入眼帘的门额"显忠祠"三个大字，是宪宗成化皇帝御书，每字在一尺见方，没有流金溢彩，漆黑的字体，令人想起当年土木堡天昏地暗的搏杀。萧惟昌转过身来，眺望田野，见到麦黄黍熟，庄稼人忙着割麦、摘玉米棒子，沿着山路，挑回村寨，那山路通向远方，似是挂在天边一样。他收回目光，想起也先太师在攻打北京、大同两战失败后，听从额吉日月奴的劝告，把英宗送出边境，自己护卫在太上皇身旁。

英宗于景泰元年（1450）八月十三日，抵达土木堡时，特意到他被掳的古堡驿站山头，寻找当年被战火焚毁的战垒、枯树，坍塌的城堡、屋舍，到处千疮百孔。一根根的枯木仍立在山岗，似是向过往的路人述说，这是一场以少胜多、明军死伤枕地的战争。树下是一堆堆殉国明军的荒冢，星星点点，或成片成行，撒在数里的荒地，惹人垂泪。虽然没有墓碑，却不是孤魂野鬼，是黎民百姓心中的英雄。

面对惨景，太上皇朱祁镇不禁掩面流泪，直至失声痛哭，是痛哭死去的数十万官兵？还是痛哭自己无能被掳去大漠的愧疚，无颜见传位给自己的父皇宣宗、太祖洪武皇帝？命随他从草原一起回国的御营校尉袁彬和自己、迎驾的官员，就地设灵，代他拜祭阵亡大臣、将帅和官兵。谕旨在此处建祠堂，年年春秋两祭先烈。

景泰皇帝尊重皇兄太上皇的意愿，也为安慰死难者及其家人亲朋，在英宗被掳处建成祭祠，名为"显忠祠"，并御书门额。到了成化十一年（1475），宪宗成化皇帝重修显忠祠，增设于谦塑像。皇家建筑，露出非凡的器宇。大门两侧，放置花岗岩石鼓，庄严肃穆。两边镶嵌着青石板雕刻的楹联：

> 一代忠贞光祖俎；
> 千秋气节壮山河。

二进大门额上书着"大节凛然"的木匾，两旁的门柱，悬挂梨树木板刻的楹联：

> 隆千秋时典；
> 表一代忠良。

两人放慢步伐，沿着长长的石铺甬道，迈进正殿。梁上吊着多盏长命油灯、塔香，光亮照人，逸出丝丝香味。有老兵在擦拭案台，一尘不染。萧惟昌感慨道："老兵不死，忠烈永存。"

正中摆着祭祀台，祀阁上一级级横排的死难者的牌位，文臣武将66位，兵部尚书邝埜、户部尚书王佐、国公张辅、国公朱勇、将军樊忠……赫赫入目，廊道的抱柱挂着长木板雕刻的对联：

> 故老尚余哀，兵溃不堪论往事；
> 诸公应自慰，君存何必问微躯。

萧惟昌对楚成衣说："为国尽忠，为父尽孝，是光明正大之事。献出微躯可不问，也不可惜。使人惋惜的是，祠中先烈死在宦官专横霸凌，不懂战争而充当统帅，糊弄皇帝的司礼太监王振手上。这微躯不是几百、几千、几万，是几十万啊，这就不能不问不闻，令人扼腕可惜了。"两人静立多时，凝望神牌，才焚香点烛，虔诚跪拜。

正殿后面的寝墙，彩绘多幅壁画，两人仔细观赏，每一幅都是鲜血绘成——

《土木堡血战图》，日月无光，社稷恐慌。

《邝埜挥剑统兵杀敌图》，面对死亡，义无反顾。

《王佐替主殉难图》，为君尽忠，感动后世。

《回京报凶信图》，朝野震动，誓死抵抗。

《京师保卫战胜利图》，统帅于谦，中流砥柱。

画图促人警醒，卫国保家。

两人转入正殿东厢，这里安放于谦大人的青石雕像，大小与真人一样，两目生光，神态祥和，令人肃然起敬。萧惟昌下拜，三跪九叩，泪水满脸，迟迟不肯站起。楚成衣从拜垫上扶起姑父，待他情绪平静后说："我听父亲说过，正统十四年（1449）土木堡大战惨败，但朝廷逃过京师南迁之祸，社稷免遭生灵涂炭，是于谦大人鼎力擎撑。战后他婉转劝景泰皇帝迎回皇兄太上皇英宗，免在大漠冒冰雪、对飞沙，吃膻羊奶茶。自己立下丰功，不肯接受景泰帝的赏赐，不受福荫儿子于冕，为官清廉，死后家无余资，是一代良臣。"

萧惟昌频频点头，说："确是如此。于谦大人高尚的人品，犹如孔夫子所说，伯夷叔齐求仁而得仁，又何怨，虽死犹荣。"

顺手拿来楚成衣带上的文房四宝，宣纸铺在桌上，紫毫握在手中，沉思片刻，蘸墨挥毫，写成七言古风一首，《显忠祠悼于兵部尚书谦》，诗云：

天子蒙难阴山西，社稷安危谁撑持？

劲甲精骑化尘土，官绅出逃向南移。

宋室南渡山河碎，洪钟大吕震丹墀。

谁言迁都杀无赦！唤醒雄兵百万师。

将军报国仗宝剑，统兵围歼瓦剌貔。

勇士闯营催金鼓，匹马飞夺单于旗。

稻熟麦香烽火熄，又遭翻云覆雨时。

碧血丹心耀日月，恨不赋就降虏诗。

楚成衣看后道："于谦大人出任兵部尚书，我未出世，后听父亲说他是浙江钱塘人，永乐十九年（1421）中进士，出仕为官，以德润身，以礼待人，刚毅正直，执宪不阿，孝悌有闻。熟读兵书，文章秀美，诗风宏大。标治国脉，行爱民心，是官场楷模。"

萧惟昌道："正是。学博为师，德高为范。"

楚成衣道："读姑父的诗，情涌心胸。凑上几句，请指点。"挥笔成诗《显忠祠拜于廷益兵部》，秀美的书法呈现姑父面前：

靖虏于廷益，成仁岳精忠。

黄龙举厄日，明星照苍穹。

两人步出显忠祠，小雨也停了，土路泥泞。楚成衣扶姑父上马，并辔徐行。

萧惟昌见外甥敬亲爱老，心中高兴，道："成衣，你作的《显忠祠拜于廷益兵部》，是首好诗。诗意丰富，引人联想。'成仁岳精忠'，可指岳飞，也可指于谦，指两人也行。'精忠报国'是岳母刺在岳飞背上的字，是代指岳飞，内含岳飞抗金国有功，也含于谦抗残元伟绩。

岳飞精忠于南宋皇帝，于谦精忠于明代朝廷。于廷益（于谦，字廷益）与岳武穆，均遭'莫须有'罪名死节。结句的'明星照苍穹'的'苍穹'，本意指高大圆顶的空间。《尔雅·释天》说，'苍穹，苍天也'。我看你是把'苍穹'看作北方胡虏在大草原居住的蒙古包，富有边塞特色风情，视野开阔，让读者领略豪迈诗风。说到不足，'明星照苍穹'的'明星'，本意是指于谦打败瓦剌首领，如把'明星'改为'双星'，可指日月两星，借指于兵部、岳元戎，呼应诗的开头，气势更显宏大。"

楚成衣听了姑父的评诗，佩服姑父的诗才、口才，在马上作礼，接受教诲。

两人回到楚氏医馆，已是午时。楚莽佳已在饭桌上摆出她烧制的美味——独具特色的土酒、狼山米糕、石桥金鲤鱼，还有粤菜白切鸡、红烧酸甜猪蹄，主食有米饭、面条、饺子。见丈夫和外侄吃得高兴，道："萧哥哥，还记得正统三年（1438），是你买回这些土特产，在土木堡军营由叔公萧从道，请我父亲和我一起品尝，萧哥哥和袁彬大哥相陪，喝酒、吃饭的事吗？"

萧惟昌答道："虽是40多年前的事，今日再吃上这些特色美食，能不记起？"

楚莽佳心中高兴，是在那顿饭上，她看中这位办事诚实、待人友好的萧哥哥。时至今日，两人一样相亲相爱。

饭后，楚成衣、木音那骑马到鸡鸣驿站看望布森珍，第二天才回来，安排姑父、姑母再住一天才回京。

北方的秋日，白天时间较长，萧惟昌骑上自己的白马，鞍后驮上妻子，信步来到十里外的妫河山口，这里是他当年在土木堡大战时，率军破堤抢水，使明军争得一天的水源的地方。

两人下马，在水边的林带漫步，仍见到当年血战时遗留的箭镞、

299

折断的刀枪，锈迹斑斑，不胜感慨。萧惟昌触景生情，对妻子说："我们成亲后，我带你到这河边游泳，捉鱼摸虾，好不快活，现在年岁大了，还想下河玩水呢。"

回忆当年的甜蜜生活，楚莽佳脸露幸福的光彩。停了片刻，道："萧哥哥，我身体多年出现不适，时冷时热，胸闷心悸，吃自己开的药，不见好转，又吃女儿怀北开的药，同样如此。不想你为我担忧，没告知你。不仅不敢玩水，就怕你致仕回南方的吴川大寨村，我也无法与你携手回乡。"

一向乐观的妻子，说出如此伤心的话，令萧惟昌大吃一惊，捧起她的双手，从脸上看到脚上，看不出有变化。道："楚妹子，别说这些吓我的话。"楚莽佳没再说话。萧惟昌觉得妻子的双手渐渐变得冰凉冰凉的，于是扶她坐上马鞍，自己坐在妻子身后护着她回家。

第二天晌午，楚成衣和木音那回到土木堡，他与姑父、姑母一起回到京城。作别后，萧惟昌与妻子辗转回到山东济南的衙门。

成化十七年（1481），萧惟昌在任上致仕告老南归。唯一女儿萧怀北随母习医，是历城著名女郎中，成家于历城县，夫婿辛城西是武秀才，功夫过人，设馆授徒。两人育有三龄小女儿，怀北难以离家。由辛城西护送老父回乡，享受林泉乐趣。

楚莽原派小儿子、蔚县教谕楚成冠到济南，相送姑父上船回乡。萧惟昌少不了对举人外甥叮咛："著书立说，培育栋梁。"

济南在南北运河岸边，萧惟昌登上南行的快船，扬帆疾行。北望皇都，自正统二年（1437）入京，今离鲁境，已在北方生活40多年。人老思乡，现在可以辞别官场，落叶归根，重饮鉴江水，再吃南海鱼。可惜多年相濡以沫的爱妻楚莽佳，不能同船回到大寨村。

天有不测风云，人有旦夕祸福。一年前，患上重病的楚莽佳即将离世时，紧紧搂着自己，道："萧哥哥，我不行了，没能伴你回到南方，一起看海划船。别伤心，我给你唱支北魏民歌。"然后轻声细语哼唱："南山自然好，只与北山齐。女儿自然好，故入郎君怀。"听得自己心酸，老泪纵流，抱紧多情的楚莽佳。只见爱妻嘴角挂着笑意，慢慢合上那原本漂亮的浅棕色双目，两手无力下垂。

从楚莽佳想到恩师释安同大师、岳父楚敬先、岳母游幼历、郭登将军、韩青将军、樊忠将军、师兄袁彬……都作古了，自己活着回乡，是位幸运者，作《归里》诗云：

> 昔年同看上林花，出谷乔迁度岁华。
>
> 飞倦归来寻旧隐，桑榆千亩乐生涯。

从华北大平原的济南到南海之滨的粤西，六七千里之路，舟车颠簸，年已老迈的萧惟昌，不幸病逝于高州至吴川的船上，享年74岁。

女婿辛城西雇了快马，飞奔吴川大寨村报噩讯。萧惟昌在家乡的儿子萧兰中、萧尧中率孙男萧复初、萧复礼赶到船上，痛哭之后，接老父回乡，举行葬礼。

远在北京的宪宗成化皇帝，得知萧惟昌回乡病故，念他在土木堡大战中护卫先帝有功，在北京、大同的保卫战，建伟业于社稷，恩赐萧惟昌厚葬于茂名县梅菉墟鉴江边的金钗岭（现属吴川市梅菉街道），乡人俗称萧大人墓。

笔者曾多次与友人一起到萧公墓前凭吊，作了一首五言古风——《拜祀文武萧惟昌大人》，以表敬意，诗云：

> 壮岁赴戎机，御营披甲衣。
>
> 瓦剌犯大明，血战护天子。
>
> 联捷登进士，诗章扫阃寺。

甘棠植鲁境，清泉浇绿枝。

萧惟昌留下的存诗，收入 1999 年邑人李钦编的《吴川古今诗选》。其诗作气势雄健，意境深远；文笔流畅，活泼生动。更可贵的是以史为据，描写明初的重大战事，皇帝"北狩"大漠，弟不恭，兄不仁的宫廷内斗。揭露几个朝代宦官专权，祸国殃民。诗人清廉正气，以身许国，慷慨激昂，为民所仰。浓厚的忧患意识，可窥其爱国、爱民的诗风。